"十三五"职业教育规划教材

汽车维修企业管理

QICHE WEIXIU QIYE GUANLI

孙国君　张雯娣　主编
林有华　主审

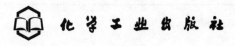

·北京·

内 容 提 要

《汽车维修企业管理》由校企合作编写，讲述了汽车维修企业管理的相关知识，包括汽车维修企业管理概述、汽车维修企业信息管理系统、汽车维修业务系统、汽车维修企业配件管理系统、汽车维修企业财务管理系统、汽车维修企业客户管理系统、汽车维修企业营销管理系统、汽车维修企业人力资源管理系统以及汽车维修连锁企业管理。书中内容与汽车维修企业实际紧密结合，注重实际应用。为方便教学，本书配套电子课件和视频微课。

本书可作为高职高专院校汽车类专业的教材，也可作为相关人员的参考用书。

图书在版编目（CIP）数据

汽车维修企业管理/孙国君，张雯娣主编．—北京：化学工业出版社，2020.8
"十三五"职业教育规划教材
ISBN 978-7-122-37212-3

Ⅰ.①汽…　Ⅱ.①孙…②张…　Ⅲ.①汽车-修理厂-工业企业管理-高等职业教育-教材　Ⅳ.①F407.471.6

中国版本图书馆 CIP 数据核字（2020）第 105907 号

责任编辑：韩庆利　　　　　　　　　　文字编辑：李　曦
责任校对：王素芹　　　　　　　　　　装帧设计：史利平

出版发行：化学工业出版社（北京市东城区青年湖南街 13 号　邮政编码 100011）
印　　刷：三河市航远印刷有限公司
装　　订：三河市宇新装订厂
787mm×1092mm　1/16　印张 13½　字数 332 千字　2020 年 11 月北京第 1 版第 1 次印刷

购书咨询：010-64518888　　售后服务：010-64518899
网　　址：http://www.cip.com.cn
凡购买本书，如有缺损质量问题，本社销售中心负责调换。

定　价：39.00元　　　　　　　　　　　　　　　　　　　版权所有　违者必究

序 言

中国的汽车保有量超过了 2.6 亿辆，而且每年存量车还在以接近 10% 速度持续增长，这孕育了巨大的市场潜力，同时汽车的保养、维修等也成为民生问题，受到社会、政府广大关注。因此我们针对广大的车主做了大量的调研工作。几乎所有人都毫不犹豫地提供了最关注的是汽车安全，其次是驾驶时的舒适性，再次是经济性等。我们在调研时曾设计的一个问题是，你会选择什么样的维修厂去给爱车做保养维修服务，车主回答最多的是选择值得信任的维修网点，也就是消费者只有选择了值得他信任的维修厂，对维修车辆后的安全感才会更强。在服务单位与消费者之间建立信任，减少信任信用危机是摆在后市场所有从业者面前的一个重任。

互联网为我们提供了建立互信的基础设施，当今"互联网＋"深入各行各业，催生了各行各业的创新发展。随着互联网及电商业务的普及，越来越多的消费者选择了在线消费，汽车后服务也正在被这样的消费习惯所改变。新一代汽车维修企业管理系统不仅可以给客户"透明"消费，同样也可以带给客户消费体验，可以参与消费评价等等，总之，在互联网普及的今天，客户可以通过管理系统和服务企业紧密联系在一起。

本书是以 F6 作为维修企业管理系统的教材，而 F6 是基于互联网开发的云端维修管理系统。通过 F6 系统车主可以随时随地通过手机了解到自己汽车的维修作业过程，查询历史消费记录，预约保养作业。F6 还提供系列车型维修作业的详细应用信息，从作业流程、工具应用到施工检查，不仅有文字说明还附带大量视频图片。应用本书进行学习，同学们可以在学校学习期间，就能通过系统掌握到大量优质社会维修企业的维修经验，通过系统适应主流规范维修企业的管理流程及管理方式，通过实时的系统更新体会到行业发生的变化。

学习可以使自己掌握更多的知识，提高自身素质，我们在提高这方面能力的同时，也应了解到，后市场是个服务行业，知识、专业度再高离不开对人的尊重，以及出于正直、善良本性而起的服务意识。所以在学习本书的同时，要牢固树立服务意识。

商宝国

前 言

  企业管理是对企业生产经营活动进行计划、组织、指挥、协调和控制等一系列活动的总称，企业管理是企业发展和成败的关键。汽车维修企业管理是对汽车行业维修企业如何利用企业的人力、物力、财力、信息等资源，实现网络时代汽车维修目标，取得最大的投入产出效率的管理。开设"汽车维修企业管理"课程就是要培养一批"懂管理的技术人员"和"懂技术的管理人员"参与企业管理。

  本教材主要针对现代学徒制班级特点撰写，配套信息化管理软件进行教学。现代学徒制是中华人民共和国教育部提出的一项旨在深化产教融合、校企合作，进一步完善校企合作育人机制，创新技术技能人才培养模式。本教材是依据汽车后市场经营企业与学校开办的现代学徒制班级教学特色共同开发的、校企"双元"合作教材，是工作手册式教材。

  本教材共分为九章，系统地介绍了现在汽车维修企业管理系统的各个子系统，主要内容包括：绪论、汽车维修企业管理概述、汽车维修企业信息管理系统、汽车维修业务系统、汽车维修企业配件管理系统、汽车维修企业财务管理系统、汽车维修企业客户管理系统、汽车维修企业营销管理系统、汽车维修企业人力资源管理系统以及汽车维修连锁企业管理。

  本教材由孙国君、张雯娣任主编，林有华任主审，参加编写工作的还有参与现代学徒制培养的学校教师、企业工程师：颉方正、王力、何岩岩、孙玉蕾、易浩、朱伟、赵亚妮等。

  本教材在编写教程中，得到了阿里·新康众F6子公司的大力支持，阿里·新康众CEO商宝国先生、副总裁谈春林先生等对本教材的编写提出了宝贵意见和建议，并提供汽车维修企业管理软件（F6智慧维修管理系统）。本教材同时融入并结合了"1+X"证书制度试点内容。

  为方便教学，本书配套电子课件和视频微课，电子课件可登录化学工业出版社教学资源网 www.cipedu.com.cn下载，视频微课可扫描书中的二维码观看学习。

  由于时间仓促，加之水平有限，书中难免有疏漏和不足之处，敬请专家和读者提出意见，以期再版更正。

编 者

目 录

绪论 1

第1章 汽车维修企业管理概述 5

1.1 汽车维修企业概述 / 5
   1.1.1 汽车后市场的发展 / 6
   1.1.2 汽车维修行业的现状及未来趋势 / 7
   1.1.3 汽车维修企业的类型 / 9

1.2 汽车维修企业管理要素 / 11
   1.2.1 汽车维修企业管理基础知识 / 11
   1.2.2 现代汽车维修企业的八大要素 / 13
   1.2.3 汽车维修企业会议管理 / 17
   1.2.4 汽车维修企业绩效管理 / 18
   1.2.5 汽车维修企业会员管理 / 20

1.3 汽车维修企业设备管理 / 22
   1.3.1 汽车维修企业维修设备概述 / 22
   1.3.2 汽车维修企业如何选购维修设备 / 23
   1.3.3 汽车维修企业设备管理制度 / 24
   1.3.4 汽车维修企业设备管理的基本原则 / 24

1.4 汽车维修企业的经营战略模式 / 25
   1.4.1 汽车维修企业经营战略模式分类 / 25
   1.4.2 汽车维修企业常用的经营战略模式 / 26

第2章 汽车维修企业信息管理系统 28

2.1 汽车维修企业信息管理系统概述 / 28
   2.1.1 汽车维修企业信息化管理涵盖的内容 / 28
   2.1.2 汽车维修企业信息化管理的意义 / 29

2.2 汽车维修企业信息管理系统简介 / 30
   2.2.1 预约管理 / 33
   2.2.2 接待服务 / 33
   2.2.3 作业管理 / 34
   2.2.4 交车服务 / 35
   2.2.5 跟踪服务 / 36

第3章 汽车维修业务系统 37

3.1 汽车维修业务简介 / 37
    3.1.1 汽车维修行业业务构成 / 37
    3.1.2 汽车维修车型定价管理 / 38
3.2 汽车维修业务流程 / 40
    3.2.1 洗车美容流程 / 40
    3.2.2 维保流程 / 40
    3.2.3 理赔流程 / 41
    3.2.4 钣喷流程 / 43

第4章 汽车维修企业配件管理系统 44

4.1 配件管理简介 / 44
    4.1.1 配件管理组成及采购方式 / 44
    4.1.2 标准化配件管理 / 45
4.2 配件管理流程介绍 / 48
4.3 采购管理 / 50
    4.3.1 供应商管理 / 50
    4.3.2 易损件采购 / 55
    4.3.3 全车件采购 / 58
    4.3.4 供应商对账 / 65
4.4 仓储管理 / 67
    4.4.1 仓库管理 / 69
    4.4.2 在库商品管理 / 72
    4.4.3 库存数量管理 / 73
    4.4.4 出入库管理 / 74
    4.4.5 盘点管理 / 76
    4.4.6 工具管理 / 77
    4.4.7 库存报表 / 84
4.5 修配融合 / 85
    4.5.1 库存共管 / 85
    4.5.2 询报价平台 / 89

第5章 汽车维修企业财务管理系统 96

5.1 企业财务管理基本知识 / 96
    5.1.1 财务基本知识 / 96
    5.1.2 企业财务管理的内容 / 97
    5.1.3 企业财务管理原则 / 98
    5.1.4 财务管理制度 / 98
    5.1.5 汽车维修企业财务管理的基础工作 / 102
5.2 汽车维修企业财务管理系统 / 103

　　　　5.2.1　营业收入管理　　　/　103
　　　　5.2.2　营业成本管理　　　/　104
　　　　5.2.3　流动资产管理　　　/　107
　5.3　财务报表分析　　　/　110

第6章　汽车维修企业客户管理系统　　115

　6.1　客户信息管理　　　/　115
　6.2　客户生命周期管理　　　/　117
　　　　6.2.1　客户生命周期分析　　　/　118
　　　　6.2.2　客户价值分析及管理　　　/　119
　6.3　客户关怀　　　/　120
　　　　6.3.1　客户关怀原则　　　/　121
　　　　6.3.2　关怀提醒　　　/　122
　　　　6.3.3　工单回访　　　/　123
　6.4　投诉管理　　　/　126
　　　　6.4.1　客户投诉原因分析　　　/　126
　　　　6.4.2　客户投诉处理原则　　　/　127
　　　　6.4.3　处理投诉的方法步骤　　　/　128
　　　　6.4.4　问题的解决和预防　　　/　128

第7章　汽车维修企业营销管理系统　　130

　7.1　汽车维修企业营销概述　　　/　130
　7.2　维修企业营销策略　　　/　131
　　　　7.2.1　产品策略　　　/　131
　　　　7.2.2　价格策略　　　/　133
　　　　7.2.3　促销策略　　　/　135
　　　　7.2.4　服务策略　　　/　136
　7.3　营销技巧　　　/　139
　　　　7.3.1　集客技巧　　　/　139
　　　　7.3.2　保养套餐　　　/　140
　　　　7.3.3　保险营销　　　/　140
　　　　7.3.4　微信营销　　　/　141
　　　　7.3.5　报价策略　　　/　143
　　　　7.3.6　产品升级策略　　　/　143
　　　　7.3.7　营销话术　　　/　143
　7.4　微信公众号概述　　　/　144
　　　　7.4.1　基础知识介绍　　　/　144
　　　　7.4.2　开通与认证　　　/　148
　　　　7.4.3　图文素材制作　　　/　149
　7.5　汽车维修企业公众号　　　/　150
　　　　7.5.1　APP功能模块　　　/　150

7.5.2 公众号用户信息查询（我的） / 154
7.5.3 F6系统后台操作说明 / 158

第8章 汽车维修企业人力资源管理系统 ... 182

8.1 人力资源管理 / 182
　8.1.1 人力资源管理概述 / 182
　8.1.2 人力资源规划 / 184
8.2 员工管理 / 185
　8.2.1 员工招聘与培训 / 185
　8.2.2 员工绩效考核 / 188
　8.2.3 员工薪酬和激励 / 190
　8.2.4 汽车维修企业业绩管理系统 / 193

第9章 汽车维修连锁企业管理 ... 195

9.1 连锁企业概述 / 195
　9.1.1 连锁企业定义 / 195
　9.1.2 连锁企业本质 / 195
　9.1.3 连锁企业特征 / 195
　9.1.4 连锁企业作业系统 / 197
9.2 连锁企业管理 / 198
　9.2.1 配件管理 / 198
　9.2.2 工时管理 / 201
　9.2.3 服务管理 / 202

参考文献 ... 208

绪 论

如今，中国汽车市场早已成为全球最大、最重要的市场，各个汽车企业巨头都从中国市场赚取了非常可观的经济回报。随着中国汽车保有量的不断增加，买车的群体不断扩大，给汽车相关服务业也带来了巨大的商机。如果整车的销售环节被称为"前市场"，那么相应的"后市场"又是指什么呢？笼统地讲，把围绕汽车使用过程中的维修保养、配件供应、美容改装等各类服务称为汽车"后市场"，它涵盖了消费者买车后所需要的一切服务。此外，随着汽车文化产业的发展，汽车后市场服务的对象有很多是不曾拥有汽车的广大群众或目标客户。

回看汽车"后市场"的发展，它所涉及的行业按功能大体分为：汽车保险行业、汽车维修和零部件行业、汽车附件用品及美容改装行业、二手车交易行业、汽车租赁行业、汽车金融服务行业和汽车文化及运动行业。进入 21 世纪以来，我国汽车行业发展之快是任何国家都无法比拟的，在短短的十几年里走过了西方发达国家汽车市场上百年的历程。中国的汽车"后市场"也随之迅速发展起来。如今，电子商务的强势来袭，又给快速发展中的汽车"后市场"带来了前所未有的冲击，势必影响广大消费者对养车、用车的基本认知，同时对传统 4S 店的汽车售后服务也提出了更高的要求。

(1) 传统汽修与现代计算机专用设备维修的区别

汽车维修首先要进行诊断，通常是指在不拆卸汽车整体的情况下局部分析后再去验明故障的部位及原因。常用的方法有传统诊断法和计算机专用设备诊断法两种。

传统诊断法即通过相关的试验测试，凭借维修师的经验，利用常用工具，来确定汽车的故障所在点，进而排除。该方法相对比较机动、灵活，投资也不多，但速度慢、准确性差（这主要取决于维修人员的经验），不能给出定量数据。其主要方法有："看现象""闻气味""听声音""试状况""摸感觉""测数据""问过程"。

在现代汽车制造过程中，用到的先进技术很多，尤其是融入了很多电子高科技产品，这些产品也是电子诊断技术以及计算机技术的集成产品。利用现代计算机专用设备进行的诊断和维修的方法，是建立在计算机技术的基础上，用专用的仪器设备如解码器、示波器、汽车故障诊断仪、发动机综合分析仪等，通过简单的道路测试或原地发动检测，由电脑仪器输出的数据来确定汽车故障的方法。该方法速度快、准确性高，有些仪器还可打印存储数据、自动分析判断，能大大节省维修人员的精力和成本，但投资相对较大，对维修人员的素质要求也很高。

(2) 计算机、互联网技术在现代汽车维修企业中的应用

计算机技术（包括计算机管理软件、计算机网络技术、计算机检测技术等）是信息技术在汽车维修业的具体应用。目前，汽车维修企业正面临一场革命。一大批新的汽车维修企业成立，汽车维修服务行业急剧扩张，维修行业的规模也随之变得庞大。如何面对接踵而来的行业内的挑战，提高企业在维修界的竞争力，提高企业的生产利润，已成为现代汽车维修企业经营者和管理者所面临的主要问题。解决这一问题的关键有两个方面。一方面在于提高企

业的技术水平；另一方面就是提高企业的管理水平。完善的管理制度，现代化的管理方法，精确的管理数据分析以及计算机在企业管理中的应用，对于一个现代化的汽车维修企业尤为重要。

现代汽车维修企业有两个显著特征：一是先进的检测维修设备和维修资料的应用，二是计算机网络的应用与管理。计算机技术把汽车维修企业引向现代管理模式和管理方式。现在都提倡"以人为本"，所以企业发展的根本在于人，在于管理。"服务"将成为未来竞争最重要的手段。良好的服务包括维修服务、售前服务及售后服务。服务的精髓在于"主动服务"。主动服务，就是建立稳定的客户关系、客户信息和维修档案。这就需要应用计算机技术，建立企业网络数据库。

计算机及互联网在维修企业中应用有以下优点。

① 通过专业汽车维修网络可以实现汽车事故及故障救援，特别是远程救援。

② 管理者可以通过计算机管理网络系统及时了解整个企业的运作情况，从而可以对各部门的工作进行统筹安排。

③ 准确及时的统计报表大大减少了管理者主观判断上可能造成的失误，这样就增强了全体员工的工作积极性，可以形成良好的企业文化，加强企业的凝聚力。

④ 通过汽车维修数据，可形成每月数据直方图，这样一年中每个月的业绩一目了然，进而可以进行资源和人力的合理调配。

⑤ 可以使汽车维修企业彻底改变纯手工的工作模式，实现一个质的飞跃，以此来解决作为企业领导每天面对庞大的客户资料、维修记录、凌乱的库存管理以及因此而产生的诸多客户纠纷和繁杂事务。

⑥ 管理者可以从烦琐的统筹安排、生产调度、统计报表中解脱出来，去争取更多的客户，带来更多更好的效益。

⑦ 标准规范的计算机化管理能够提高本企业在顾客心目中的形象。

⑧ 计算机管理下的客户及车辆档案，为长期、灵活的客户服务奠定了基础。

⑨ 车辆、客户的动态跟踪可以让业务部掌握所有车辆以及客户的每一个细节，随时提醒客户进行维修、保养和零件的更换，更体现了服务的完整性。

⑩ 图表分析功能可以为工作繁忙的管理者提供一个简单直观的查询功能。

⑪ 对于顾客提出的询问能做出迅速确实的回应，尽可能少占用顾客的宝贵时间。

⑫ 提高工作效率，合理调配零件，节省人力物力等。

⑬ 今后发展的数据通过统计和专业维修网络上的数据分析，可以模拟分析整个行业的状态并预测行业发展趋势，为本企业的发展指明方向。

(3) 计算机、互联网技术在汽车维修业的应用前景

尽管由于多种条件的限制，计算机技术在我国汽车维修业的应用还存在一系列的问题。但是信息产业的浪潮正以汹涌澎湃之势，不可遏制地向全社会各领域冲击，也自然将给我国汽车维修行业带来更大的推动作用，特别是各种汽车4S店中计算机管理及检测技术的应用。

① 专业的汽车维修网会帮助汽车维修技术人员方便、快捷地查询进口汽车维修资料，迅速排除故障，减少车辆维修时间显著提高工作效率，由此产生的影响是十分巨大的。

② 随着计算机的迅速普及，大批掌握计算机和互联网技术的人才将源源不断地进入汽车维修企业，为汽车维修行业注入新的血液和活力。由于他们的文化水平较高，求知欲强，对新生事物具有很强的敏感性，将会更进一步推动计算机技术在汽车维修业的应用。

③ 现代维修企业实行计算机管理的时机也已经成熟。

a. 计算机硬件的价格已经降到很低的水平。

b. 软件的开发、设计方面也越来越成熟，功能方面也越来越适合维修企业的实际运作。

c. 一些大中专汽车相关专业毕业生进入维修企业，为实行计算机管理奠定了良好的人才基础。

d. 远程通信技术的诞生为软件的售后维护工作奠定了坚实的基础。

（4）计算机、互联网技术在汽车维修业的优势分析

目前，网上汽车用品销售、网上预约汽车保养等项目层出不穷。在汽车后市场领域，以消费者为基础的主要电商模式有B2C（Business-to-Customer）模式和O2O（Online-to-Offline）模式。B2C模式是我国最早产生的电子商务模式，代表性的有天猫、京东等。消费者可以直接在网上从商家购买相关的汽车养护用品和维修零件等。O2O模式是新兴的一种电子商务模式，即将线下商务的机会与互联网结合在一起，让互联网成为线下交易的前台。线下服务利用线上来揽客，消费者利用线上来筛选服务，成交可以在线结算。消费者进行网上零件订购和保养预约，同时电商平台会根据车主要求安排合适的线下保养地点。该模式最重要的特点是：推广效果可查，每笔交易可跟踪。目前比较有代表性的电商平台有车易安、养车无忧、途虎养车网、养车点点等。随着汽车后市场电商模式越来越多样化，产业链越来越成规模效应，这将对传统4S店的后市场服务与管理形成直接挑战。汽车后市场电商模式的成功在于其低廉的管理成本、高效的运作机制、快捷的交易、优质的售后服务。近期，某网络平台在网友中发起了一个相关的讨论，认为4S店会死于电商平台的网友占到了37%，他们大部分是汽车消费者和对4S店服务现状不满的人。汽车养护的消费群体是车主，而车主往往看重的是产品及服务质量。电商正在改变人们的生活，并且能解决传统汽车后市场渠道的痛点。

由此可见，计算机、互联网在汽车维修业的优势主要表现在：①信息和服务透明化，汽车用品及零部件价格较4S店实惠很多，解决消费者比价、挑选等问题。②计算机、互联网正在逐渐改变人们的消费观念，喜欢网购的人会成长为主流人群。③计算机、互联网可以让消费者足不出户，节省时间成本。④因为经销商存在服务过程不透明、服务费用昂贵等问题，消费者对此不满，所以给了计算机、互联网在汽车维修业发展的机会。

（5）大数据在汽车维修企业中的应用

大数据时代汽车行业将发生重大变革。大数据的应用与发展构成了当今社会发展的主旋律，如淘宝，打开页面就会弹出你最感兴趣的物品。大数据引领了很多领域的变革，汽车维修业也在变革之中。

20世纪90年代末，汽车4S店开始进入中国市场。在这之前，汽车维修行业既不成规模，又没有建立起良好的诚信体系。因此，汽车4S店一进入中国，这种所谓"正规"且"高大上"的服务体系立即随着车市井喷而飞速发展起来，同时造成了汽车售后服务市场的垄断。这种垄断主要包括零部件渠道垄断、技术垄断和服务定价的垄断。配件商和4S店用这些垄断渠道达到一种"信任垄断"：只有在4S店"才能"得到质量可靠的"原厂零部件"；只有在4S店保养维修"才能"享受三包；只有在4S店忍受贵得离谱的维修费，维修质量"才有"保障。

总有一些人，敢于抓住机遇，宣告新时代的到来。北京一家汽车维修企业，提出了"大数据+修车"模式，用大数据颠覆了传统汽车修理模式。

所谓的"大数据+修车"项目，也叫"协议包修"计划，是指对一定的车型，以公里数为计价单位，一次性收取费用，对车辆因自然磨损造成的500多个维修项目和500多种主要零部件及1000多种辅助零部件进行承包式维修。维修所需的汽车零部件由国内外生产厂商直供，血统纯正。其优势主要体现在以下四个方面。

一是通过维修大数据测算、汽车零部件性能数据分析以及经验数据汇总提炼，制订出汽车零部件生命周期表，能够防"车病"于未然。二是足不出户便能清楚地掌握每辆车的车型、所处位置、行驶状况、当前的检修状态以及零部件自然磨损更换周期。三是可以远程给驾驶员提供需要更换的零部件信息，提前预约并配置零部件，及时更换。四是打破了传统的定期更换零部件的规定，对健康的、仍可以使用的配件不予更换，真正实现了绿色汽修。

用大数据测算汽车零部件生命周期，和汽车原厂建立联系实现原厂零部件直供，用互联网建立起和每位车主的直接沟通渠道，用严格的规则和大数据分析，建立起故障会诊的"快速法庭"，让车辆始终处于健康状态。这种全新的维修模式和变革，对传统4S店的冲击是可以预见的。

目前，中国有一半汽车已经进入维修保养集中期。截至2018年末，全国汽车保有量达到2.4亿辆，这也为汽车维修业的崛起创造了条件。但在这个变革的时期，维修业不仅需要数量，更需要的是质量、信誉和服务！

第1章 汽车维修企业管理概述

1.1 汽车维修企业概述

汽车维修企业是指从事汽车维护、修理工作的经济实体。汽车维修企业通过对车辆的修理和维护来恢复和维持车辆技术状况，延长车辆使用寿命。可以将汽车维修企业的具体工作分为两个方面，分别是车辆维护和车辆修理工作。

车辆维护是指根据国家有关规定，在机动车行驶到一定里程或一段时间之后，必须对其进行维护作业。车辆维护遵循"预防为主，强制维护"的原则，通过定期对车辆进行维护，可以及时发现并排除车辆存在的故障，防止出现更大的损失。同时，保证车辆具有良好的技术状况，满足使用要求。

车辆维护的主要内容包括日常维护、一级维护和二级维护。另外，还有一些不定期维护即季节性维护、磨合期维护和封存期维护等。

车辆修理是指工作人员通过技术手段，根据故障现象，对车辆进行故障排查，并找出原因的过程。车辆修理包括大修和小修：大修是指用修理或更换汽车零部件的方法，恢复车辆原有技术状况和延长汽车寿命的恢复性修理；小修是指用更换或修理个别零件，保证或恢复汽车工作能力的运行性修理。

汽车维修行业的特点是由自身的服务对象和生产特点决定的。它的服务对象是车辆，因此汽车维修业具有技术服务和车主服务的双重特点。总结起来主要体现在以下几个方面。

（1）维修技术的复杂性

汽车作为一种现代化的运输工具，它自身具有结构复杂、技术多样等特点，同时对行车的安全性、可靠性也要求较高。为了满足社会需求，汽车的种类越来越多，新技术、新工艺、新材料等不断被采用，使得车辆的结构越来越复杂，这就决定了汽车维修行业技术的复杂性。从汽车维修涉及的工种看，不仅需要发动机、底盘、轮胎、电气、喷涂等专业的修理工种，而且需要车工、铆工、焊工、钳工等各种机械方面的通用工种。

（2）维修业布局的分散性

车辆的特点就是具有很强的流动分散性，遍布城乡各地。因而汽车维修企业必然也会分散在城乡各地，呈现出较强的布局分散性。特别是从事汽车小修和专项维修的企业，这种布局的分散性表现得尤为突出。

（3）维修业规模和设备的差异性

汽车维修业规模差异较大，设备配备参差不齐。在行业发展过程中，原有的由交通部门独家经营的专业汽车修理厂技术力量强，设备齐全，管理水平高，已经发展成为行业的骨干企业。一些建成较早的企业，技术设备更新缓慢，缺乏先进的检测设备，制约着企业自身的发展。目前我国汽车维修企业主要是以中小型为主，部分小修企业仍停留在手工作业水平，维修设备落后。

1.1.1 汽车后市场的发展

汽车后市场，指的是汽车售出之后的维修、保养、服务以及所需的汽车零配件、汽车用品和汽车材料的市场。第二次世界大战后，经济的复苏使得汽车美容、养护行业伴随着汽车工业的飞速发展也日益壮大，汽车已经不再采用"大拆大卸"的维修方式，而是采用以维护为主，视情维修的方式，推行免拆维护。我国的汽车美容、养护行业兴起于20世纪90年代。随着私家车保持量的急剧上升，汽车美容、养护业的市场地位开始显得重要起来，"汽车后市场"以养代修的理念逐步被广大有车族所接受。另外，"汽车后市场"伴随着我国汽车工业相关政策的调整与完善已经占据了越来越多的市场份额。

通过国内汽车后市场的分析可知，我国汽车后市场的服务企业多各自为政，一些连锁企业也不够完善和成熟，并且由于自身的限制对整体市场的掌控力不足，没有形成大规模的垄断和全国性品牌。

国内汽车后市场分为四个发展阶段。

第一阶段是1990～1996年，汽车后市场的萌芽阶段。服务对象基本是公务车；第二阶段是1997～2006年，汽车后市场的高速发展阶段。服务对象以公务车为主，私家车仅为15%；第三阶段是2007～2010年，汽车后市场的洗牌阶段。服务对象私家车占50%，公务车占50%；第四阶段是2011年以后，汽车后市场平缓发展阶段。服务对象以私家车为主。数据显示，我国汽车后市场规模预计将以复合年均增长率12.7%的速度持续增长。另外，2018年，中国汽车市场里60%以上的私家车已经进入5年以上车龄。根据发达国家的发展历程，一旦车龄超过5年，中国汽车后市场有望迎来新的繁荣。

面对目前国内汽车用品市场鱼龙混杂、良莠不齐的局面，打造大品牌，建立快速成熟的销售服务渠道，提高产品核心竞争力的诉求不绝于耳。目前汽车后市场主要有以下五大渠道：一是近年发展起来的汽车4S店；二是传统大中型维修厂；三是汽车维修路边店；四是汽车专项服务店；五是品牌快修保养美容装饰连锁店。这五大渠道在店铺面积大小、设备投资、人员素质、地点便利性、服务质量、服务时间和收费标准等方面各有千秋，短期可以共存，但随着市场的发展变化，经过逐步变化的汽车4S店和国际知名的品牌快修美容装饰连锁店将是两大主要渠道。

随着汽车厂家产能的不断扩大，4S店数量的不断增长，新车销售的利润也越来越薄。全国3万家汽车经销商中，仅有1/3能维持盈利。这迫使汽车经销商的竞争向汽车后市场转移。中国汽车后市场巨大的市场规模和高额的利润，吸引着越来越多的国内外企业抢占新市场。面对国际品牌的大举进驻，国内售后市场的整合还是以汽车经销商为主导。有将近80%的厂商采用"买车送服务"的营销策略，即把在4S店购车的客户发展成售后会员，然后利用会员折扣增加他们对4S店的忠诚度。但4S店售后服务收费较高也成为其备受诟病的地方。全国汽车后市场不仅保持高速增长，还将出现新的变革。面对电子商务的进一步开拓，传统的汽配用品销售服务将受到冲击。

中国市场调研在线发布的《2017～2023年中国汽车市场现状调研与发展前景趋势分析报告》认为，汽车后市场是汽车产业链中最稳定的利润来源，占总利润的60%～70%。我国汽车保有量高速增长，随之而来的是汽车后市场空间的不断扩大。目前国内正式注册的汽车美容装饰维修厂家有 30 余万家，经营汽车美容的有 9000 多家。

报告还对汽车后市场的分析由大入小，从宏观到微观，以数据为基础，深入分析了汽车后行业在市场中的定位，汽车后行业发展现状，汽车后市场动态，汽车后市场重点企业经营状况，汽车后行业相关政策以及汽车后市场产业链影响等。

但是不管趋势如何，企业获得市场的关键还在于满足用户需求。在激烈的竞争下，全力创造丰富场景，精准理解与匹配用户的个性化需求，让用户需求得到满足是迎合行业发展趋势的最好姿势。

总的来说，未来的汽车后市场，将是一个场景化、社交化和娱乐化的市场。中国汽车后市场企业要想发展，必须结合互联网的风潮上下而求索。

1.1.2　汽车维修行业的现状及未来趋势

1.1.2.1　汽车维修行业的现状

（1）汽车维修企业管理现状

目前，我国汽车维修企业中实行的是"以预防为主"的管理制度，即定期检测，强制维护，视情修理。但是，这种管理制度存在一定的局限性，车辆使用寿命是通过大量的试验数据确定的，而这种管理制度只考虑了正常磨损情况下所产生的故障，没有考虑非磨损机件产生的故障和人为差错造成的故障。车辆维修周期及维修作业内容所依据的机件磨损管理标准与车辆实际技术状况相差较大，因此容易出现过度维护和维护不足两种情况。

① 企业内部管理现状。汽车维修企业内部员工竞争激烈，缺乏团队合作意识，这是企业内部管理混乱的主要原因。此外，汽车维修企业内部缺少流程或管理，企业的运作只依靠一两个维修技术人员，一旦出现人员流失的现象，则企业运行会在半年内处于动荡阶段。

② 从业人员管理现状。目前，国内许多汽车维修企业从业人员已经无法满足现代汽车维修的需要，其原因主要有：从业人员的整体学历偏低，尤其是钣金、喷漆工种。

（2）汽车维修企业经营现状

我国汽车维修企业多数是通过其所经营的零部件品牌来获得期望的收益的。汽车维修企业对外合作形式过于单一。大多数汽车维修企业主要是与上游的生产厂家合作，而忽略了与其他行业合作。汽车维修企业应该多与同一区域、同一品牌、不同经营模式的企业展开合作关系，通过合作设定经营计划，选择适合自己企业的措施和方法，促进企业快速进步。

（3）汽车维修企业技术现状

随着汽车新结构、新技术的发展，车辆修理的方式发生了巨大的变化。汽车电子技术的应用，大大延长了车辆的使用寿命，但同时也为车身维修增加了难度。为了满足飞速发展的汽车电子技术，在维修时，应提高汽车维修技术含量，促进汽车维修方式的多元化。现代汽车维修企业可着力发展和应用汽车故障检测技术和设备。随着车载微机控制自动化的实现，现代汽车维修从过去的械修为主逐渐转变为依靠电子设备和信息数据进行诊断及维修的现代维修方式。

但是，快速发展的汽车维修方式与维修人员的专业素质之间还存在一定的差异，维修人员的技术水平具有一定的滞后性。因此，出现了进口车辆、车况复杂的车很难凭借维修人员的经验进行修理的现象。

1.1.2.2 汽车维修行业的发展趋势

（1）汽车维修企业面临的挑战

① 汽车维修市场竞争加剧。在经济全球化、贸易自由化、资本多元化、信息网络化的今天，中国的汽车维修市场亦逐步步入国际化的轨道，成为全球市场的一部分，大型的区域性安全市场已经不复存在。合资和独资的国外汽车维修企业将进入中国市场，他们凭借先进的仪器设备、高效的管理模式、雄厚的技术和资金实力、全新的服务理念，争夺市场份额。

外资进入中国汽车维修市场后，竞争更加激烈。汽车维修业是我国汽车产业重要的组成部分，目前不论在经营理念、管理水平、服务质量，还是技术实力、资金投入等方面都无法与国外汽车维修业相比。

随着国外汽车维修企业涌入我国汽车维修市场，他们将会以高效、高薪的经营方式，良好的工作环境，优厚的待遇等条件网罗汽车维修人才。在追求个人价值、崇尚自我发展的今天，人才流动是经济发展的必然结果，这将导致我国汽车维修企业高级技术管理人才流失日趋严重。

② 客户多样化，服务质量要求更高。随着汽车技术的高科技化、电脑化和智能化，以及国外高档汽车的大量涌入，车主的需求发生了巨大的变化。因此，对汽车维修服务的要求也会越来越高。车主除了要求汽车维修企业能高质量地修好汽车以外，还要求汽车维修企业在车主报修时服务人员能热情周到地接待，等待修理时有一个舒适的环境，修理后有作为会员的折扣以及电话的回访，等等。所以，汽车维修企业必须转变经营理念和服务意识。

③ 维修对象科技化程度越来越高。今天的汽车已发展为由数台电脑、几百个传感器组成的集计算机网络控制技术、电子技术、光纤传导技术、液力伺服传动技术、数字通信技术、新材料技术等为一体的高科技集成物。动力性、经济性、安全性、可靠性、舒适性等方面已进入智能化控制时代。例如，电子汽油喷射技术、电子防抱死制动控制系统、驱动防滑系统、电子控制自动变速器、电子制动力分配系统、故障自诊断系统等技术已经广泛应用于轿车。电子产品在一些豪华轿车上所占成本已达整车成本的50%以上。最新的汽车产品上已经实现了全车几乎所有功能的电脑控制和机、电、液一体化。面对集现代各种高科技技术为一体的现代汽车，在不解体的情况下，凭借过去"眼看""耳听""手摸"的方法已经不能安全、迅速、准确地对汽车故障作出正确的判断；传统的维修、检测设备已不能满足现代汽车越来越严格的维修标准及性能要求。可以说，传统的维修技术遇到了空前的挑战。

④ 产品质量和技术含量提高，维修设备投资成本增大。2016年美国某调查公司对全世界几大汽车生产企业生产的各种品牌的汽车质量进行了调查，发现各大汽车生产企业的汽车质量已经相当接近，并且故障率在降低，可靠性在提高，同样国产汽车质量也随着我国汽车生产企业在管理、技术上的完善而得到提高，所以汽车在正常使用情况下除强制性的保养外，维修频率将愈来愈低，这样汽车的维修将愈来愈简单化，业务量也将随之减少。

汽车的技术含量和客户对汽车维修质量要求的提高，要求必须拥有各种专业的汽车检测维修设备才能进行汽车的维修保养，这已成为汽车维修企业生存和发展的关键。于是国内许多汽车维修企业不惜花费数百万元人民币从国外引进全套维修、诊断设备，比如各种品牌车型系列的专用电脑诊断仪、原装进口的大梁校正仪、四轮定位仪、车辆安全检测仪、喷漆设备。若想降低这一成本只能通过提高设备的利用率，而设备利用率的提高只能通过增加汽车维修企业的汽车维修保养量来完成,就是众多稳定的客户群体。

(2) 汽车维修企业的发展方向

纵观全局,今后汽车维修行业将朝向以下方面发展。

① 车联网系统将成为现实。截至 2018 年年底,全国机动车维修专业户共计 62 万家,从业人员超过 400 万人,完成年维修量 5.3 亿辆次,年产值达 6000 亿元以上。我国汽车保有量还在迅速增加,维修市场需求规模也在进一步扩大。无论是从数据还是从政策层面上看,汽车后市场维修领域都将迎来发展的黄金时期。

② 管理方式转型升级。我们可以从以下几个方面进行改进,促进汽车维修企业转型升级。

a. 管理细致化,摆脱粗犷型管理方式。汽车维修企业在经营管理过程中,首先应该明确组织框架、岗位职责、工作流程以及员工培训机制。除此之外在对员工进行考核时实行绩效考核制度,根据实际车辆维修情况建立一套合理的奖惩办法。

b. 目标数据化,防止凭感觉工作。很多汽车维修企业没有明确的目标计划,大到年计划,小到日维修量计划。作为汽车维修企业的管理者,必须通过数据化管理来保证充分的资源,并调动员工工作的积极性,激发其斗志。在制订了明确的目标之后,管理人员必须目标细致化,分解到具体的负责人身上,才能实现总体目标。

c. 服务流程化,避免价格战争。顾客选择哪家汽修厂进行车辆维修与维护,不仅检验了工作人员的技术水平,更重要的是进行了一次消费服务实践。因此,维修企业的工作人员在进行车辆维修、维护之前,需要定时清理汽修厂的环境卫生。作为管理人员,需要定期对员工进行服务培训。通过对服务细节的追求和对服务流程的规范,给顾客留下良好的印象。

d. 采用 O2O 模式。截至 2018 年 12 月,我国互联网网民规模达到 8.29 亿,全年新增网民 5653 万,互联网普及率达 59.6%,较 2017 年底提升 3.8%。同时,我国手机网民规模达 8.17 亿,全年新增手机网民 6433 万;网民中使用手机上网的比例由 2017 年底的 97.5% 提升至 2018 年底的 98.6%。其中农村网民占比为 30.4%,规模为 2.5 亿人。城镇人口占比为 69.6%,规模为 5.42 亿人。移动互联网的发展推动消费模式的改变。如:线上预约上门洗车、线上预约修车、线上预约去 4S 店做养护、线上预约代驾等汽车后市场消费的项目。

1.1.3 汽车维修企业的类型

(1) 根据行业管理规定分类

根据《机动车维修管理规定》和《汽车维修业开业条件》的规定,通常将汽车维修企业分为汽车整车维修企业(一类汽车整车维修企业、二类汽车整车维修企业)和汽车专项维修业户。

① 汽车整车维修企业。汽车整车维修企业是指符合相应国家标准和行业标准规定的汽车维修企业,这类企业能够对整车、各个总成及主要零部件进行各级维护、修理和更换作业,通过相应作业使汽车恢复到原有技术状况和运行性能。根据规模和竣工检验设备条件不同,将汽车整车维修企业分为一类汽车整车维修企业和二类汽车整车维修企业两类。

② 汽车专项维修业户。汽车专项维修业户又称为三类汽车整车维修企业,主要从事车辆维修和车身维护两个方面的专项维修工作。其具体工作内容包括:发动机、车身、电气系统、自动变速器的维修;车身清洁维护、涂漆、轮胎动平衡和修补、四轮定位检测与调整、

供油系统维护及油品更换；喷油器、喷油泵的维修，曲轴气缸的维修，散热器和空调的维修；汽车装饰、美容，车窗玻璃安装修复等。

(2) 根据经营模式不同分类

随着汽车保有量的增加和消费者需求的不断扩大，汽车维修企业经营模式逐渐向多样化方向发展。除传统的综合性汽车维修厂、4S店特许经营店外，汽车快修连锁经营、汽车上门维修服务等模式正逐渐出现并受到消费者的青睐。

① 综合性汽车维修厂。综合性汽车维修厂具备维修所有类型车辆的能力，不论品牌、车型，还是大修、小修和保养。随着消费者对汽车维修质量要求的提高，作为综合性汽车维修厂，必须引进各类检测维修设备才能够满足车辆维修需求。由于加大了设备购入成本，维修费用相对也会较高。

② 4S店特许经营店。4S店特许经营店是一种以整车销售、零配件销售、售后服务和信息反馈为核心的特许经营模式。其中售后服务环节主要是对经营品牌车辆进行维护和修理。其售后服务顾客主要的工作内容包括业务接待、单据管理、客户档案管理、客户跟踪、提醒服务和客户投诉处理。

③ 汽车快修连锁经营。汽车快修连锁经营是指在总部的统一管理下，经营同一类商品或者服务的若干个企业必须按照统一的经营模式进行经营活动。连锁经营具有规模优势，在经营过程中能够形成规模效益。与传统的汽车维修企业相比，汽车连锁经营有经营成本低、维修速度快、适应性强，可以共享维修技术和专用设备等特点。汽车快修连锁经营店属于汽车维修业的新兴模式。所有连锁店的内外装潢设计、店内标志、工作人员服装、服务规范等都有统一的要求，所有服务项目的价格统一、透明。

汽车快修是汽车快修连锁经营的一种，它是一类连锁化、规范化的便利店式服务。

④ 汽车维修上门服务机构。随着"互联网＋"时代的到来，养车、修车业务也可以像快递一样实现上门服务。上门修车业务既可以满足汽车维修企业降低运营成本的需求，又可以减少顾客车辆维修的时间成本和价格成本。车主只需要下载上门修车服务的APP，在线下单、在线支付，就可以享受上门取车、上门修车、上门维护的服务。

(3) 根据经营业务不同分类

现代汽车维修企业可以根据不同业务分为车辆专项维修服务、汽车美容与维护、汽车装饰与汽车改装等。

① 汽车专项维修服务。汽车专项维修服务项目根据汽车整体构造进行划分，包括发动机维修服务、底盘维修服务、电气设备维修服务、车身钣金喷漆服务和易损件修复、更换服务。

② 汽车美容与维护。汽车美容从细节开始，不仅有打蜡、除味、吸尘、车内外清洁等服务，还包括利用专业美容系列产品和专业技术设备，通过一定的工艺和方法，对漆面增光、镀膜，对划痕进行处理以及底盘装甲、发动机表面翻新等服务。

汽车维护是指定期对车辆的相应部位进行检查、清洁、润滑、调整，对于易损件定期进行更换。汽车维护服务包括常规维护、季节性维护和深度维护服务。

③ 汽车装饰。汽车装饰是指通过附属装饰品，提高车辆表面和内饰的美观度。对于新车来说，车主通常会通过贴膜、铺地胶、安装转向盘套和座椅套等方式，来提高车内外的美观度。

④ 汽车改装。汽车改装是根据车主要求，对原车的外部、内部造型以及机械性能等进

行改动。常见的改装包括车身外观改装、车辆动力性能改装、音响设备改装和电子装置改装。

a. 车身外观改装。车身外观改装是目前汽车改装中最常见的一种形式。车主通常会在车身外部加装空气动力套件,包括进气格栅、车侧扰流板、后包围以及后扰流板等。通过加装空气动力套件可以提高车辆行驶的稳定性。

除了加装空气动力套件外,外观改装还包括车辆彩绘、加装车标、加装氙气前照灯及前照灯装饰板等。

b. 车辆动力性能改装。车辆动力性能改装是指通过改装发动机,提高发动机输出功率。通常可以通过增大气缸直径、增加气缸数或者加装增压装置来提高发动机动力性。但是,发动机改装具有一定的危险性,一旦出现意外就会造成重大交通安全事故,因此不提倡改装发动机。

c. 音响设备改装。音响设备改装通常是改装扬声器和功放,以及重新布置音响器材的安装位置,还可以加装车载电视、显示器等。

d. 电子装置改装。电子装置改装包括加装倒车雷达,车影像、车载蓝牙和GPS导航等。

1.2 汽车维修企业管理要素

1.2.1 汽车维修企业管理基础知识

1.2.1.1 企业管理的任务和职能

管理职能是指管理者所行使的计划、组织、领导和控制等职能的统称,是行为的内容概括,包括管理工作的过程和基本内容。汽车维修企业管理者的基本职能主要包括计划、组织、领导、协调、控制和创新。

(1) 计划职能

计划职能是指企业管理者所订的目标,做出实现目标的方案并对实施情况进行说明,广义的计划职能还包括对未来汽车维修服务市场的预测和根据市场变化做出正确的决策,随时调整维修企业的经营目标和经营方针,并对计划的执行情况进行反馈,定时检查、分析和评价。为保证能够实现企业经营目标,按照计划完成生产经营活动,就必须在计划职能范围内确定企业的计划目标并制订计划。

(2) 组织职能

组织职能是指通过合理的组织管理,把企业的劳动力、劳动资料和劳动对象组成一个协调一致的整体,保证企业的人力、物力、财力都能够得到有效的利用。组织职能对于发挥集体力量,合理分配资源,提高劳动生产率具有重要的作用。根据企业内部对象不同,组织职能可分为管理机构组织、生产组织和劳动组织三部分。管理机构组织具体包括管理组织层次和组织系统两个方面。生产组织是对生产过程中的各个环节进行合理的衔接,从而实现对企业整个生产过程的布局。劳动组织是指企业内职工的工作职责、具体分工以及员工之间的相互关系。

(3) 领导职能

领导职能是指管理者通过合理行使权力,引导、影响和激励企业员工为实现既定目标而努力的过程。企业的生产经营活动必须遵循统一性原则，即有统一的领导，以保证企业能够有计划、有组织地运转。领导职能的主要内容包括规划、指导、协调和监督。领导职能的本质是一种影响力，体现在企业生产经营过程中是被领导者的追随和服从。

领导职能具有一定的挑战性和艺术性，因此在行使领导权力时，应采取适当的方式。领导方式主要包括强制性领导方式、反对强制性领导方式和介于两者之间的民主与行政命令相结合的领导方式。强制性领导方式通过命令、指示的方式行使领导者的权力；反对强制性领导方式则强调企业内部门之间、职工之间相互协调配合，形成良好的人际关系；民主与行政命令相结合的领导方式注重对员工的指导、教育和激励，通过激励的方式使员工产生工作热情，形成积极的工作态度。

(4) 协调职能

协调职能是指企业管理者通过垂直协调和水平协调，保证管理者与各职能部门之间以及部门与部门之间建立良好的配合关系，从而保证能够按计划完成企业的实际生产任务。除了垂直协调和水平协调，协调职能还包括对内协调和对外协调。对内协调是指企业内部的协调活动；对外协调是指企业与外部环境之间的协调工作，如企业与国家、与其他生产经营单位之间的协调活动。

(5) 控制职能

控制职能具有较强的规范性和政策性。当实际生产经营活动或生产成果与计划或标准之间存在差异时，通过控制职能找出产生差异的原因并及时纠正。对企业生产经营活动进行控制的过程包括：制订控制标准、衡量实际结果、比较分析差异和采取纠正措施。通过控制管理保证企业实际生产经营活动不偏离实际目标，从而使企业按照计划的方向发展。

(6) 创新职能

创新职能是在企业生产经营过程中，根据区域经济发展需求和消费市场需求，对企业的经营项目和经营目标进行动态调整的过程。通过调整，提高经营者从事生产经营管理工作的效率。

1.2.1.2 管理者的素质

应具备什么样的素质，才能成为一个成功的管理者，这也确实是一个十分复杂的问题。实际上也常常有这样的情况，在某个组织环境能导致成功的素质，在另一个组织环境下可能不会成功。一个人的素质是由多方面的品质组合而成的，物质品质的重要性会受到其他品质及其他组合方式的影响。但在理论上的研究和管理实践都可证明，现代企业管理者都必须具备一定的品德素质、知识素质、能力素质和心理人格素质。

(1) 品德素质

企业管理者的品德素质是管理者在为人处事上所表现出来的思想品德等方面的特征。中国自古以来就有重视德行的优良传统，在人才方面一贯坚持"德才兼备"的原则。"做事先做人，管人先管己"，良好的道德品质是一个企业管理者管好自己企业的基础。优秀的管理者应具备一个良好的社会道德品质和经营管理品质。良好的社会道德品质是指企业管理者必须对社会的安全、和睦、文明、发展负有道德责任。在企业经营管理活动中，既要考虑经济效益，又要考虑社会效益，并把二者合理地协调起来。良好的经营管理品质是指企业管理者应以企业利益为重，不被个人利益所困扰，应抱有诚实的态度，要坦率和光明正大，公正、公平地对待企业的所有成员；要对过失勇于负责而不推诿于人；要言而有信，言行一致，充满责任心和强烈的事业心。

(2) 知识素质

随着知识经济的到来，知识在经济发展中起着决定性的作用。现代经营管理是一项复杂的综合性活动，需要管理者多方面的知识和技能。企业管理者的文化素质，最根本的特点就是广博性，对社会科学、自然科学等都要有比较全面的了解。在全球化的知识经济时代，由于新知识层出不穷，只有具有良好的文化素质的企业管理者才能胜任。此外，在企业国际化趋势下，国际间的经营活动，对企业管理者的文化素质提出新的要求。企业管理者从事国际间的经营活动，必须熟悉国外文化背景知识。管理首先是对人的管理，不熟悉他们的文化背景就难以与他们沟通。

(3) 能力素质

能力素质是企业管理者整体素质中的核心。从实践角度看，它是企业管理者的知识、经验相结合并运用于经营管理实践的。能力素质具体分为：①决策能力，它是管理能力的核心部分，任何决策能力低下导致的决策失误对企业的打击都是致命性的；②组织能力，它是组织运用好各种资源以实现既定目标的能力；③领导能力，它是指挥、带领、引导、鼓励部下为实现目标而努力的能力；④控制能力，它是保证企业计划与实际作业之间的动态适应能力；⑤创新能力，当代经济是一种不断创新的经济，而管理也是一个不断创新的过程，没有创新就会被淘汰；创新的范围很广，包括技术创新、产品创新、思想创新、制度创新、工作方法创新等；⑥学习能力，在知识经济时代，新知识诞生的数量，传授的速度都是惊人的，企业内、外每时每刻都会遇到新思想、新观念、新技术、新事物的冲击。整个企业组织将是一个学习型组织。这种组织形式能够不断进行自我调整和改造，以适应迅速变化的环境，求得自身的生存和发展。它强调组织本身及其员工应具有良好的学习能力。企业管理者更应具有学习的能力，不断吸取新的东西，才能紧跟时代的步伐。

(4) 心理人格素质

心理人格素质是指企业管理者个人的心理、人格条件，包括意识、气质、性格、情感价值观等心理要素。现代市场竞争激烈要求企业管理者有良好的心理素质和人格素质，才能应付随时可能发生的挑战和承受巨大的压力。与其他工作相比，企业经营管理活动具有很大的特殊性，这就要求企业管理者具有与常人不同的心理特征。首先是良好的心理承受能力，企业经营风险随时可能发生，只有处变不惊，临危不乱，才能走出困境抓住机遇。其次是执着的追求欲，这是企业发展的基本动力。现代市场经济中企业不进则退，丧失了持续的追求，企业就会走向死亡。第三是极强的自信心。中国人民大学的一个课题组对上百名优秀企业家素质测定的结果表明：他们一般都具有极强的自信心。在现代全球范围内的激烈竞争中，没有自信心是不可能成功的。第四是更趋理智的情感，这既是对企业家职业特征理论分析的结果，也为许多实际情况所证实。企业的经营管理具有很大的不确定性和竞争性，随时有棘手问题产生，因此需要当事人在情感上更趋理智。相反，那些情感丰富的企业家在遭受挫折时，容易情绪化，不能理性地对待工作，因而在工作上招致失败。

1.2.2 现代汽车维修企业的八大要素

1.2.2.1 管理

管理被称为企业的命脉，由此可见管理在企业中的重要性。管理的内容很多，现代汽车维修企业尤其应注意的是坚持管理制度化、管理程序规范化的原则，并注重细节，只有这样，企业才能做大做强。

(1) 管理制度化

俗话说：没有规矩不成方圆。汽车维修企业应有一系列管理制度，从劳动纪律、员工守则、配件采购制度到财务管理制度等，这些称为企业的基础管理。

海尔企业管理理念，也称为海尔定律或斜坡球体论，认为企业如同爬坡的一个球，受到来自市场竞争和内部职工惰性而形成的压力，如果没有一个制动力它就会下滑，这个制动力就是基础管理。

有了规章制度，企业所有员工就要按照规章制度办事。在有些企业里，管理者的文化素质偏低，他们虽也制定了一系列管理制度，但他们的管理不是依靠规章制度，而是局限于"家族式"管理，在制度面前讲人情，讲血缘关系，不能对员工一视同仁，从而影响了员工的积极性。

企业要想做大做强，靠"家族式"管理、靠人情、靠讲血缘关系是行不通的。企业的管理制度是约束每个人的，包括企业老板。因此，只有一切按制度办事，企业才能强盛。

(2) 管理程序规范化

管理要按照规范进行，管理规范化应贯穿于维修服务的全过程。企业的行为规范是指企业群体所确立的行为标准，行为规范以企业全体人员整体行为的一致性和制度化作为表现形式，它以个体的行为表现出整体的行为，即个体行为的规范化导致整体行为的一致化。例如，接听电话的方式，与客户见面的问候语，企业员工的仪容仪表，甚至业务接待人员递名片的姿势，生活接待倒茶水的动作等，都要有规范。

企业的服务流程管理是企业最重要的管理内容之一，一个清晰、简练、规范的服务流程，带给员工的是方便和快捷、效率，带给企业的是形象和效益。

世界上一些著名的汽车生产商都十分注重服务流程的建设，例如，大众公司推出了"业务核心流程"，丰田公司推出了"关怀客户七步法"。

丰田公司"关怀客户七步法"提高了客户满意度，为汽车销售提供了良好的保障。"关怀客户七步法"的内容是：第一步预约；第二步接待；第三步写下修理要求，估计费用和交车时间；第四步监督工作进度；第五步交车前的最后检查；第六步交车时的维修工作说明；第七步跟踪服务。

(3) 细节决定成败

在市场竞争日益激烈的今天，可能已发现，虽自身维修技术水平提高了，但竞争对手的也提高了；服务水平提高了，但对手的也提高了；你的价格降低了，竞争对手的也降低了。这时，细节就显得尤其重要。现在很多企业都十分重视细节，老子曾经说过："天下难事，必作于易；天下大事，必作于细。"很多汽车维修厂的墙上都挂了这样一条标语：100－1＝0，说的是哪怕一个细节没处理好，都会影响整个维修工作，进而影响客户满意度。

1.2.2.2 人力资源

人力资源被称为企业的心脏。在目前的市场经济条件下，人力资源管理呈现出新的特点，也给管理带来了新的问题。

(1) 企业劳动力素质发生了根本变化

维修汽车的高科技要求企业劳动力素质也随之提高，而目前我国大多数维修管理人才和技术人才短缺，使得企业之间相互出高价争夺人才。传统的维修管理和技术人才由于知识老化，技术落后，已不能适应现代汽车维修的需要，会有一部分人被淘汰，而另一部分人则只需加快知识和技术更新，以跟上企业发展的需求。另外，将有一批经过专业培训、掌握先进维修诊断技术的大中专毕业生充实到维修队伍中，他们中的一部分人经过一段时间的实践，也将成为企业优秀的管理人才和技术人才，从而使企业劳动力素质发生根本变化。

（2）人际关系发生新的变化

现代企业内部的人际关系是一种沟通关系，老板和员工之间应是沟通、合作的关系。员工只有通过企业才可以发挥自己的才能，实现自己的价值，而老板要通过自己的投资与员工的劳动获得企业利润，因此，员工和老板是一种新型的双赢关系。目前在很多地方的汽车维修厂，还出现了老板出让部分股份给员工的现象。

（3）人力资源管理需要人性化

人具有自然属性和社会属性，因此企业要通过人性化的管理，创造人性化的工作氛围，培植满足员工发展的土壤。企业管理者要对企业员工开诚布公，互相理解，倾听意见，关心生活，加强沟通，使企业成为富有人情味的机构，这样才能让员工发挥他们最大的潜能。

1.2.2.3 市场

市场是企业的目标，汽车售后市场一向被经济学家称为汽车产业链上最大的利润"奶酪"，很多人都对它垂涎欲滴。因此，从事汽车产业的企业更需要在管理和服务上下功夫，努力达到一流水平，才能在市场竞争中立于不败之地。在市场经济下，汽车维修企业要树立以下新观念。

（1）市场观念

市场观念就是一切以市场为导向，为市场提供服务，向市场要效益的观念。目前的汽车维修市场经营范围广泛，竞争日益激烈。现代汽车维修企业已不是传统意义上的汽车修理厂了，它被赋予了新的内涵，它的业务范围也有了拓展。汽车售后市场所涉及的内容应是现代汽车维修企业经营的项目，这些经营项目就是这些企业的市场。

（2）竞争观念

竞争是市场经济贯彻优胜劣汰法则的主要手段。汽车维修市场经营范围广阔，利润可观，因此越来越多的人从事这一行业，使得汽车维修业进入了一个更新换代的时代。企业要想生存，就必须按照市场规律运行，用市场规律来指导日常经营活动。

（3）风险观念

市场经济会存在一定风险，企业的经营过程实际上就是风险管理的过程。企业在日常生活经营过程中主要受到市场风险、社会风险、自然风险的干扰，这些风险因素都会对企业的经营活动造成很大的影响，因此企业管理的一项重要功能就是分析风险可能的干扰程度，并采取积极的避险措施，去追求风险收益。树立风险意识就是要求企业管理者具有危机意识，这样才能够认识风险，从而合理控制风险。

1.2.2.4 资金

资金是企业的血液，离开了资金的企业将无法生存。

业内专家认为，目前的汽车修理厂，汽车 3S、4S 特约维修站，仍不能满足汽车业的飞速发展，汽车快修店、汽车维修连锁店等多种经营形式将迅速进入人们的视线。企业的资金组成变得多元化，国有、集体、民营、股份制、中外合资、外商独资等多种形式将并存。

1.2.2.5 技术

技术是企业的大脑，一个优秀的企业应是一个技术领先的企业。企业的技术领先表现在以下两个方面。

（1）掌握先进的汽车维修技术

目前，汽车已成为装有数十台电脑和传感器，集计算机技术、光纤传导技术、新材料技术等先进技术为一体的高科技集成物。在现代汽车维修中有大量故障是计算机控制方面的问题，需要掌握先进技术的人才来诊断和维修。这种人才要有文化，懂英文，通原理，会仪器，懂计算机，还要有一定的实践经验，国外相关行业把这种人才称为汽车维修工程师和汽车维修技师。

（2）具有先进的维修体制

现代汽车维修要求维修体制能够跟上高科技发展的需要，原来机修工、电工的划分方式已不能适应高科技维修发展的需要，现在需要的是机电一体化的维修作业组织。只掌握机修或电气维修，已不能满足现代新技术发展的需要。

1.2.2.6 设备

汽车技术的发展日新月异，汽车维修也从过去传统的机械维修，经验判断，转变为电控技术维修，以仪器检测诊断为主的高科技维修。因此，设备在现代汽车维修中开始发挥越来越重要的作用，汽修设备的选择、使用呈现出以下特点。

（1）重视使用先进的仪器

大多数企业已经认识到，现代汽车维修属于高科技的维修，应借助先进的检测仪，仅靠过去简单的"耳听""手摸""眼看"的传统方式，已不可能生存下去。企业要更加重视在仪器设备上的投资，过去的"一把锤子、一把钳子、几把扳手"就能开个修理厂的想法已经成为过去。

（2）不再贪大求全，耗费巨资

先进检测仪维修资料价值很高，这就需要企业用科学的方法来选型、购置、管理、使用。过去一些新建的修理厂为了在设备规模上压倒本地同行，不惜花巨资购置大量设备，贪大求全。结果，很多设备束之高阁，造成资金积压，周转困难。现在很多企业认识到设备最关键的作用是为客户解决问题，否则设备投资再大，也是徒劳的。

（3）计算机管理已必不可少

企业运用计算机进行管理，可以节约人力成本，提高效率，堵塞漏洞，提高企业形象，在客户面前展现一个依靠高科技进行管理的良好形象。

1.2.2.7 配件

由于汽车质量的不断提高及汽车上使用的电子产品不断增多，传统的维修项目，如水泵修理、刮水器电动机修理等将逐步减少或消失，取而代之的将是以换件为主的修理模式。客户对汽车维修质量要求的提高及现代高效率、快节奏的生活要求，配件管理也必须跟上汽车维修发展的步伐。

对汽车维修企业来说，零配件销售额在汽车维修产值中占 60%～70%，是企业获利的主要来源。零配件的备料速度，采购快慢，准确与否，直接关系到车辆维修的工期，直接影响客户消费满意度和企业的效益。

随着维修市场车型的不断增多，各种车型的配件数量不计其数，任何一个企业都不可能拥有所有的配件，即使是单一车型的配件也很难覆盖。这样在客户满意度、企业的效益和配件库存之间将产生矛盾，因此，科学的配件管理将是解决这一矛盾的关键。

1.2.2.8 信息

信息是企业的神经。市场信息瞬息万变，企业管理者必须牢固树立信息观念，重视信息的及时性、充分性和有效性，将信息管理放在企业经营管理的重要位置。只有紧盯市场信息，不放过任何一个可供利用的市场机会，才能在市场竞争中立于不败之地。

信息对企业管理者的决策具有极其重要的作用，海尔集团张瑞敏曾说过：厂长要有三只眼，一只眼看外，一只眼看内，一只眼看政府。这就是说的信息的重要性，一只眼看外，是看外部信息，一只眼看政府，是看政府的政策法规信息。

随着现代电子信息技术在各个行业的广泛应用，汽车维修企业管理也有了很大提高，商务信息、互联网技术已成为汽车维修业管理者的强大助手，车辆的进出厂记录、维修过程、客户档案、材料管理、生产现场管理、财务管理、人事管理逐步实现微机化，不断提高管理水平。

1.2.3 汽车维修企业会议管理

汽车维修企业会议是通过一定时间内多名员工以面对面商议讨论的方式，针对企业的生产经营活动战略，进行企业战略探讨与决策、企业内外部交流沟通的活动。汽车维修企业会议关系企业现状与未来发展的决策和战略研究，对企业会议的管理工作也提出了一定的要求。因此，要改善会议准备不充分、会议不科学不规范、会议内容目标不明确等问题，加强企业会议管理，建立企业会议管理平台，提高企业会议的管理效率和质量，从而提高企业相关部门决策的有效性，促进汽车维修企业整体的生产发展。

1.2.3.1 加强现代汽车维修企业会议的积极意义

（1）促进企业内外和各部门的交流沟通

加强现代企业会议管理，改善企业内部不同部门的信息封闭程度，使更多信息资源透明共享，部门之间进行更密切的交流与合作，从而达成各部门整体决策生产的合理高效，进而提高企业内部的凝聚力和向心力，促进企业生产经营活动的有效开展。

（2）统筹规划企业各部门的生产经营进程

汽车维修企业会议针对现存问题进行商议探讨，以寻求最佳的解决方案，加强汽车维修企业会议管理工作必不可少。在汽车维修企业会议管理的过程中，能有效达成交流沟通，明确各部门的职责和任务，使企业生产经营活动的工作计划、工作进度更加完善，统筹协调，为企业生产经营活动制订科学合理的计划与改进措施。

（3）推动企业文化的建立和企业形象的塑造

为企业会议管理工作建立相应的网络平台，方便会议信息的获取与发布，增进员工对全局工作的了解，进而推动企业文化的传播。同时，利用多种多样的新媒体形式，树立企业现代化、信息化的理念和良好形象，增进员工对企业的认同感、自豪感。

1.2.3.2 改进现代汽车维修企业会议管理工作的策略

（1）建立信息化的汽车维修企业会议管理系统

针对企业现状与企业会议管理建立相应的网络平台，简化会议安排的操作流程，提高效率。会议前根据会议的不同类型进行相关通知的分类发布，使电子文档取代纸质文档，快速及时地传递到与会人员手中，同时将会议座位排定、会议室的预订等进行线上操作，简化办事流程，提高效率。

（2）主题明确、时间长度适宜

会议主持人应就会议内容进行事先的总结提炼，做好会议前的时间规划和进程安排，通过严格控制会议步骤和进程，使会议的单位时间发挥最大的功效与作用，尤其要做好书面准备,不仅将内容上传下达,而且也要给予参会员工充分的准备时间,为解决会议主要问题提供更好的环境和支持。

(3) 突出议题内容

会议的重点问题在会议前与会议中都应不断强调,使员工在集思广益群策群力的同时,始终贯彻会议的重点议题,提高解决问题的效率,同时讨论小组的内容划分也要尽量精准、切合重点,使决策思路始终围绕主题进行有序深入的开展。而在讨论结束时,初步决策后要做好总结,将讨论结果与所有参与会议的成员共享,同时会议后要形成清晰的书面内容,下达到各个部门,以便指导下一步的工作和项目改进。

(4) 增强汽车维修企业会议管理工作的规范化水平

制订科学合理规范的企业会议流程,能对提升现代企业会议效率发挥积极作用。会议流程应明确主题,同时领导与主持人应控制议题的数量,要先行讨论典型性、紧要的重要议题,次要的议题可在重点问题结束后探讨。企业会议的规范化要求还体现在会议规模、与会人数、参与部门等,应加强规划,针对议题内容通知相应部门参加,避免无关部门参与,浪费时间与企业成本。

1.2.4 汽车维修企业绩效管理

1.2.4.1 企业绩效管理内涵

所谓绩效管理就是对绩效实现过程中各要素的管理,它是基于组织战略基础之上的一种管理活动。它主要包括以下几个方面:①绩效计划的制订。绩效计划是绩效管理的开始。制订绩效计划的主要依据是工作目标和工作职责,管理者和被管理的员工之间需要在对员工绩效的期望问题上达成共识,在此基础上制订计划。②绩效实施与管理。在整个实施与管理的过程中,管理者要对被管理者的工作进行指导和监督,对发现的问题要及时予以解决,随着工作的开展根据实际情况调整绩效计划。③绩效评估。绩效考核是一个总结提高的过程,总结过去的结果,分析问题的原因,制订相应的对策,便于企业绩效管理的提高和发展。④绩效的诊断和提高。在绩效评估结束后,需要全面审视企业绩效管理的政策、方法、手段并对其他的细节进行诊断,以不断改进和提高企业的绩效管理水平。

1.2.4.2 绩效管理在汽车维修企业管理中的作用

(1) 明确企业战略目标

绩效管理的过程是企业使其绩效与战略及目标相一致的过程。绩效管理是对人力资源管理绩效实现过程中各要素的管理,是基于企业战略和人力资源战略基础之上的一种管理活动,它通过对企业战略的建立、目标分解、业绩评价,并将绩效成果用于企业人力资源管理活动中,以激励员工业绩持续改进并最终实现组织战略及目标。在这个过程中,绩效管理关心绩效的持续改善,以便实现组织及个体的效率,它的意义在于通过改善组织中个体的绩效并开发团队和个人的能力,为组织拥有持久并强大的成功动能提供支持。因此,通过建立科学有效的绩效管理体系,使员工不仅将绩效管理当作一个管理工具来推行,而且将其当作一种思维方式、一种行为习惯,将个人行为与企业战略结合起来提供机会,使企业竞争优势得到加强。

(2) 优化管理和业务流程

所谓流程,就是指一件事情或者一个业务如何运作,涉及因何而做、由谁来做、如何去做、做完了传递给谁等几个方面的问题,最终提高顾客满意度和企业市场竞争能力并达到利润最大化。企业的管理和业务流程的规划会对企业的利益产生很大的影响。在绩效管理的过程中，绩效管理通过绩效目标制订、任务分配、目标达成、绩效评价等环节的工作，最大限度梳理了企业管理与业务流程，使各级管理者都从公司整体利益以及工作效率出发，提高业务处理的效率，使组织运行效率逐渐提高，逐步优化公司管理流程和业务流程。

(3) 促进有效沟通

有效的沟通可以消除管理中的阻力，以及由于信息不对称所造成的误解和抵制，还可以达到资源共享，优势互补的功效。从根本上说，绩效管理是员工与管理者双向沟通的动态过程，在绩效管理的过程中充分的沟通与反馈是十分重要的。具体而言，绩效管理可在融洽和谐的气氛中进行，首先让员工参与企业的绩效计划，考核主管可帮助员工找准思路，认清目标，就员工应该履行的工作职责，可能遇到的困难及解决的方法等一系列问题进行探讨并达成共识，同时，必要时可修订绩效计划，以此来营造一种良好的工作氛围，达成对工作任务的一致认识，实现企业与员工共同的利益最大化。总之，绩效管理的实质在于通过持续动态的沟通来达到真正提高绩效，实现企业目标、促进员工发展的目的。

绩效管理有助于优秀企业文化的形成。优秀的企业文化能够为员工营造一种良好的工作氛围，从而创造出和谐的工作环境，激发员工不断提升自己的绩效水平，为企业利益服务，从而协调组织对员工的需求与员工个人需求之间的矛盾，形成使个人与组织同步成长的绩效文化，最终加速企业发展的进程。绩效管理有助于优秀企业文化的形成，一方面，绩效管理中关键绩效指标的设计可以巧妙地使企业价值观和经营管理观念进一步具体化。另一方面，绩效管理也是提高员工的绩效，开发团队及个人的潜能，使企业文化不断强化和优化的管理方法。

绩效管理为人力资源管理其他方面的工作提供指导。第一，为人员选拔提供指导。绩效管理侧重考察人们已经表现出来的业绩和行为，是对人的过去表现的评估。因此，在招聘选拔过程中，就可以充分利用历史资料，充分利用绩效管理的结果进行有效甄选。第二，绩效管理有利于在薪酬制度中将员工薪酬与可量化的工作绩效挂钩，有利于简化薪酬方案设计过程，并提高薪酬方案运行的效率。第三，绩效管理的激励与约束作用。通过规范有效的绩效管理，不断激励企业经营者提高经营业绩，也有利于提高员工工作积极性，促使其出色地完成组织目标。同时，绩效管理可以约束不恰当的经营行为，充分发挥绩效管理对企业发展战略、经营方向和经营行为的导向功能。

绩效管理有助于员工职业生涯规划。员工职业生涯发展有赖于完善的职业生涯发展体系的建立，具体而言包括员工职业生涯目标设计、员工职业发展培训、职业帮助辅导、检查评估体系等环节。而绩效管理的目标最终应该定位于帮助员工识别自身发展的需要，在此基础上确定职业生涯的目标，推动员工向职业目标前进。绩效管理的理想境界是每个员工都成为自己的绩效管理专家，都知道如何为自己设定并有效地实现职业目标。在目标实现的过程中提高自我绩效管理能力，在辅助员工实现个人目标的同时也带来组织绩效的提高和组织目标的实现。

1.2.4.3 汽车维修企业绩效管理创新措施

(1) 完善评价体系与考核方式

在以往的汽车维修企业的绩效考核工作中，汽车维修企业考核的指标较少，并且评价体系不够完善，从而制约了绩效考核管理制度的有效发挥。再加上考核方式不够科学，考核标准制订过程也不够公平、公正、公开，因此，使得员工对于绩效考核内容存在不服从的现象，进而不能够充分调动员工工作积极性，阻碍了企业的进一步发展。因此，企业相关部门必须要创新企业绩效考核方式，并完善绩效考核体系。在考核体系的制订过程中，要让员工参与进来，保证绩效考核标准在公平、公正、公开的环境下展开，从而提高企业的向心力和凝聚力，激发员工工作的积极性，进而为企业创造更高的价值和贡献。需要注意的是，在企业绩效考核标准制订的过程中，其制订的内容一定要细化，比如根据每一个岗位的特性，制订出能够反映岗位工作成效的指标。而在评价方式方面，企业必须要保障绩效考核标准评价的客观性和公正性，不能够掺杂任何的个人情感色彩，从而为员工的晋升创造良好的平台。

(2) 将绩效考核与培训相结合

在汽车维修企业的实际运行过程中，不同的员工其工作效率和质量存在差异，但是大致可以分为三种类型：工作业绩特别好、工作业绩特别不好、工作业绩良好。其中工作业绩特别好和工作业绩特别不好的占比例最少，一般分别为总人数的百分之十左右。企业在制订考核标准的时候，对于表现优异的员工会给予奖励，对于表现差的员工则会给予惩罚。这种方式虽然在一定程度上会提高员工工作的积极性，但毕竟不够高。为此，企业在制订绩效考核标准的过程中，可以转变一下观念，将员工的绩效考核结果同年终奖等福利挂钩，并对排名靠后的员工进行培训。

这样一来，员工会为了增加年终奖，而更加努力工作，并且提高自身的工作水平，以使自己的排名靠前。所以，在企业的绩效考核过程中，可以将以上两种形式进行有效结合，从而制订出合理的绩效考核制度，提高企业的管理水平。需要注意的是，这种惩罚方式可能会对那些排名靠后的员工产生一定的心理影响，而一旦这些员工失业的话，很难保证其再找到工作，所以员工会在担心的同时对企业产生不满，情节严重的还会导致犯罪的发生。为此，增加对排名靠后的员工进行培训计划的内容，这样一来可以保证员工在培训完毕之后上岗，大大减少员工的不满情绪，并激发员工的工作热情。同时，经过一系列的培训工作之后，会提高员工的工作水平与心理素质，这对于员工今后的发展具有十分重要的作用。

(3) 进一步完善企业的绩效管理制度

科学、合理的绩效管理制度可以帮助员工激发自身潜能，从而有助于员工工作业绩的提高。因此，企业需要不断创新和完善绩效管理制度。首先，企业需要在认识上进行调整，企业需要明确绩效管理制度在提升企业管理水平，促进员工工作效益提高等方面的重要性，从而提高对其重视程度；其次，在制定绩效管理制度的过程中，需要加强管理者与员工之间的互动，让员工对制度信服，从而保证制度制定的公平、公正。

1.2.5 汽车维修企业会员管理

1.2.5.1 会员制对汽车维修企业培养客户忠诚度的影响

由于竞争激烈，获得新客户的成本变得愈加高昂，因此，如何留住老客户，促进客户资源的最大化就成为企业的基本战略目标，有针对性地进行客户维护可以大大提升客户的忠诚度和购买率，促进企业利润的提升。

会员营销在商家拓展市场的实战中已凸显出了特殊的优势，它在构建企业形象、培养消费者品牌的忠诚度、提高市场份额、间接帮助销售、增强企业的竞争力上不失为一把利器。事实证明，会员制营销可以使企业的销售额提高6%～80%，会员制营销是企业开发和维护客户有效的方式。

作为忠诚计划的一种相对高级的形式，会员俱乐部首先是一个"客户关怀和客户活动中心"。而客户价值的创造，则反过来使客户对企业的忠诚度更高。

（1）满足会员归属感的需要

马斯洛的需求层次论指出，人除了生存和安全的需要外，还有社交、受尊重和自我实现的需要。假如一个人没有可归属的群体，他就会觉得没有依靠、孤立、渺小、不快乐。人们总是希望和周围的人友好相处，得到信任和友爱，并渴望成为群体中的一员，这就是爱与归属感的需要。

会员制俱乐部将有相同志趣的会员组织起来，通过定期或不定期的沟通活动，使企业和会员、会员与会员之间达成认识上的一致、感情上的沟通、行为上的理解，并长久坚持，最终结果就是发展了深厚的友谊。如此一来，会员对企业的忠诚也是必然的结果。

（2）为会员提供价格上的优惠

几乎每一个实行会员制的企业都会为会员设置一套利益计划，例如折扣、积分、优惠券、联合折扣优惠等，进而建立比较稳定的长期销售与服务体系。

（3）为会员提供特殊的服务

优质的服务使客户从不信任到信任，从方便忠诚到信赖忠诚。例如，为每一个会员建立一套个性化服务的问题解决方案，或者定期、不定期地组织会员举办不同主题的活动等，这些特殊的服务可以有效增进企业与会员、会员与会员之间的交流，加深他们的友谊。

1.2.5.2 会员制对于汽车维修企业是一项长期工程

建立和推行客户会员制是企业的一项庞大的系统工程，是一项长期、细致、与众多会员密切相关的工作。它不是简单地喊几句口号、上一套硬件和软件系统那么简单，成功的会员制营销需要结合企业实际情况进行系统的规划和准备，并在提供针对性服务的同时带给客户特定的价值，建立企业和客户之间恒久的基于感情的信任关系。

（1）会员制是汽车维修企业战略的重要组成部分

事实上，会员制营销是汽车维修企业战略营销的一个重要组成部分，它以某项利益或服务为主题，将客户组成俱乐部，与其保持系统、持续、周期性的沟通，广泛开展宣传、销售、促销等全面综合的营销活动。它克服了买卖双方之间信息闭塞的弊端，锁定了相当数量的忠实顾客群，成为汽车维修企业拓展市场的角力砝码。

（2）会员制必须与汽车维修企业营销战略和品牌管理结合起来

从20世纪80年代起，以提高顾客忠诚度为目标的各种积分计划、俱乐部营销等，从航空公司、酒店等行业，迅速普及到了电信、金融、零售等行业，现在已经发展为跨行业、跨国家、线上线下联合的趋势。

当客户无论去哪里消费都会得到一张名为"VIP"的折扣卡时，当企业花大价钱"赢得了"一大批不活跃的会员时，单纯以消费折扣为手段的积分计划已经不能为企业带来真正有价值的忠诚顾客。会员制营销的发展趋势必须是将忠诚计划与企业的营销战略和品牌管理结合起来。

（3）会员制需要汽车维修企业投入大量人力、物力和财力

虽然信息技术使维修成本日渐下降，但设计和建立一个完善且有效的网络营销系统是一项长期的系统性工程，需要投入大量的人力、物力和财力。因此，当某个公司已经实行了有效的会员制营销，竞争者就很难进入公司的目标市场。因为竞争者要用相当高的成本建立一个类似的数据库，而且几乎是不可能的。从某种意义上讲，会员制营销系统是公司难以模仿的核心竞争力和可以获取收益的无形资产。

（4）会员制的效果不一定能在短期内发挥出来

会员制的实施与管理并不是一件简单的事情，它的效果也很难与投入的金钱、时间和精力成正比。由于行业的差别，有些会员制计划的短期效益并不是很明显，有的要花几年时间才能收到成效，但对提高企业形象及竞争力都起到至关重要的作用，对企业未来的成功发挥着重要的作用。

1.3 汽车维修企业设备管理

在轿车保有量日益增多、车用电子技术飞速发展的今天，仪器设备在维修中正起着越来越重要的作用。现代汽车维修企业需要依靠维修资料和汽车维修设备来检测诊断汽车的技术状况和技术故障。因此，汽车维修设备是现代汽车维修作业中必不可少的手段。但是据调查，一些维修企业花数万元购买的仪器设备因实用性不强、缺少技术人员操作或因损坏严重而遭闲置。所以，如何选购和使用维修仪器设备是决定汽车维修企业生产力的重要因素。

1.3.1 汽车维修企业维修设备概述

在现代汽车维修中常用的仪器设备如下。

（1）汽车电控系统检测仪器

主要有汽车电脑检测仪、数字式万用表、示波器、感应正时灯、发动机综合分析仪等。

① 汽车电脑检测仪。是检测汽车电路故障最有效的仪器，其中汽车生产厂家配套的专用检测仪只向特约维修站提供，不向市场投放。目前国内市场上主要有美国 OTC 测试仪、瑞典多功能汽车电脑检测仪（Multi-Tester plus），国产品牌有如修车王、电眼睛等几种。OTC 测试仪适用于美国、日本、韩国及大众系列各种电喷车型，可以读取及清除汽车电喷发动机系统、制动防抱死系统、安全气囊（SRS）系统及自动变速器等故障码，并可读取各传感器参数，是非常实用的一种仪器。其主要特点是故障定位准确，但价位稍高。国产汽车电脑检测仪的功能和进口品牌大同小异，优点在于价格合理、中文显示，主要缺点是测试卡内车型资料更新较慢，一般比进口品牌晚 1~2 年。

② 数字式万用表。可用来检测电路系统的电流、电压、电阻、闭合角、频率、电容、电感及半导体元件等，用途非常广泛。其与指针式万用表相比，优点在于读数精确、功能多，更重要的是因其阻抗高，在测试过程中不易造成对电脑及传感器的损害。

③ 示波器。可用来显示各种传感器及执行元件的输入、输出波形，通过波形的变化分析判断汽车电路故障。

④ 感应正时灯。可以帮助获得精确的点火正时，这对汽车保持最佳动力性和经济性至关重要。

⑤ 发动机综合分析仪。一般具有故障检测、波形显示、传感器工作状况测试等多种功能，可以打印测试结果。其主要缺点是操作比较复杂，价格也比较昂贵。

（2）电喷燃油系统检测仪器

主要有燃油系统压力表和喷油嘴清洗测试试验台。

① 燃油系统压力表。可用来检测燃油喷射系统工作是否正常（如油路是否堵塞、油泵工作是否正常）。燃油系统压力表一般都配有多种接头以适应各种电喷类型，而汽车电喷系统的供油总管上大多有专用的油压检测口，用以和燃油系统压力表连接。

② 喷油嘴清洗测试试验台。具有喷油嘴的清洗和测试功能。利用超声波清洗比较快速、彻底，通过油流量、雾化、泄漏等方面的测试能迅速判断喷油器的好坏。国内市场上也有免拆清洗机，但其最大的缺点是无法测试喷油器状况。许多车型电喷嘴比较昂贵（如 LEXUS 车型每个喷油嘴在千元以上），盲目更换是不负责任的。目前国内市场上有美国 ASNU 及国产的喷油嘴清洗测试试验台等，按缸数分有 4 缸、6 缸、8 缸几种。

（3）其他检测仪器设备

以四轮定位仪为例，几年前尚陌生的"四轮定位"概念，如今已为广大汽车相关人员熟知。随着高速公路、高等级公路的迅猛发展，高级轿车的四轮定位检测和调整日益显得重要。不正确的四轮定位容易造成转向沉重、发抖及轮胎不正常磨损，同时还大大降低乘坐舒适性。目前国内市场四轮定位仪种类繁多，常见的有德国霍夫曼公司激光 330 型无线遥控四轮定位仪和中国台湾民族仪器公司的 CMA99HI 型电脑四轮定位仪等几种。

1.3.2　汽车维修企业如何选购维修设备

汽车维修企业应根据企业的规模与发展、维修的主流车型、维修能力来购买一定的仪器设备。一般来说，除行业内规定必备的氟利昂回收机、废气分析仪外，维修轿车的企业起码应该拥有数字式万用表、燃油系统压力表、自动变速器油压表、感应正时灯等基本的仪器设备，这些仪器设备属于经济实用的。规模稍大的企业有必要添置汽车电脑检测仪、喷油嘴清洗测试试验台等。大型的汽车维修企业应该考虑购买四轮定位仪。为了防止盲目采购，合理选购设备是汽车维修企业设备管理中的重要环节，一般应遵循以下原则。

（1）应根据企业发展方向选购

确定好经营方向后，再根据要求选购仪器设备。如以事故车为主要业务的修理企业，应将资金的大部分用于精选车身车架校正仪、四轮定位仪和烤漆房这三套主要设施。因为前两种检测仪器能集中解决事故车变形问题，使修复后的车辆接近或基本恢复到原设计数据，缩短事故部位的修复时间，减少返修率，也减轻操作者的劳动强度，使修理企业的信誉和效益双丰收。又如以专修固定车型的特约维修站，原厂维修手册提示的工具和仪器设备的型号是设备选型的依据。同时，当经营方向和附近区域的修理厂完全相同时，仪器设备的选型可能成为相互竞争的关键因素。选择低价位的普通仪器设备，就可以形成低成本的价格竞争，而选择高价位的尖端设备，又可以形成高水平的技术竞争。因此，修理企业的经营方向是仪器设备选购最根本的依据。

（2）应根据企业维修业务的实际需要选购

经营规模小的修理厂，仪器设备的选择应考虑品质的可靠性。因为生产规模小，多采用单台设备，当其中某一设备损坏时就可能影响维修作业的正常运行，所以考虑品质可靠性是主要的。规模大的修理企业，对并行使用的仪器设备应采用同一选型，以便于维护和修理。但对于检测设备，则应采取分级配置的方式购置。例如尾气分析仪，可以选择配置统一型号的低价位产品，作为车间检测调整尾气使用，而总车检验则应采用精度高、质量好的设备，这样既可保证检测精度，又可降低设备的投入成本。

（3）应根据企业投资的额度选购

任何设备购置都要受资金的制约，一套 10 万元的检测仪器，一般企业都可以承受，其中包括燃油喷射检测仪，专用示波器，电脑汽车专用电表，电子元件分析仪，四轮定位仪，压力、真空、油压测试组等；汽车诊断中文专家系统，适用于本企业修理车型的几种解码器。现代汽车的新技术、新车型层出不穷，选购时还要考虑使设备的技术升级得到保障，如四气分析仪可以用增加附件的办法升级为五气分析仪，这样可以完成从双怠速法向简单工况法测试的过渡。

（4）根据维修工的使用维修能力进行选购

从目前的使用情况来看，影响操作和利用水平提高的关键是外语显示仪器，多数操作者由于不太懂外语，使已购的无中文显示且价格不菲的检测设施闲置。因此，一是尽量选购有中文显示并且精度高、质量好的通用仪器，如果对某些设备不会使用，则应采取有效的培训，做到人人都会使用；二是对已购的外语显示设备，可聘请专家进行培训，或设法译成中文。

（5）选购仪器设备时，一定要保留详尽的使用说明书，并购置相应的资料和图书

因为要排除故障，必须要看懂设备结构、工作原理及电路。因此，仪器设备的资料和介绍使用的图书必不可少，使用检测仪器时还要保存好仪器的附件。

1.3.3 汽车维修企业设备管理制度

① 厂部设立设备管理员，负责本厂全部机具设备的登记入册，建立设备档案，定期进行维修保养，做好记录，保养完毕后，要履行签字验收手续。

② 设备管理员要根据实际需要做好机具设备、仪器、仪表的购置计划，经主管审批后方能采购。购买时尽量选购名牌优质的产品。

③ 新购进的设备、工具、仪器、仪表要经过设备管理员、仓库管理员的验收，调试合格后方能交付使用。

④ 企业所有的机具设备、工具、仪器、仪表要确定使用年限，根据价值大小列入固定资产或低值易耗品。在使用年限内，如有丢失、损坏应予以赔偿，经管理员检验，确属质量问题的需由设备管理员和主管鉴定后方可减免赔偿。

⑤ 精密机具指定专人保管使用，其他人不得随便使用。测量仪器设备要定期校验。

⑥ 固定的不能移动的专用工具设备，如车床、磨床、油泵试验台等，由专门操作人员保管、维修、保养。其他人一律不得上台操作。电焊设备由钣金工人专门使用、保养。

⑦ 一般公用的工具，如绞刀、前轮定位仪等，由仓库保管员保管，使用借出、归还要登记，办理交接手续。因使用中违反操作而损坏的，由使用者赔偿；由于保管不当引起的损坏，由保管员承担责任。

⑧ 机具设备、仪器、仪表使用寿命到期的，经设备管理员审核检验，可以更换新的。但必须交旧领新。如果保管好可以继续使用的，企业可给予一定奖励。

⑨ 举升机之类的重大公用设备，企业指定专门班组保管维修，并由设备管理员巡查监督。如发现违章操作，要给予50~100元罚款。造成损坏的，应予以赔偿。

⑩ 要提高设备的利用率，对长期闲置不用的设备，要妥善保管好。

⑪ 企业每季度要对机具、设备、仪器、仪表进行一次检查。平时要进行抽查，发现问题要及时处理。对于保管好的要予以表扬，如发现丢失、损坏的要追究责任。

⑫ 设备管理员要认真履行岗位职责，如发生失职引起设备损坏，造成损失的要追究责任。

1.3.4 汽车维修企业设备管理的基本原则

为了保证汽车维修设备始终处于良好的技术状况，充分发挥设备潜力，提高工作效率，

维修企业的设备管理应遵守如下的基本原则。

① 专人负责，实行定人定机，岗位责任制。

② 设备操作人员必须经培训合格后方可上岗。

③ 建立设备技术档案。

④ 定期保养，强制维护，视情修理。

1.4 汽车维修企业的经营战略模式

对于汽车维修企业而言，经营战略指的是维修企业制订的重大且带有全局性质的方案。方案的制订通常是从长远的角度，对维修企业的整体发展进行分析，从根本上解决企业经营过程中存在的问题。企业经营战略具有全局性、长期性和相对性三个特点。

全局性。对汽车维修企业而言，企业的管理人员应该与厂家之间形成良好的合作关系。

长期性。汽车维修企业经营战略的制定要结合现阶段企业的特点和社会需求，更要放眼未来。经营战略的制定是一个长期的过程。

相对性。低层次的经营战略应该服从高层次的经营战略。

1.4.1 汽车维修企业经营战略模式分类

根据汽车维修企业在汽车后市场中的开拓方式不同，可以将经营战略分为渗透战略、市场开发战略、产品开发战略和多样化经营战略四类。

1.4.1.1 渗透战略

渗透战略是指实现市场逐步扩张的拓展战略，该战略可以通过扩大生产规模，提高生产能力，增加产品功能，改进产品用途，拓宽销售渠道，开发新市场，降低产品成本，集中资源优势等单一策略或组合策略来开展。其战略核心体现在两个方面：利用现有产品开辟新市场实现渗透，以及向现有市场提供新产品实现渗透。按照四种发展战略的定义，实施市场渗透战略时，未来的与现有的产品市场组合之间差异最小。因此，只要企业现有产品市场组合的潜力尚未得到充分开发，实施市场渗透战略的风险最小，所需投入的资源最少。

渗透战略是以原有市场战略为基础而建立的。渗透战略能够帮助企业拓展经营业务，获得较大的市场份额，提高市场占有率。渗透战略的具体实施方法为：

① 通过宣传、促销活动，提高企业的知名度和服务质量，帮助顾客快速了解维修企业。在留住老顾客的同时，保证有新客户不断加入。

② 通过降低车辆维修费用、换件费用等方式来吸引顾客，让更多的顾客到店进行车辆维修、维护。

1.4.1.2 市场开发战略

市场开发战略是指在原有服务形式不变的情况下，向新市场进行拓展的发展战略。通过这一战略的实施，可以保证现有服务市场不受影响，同时寻找新的市场和潜在客户。市场开发战略的具体实施途径包括两个方面：寻找新市场和寻找新客户。

① 寻找新市场的过程，实际上就是在原有服务项目不变的情况下，开辟新的服务网点和服务方式，如将维修企业向其他城市拓展。

② 寻找新客户的方式，主要是寻找可能成为消费者的群体，并针对该群体制定相应的经营、服务策略。

1.4.1.3 产品开发战略

产品开发战略是在现有服务市场不变的情况下，通过改进汽车维修技术、开发维修服务项目，来提高维修企业的知名度和美誉度，增加客户量。产品开发战略的实施是建立在市场观念和社会观念的基础上的，企业向市场提供新的服务项目，满足顾客的需求，增加企业收入。产品开发战略是对企业现有市场投放新的维修服务项目或利用新技术增加服务类别，以扩大市场占有率和增加企业收入的企业发展战略。

产品开发战略的具体实施方法有两种：改善原有服务状况和开发新的维修服务项目。

① 改善原有服务状况。随着经济发展，汽车市场保有量和人均汽车占有率都在不断提高，对汽车后市场服务，尤其是汽车维修、维护服务的需求日益增加；随着企业产品技术革新速度的加快，对车辆维修技术、服务质量的要求不断提高。汽车维修企业需要不断改进服务形式，使维修服务更能够满足客户的需要。汽车维修企业规范服务流程、制订服务标准、提高客户满意度，使更多的顾客到店进行车辆维修、维护，增加企业收入。

② 开发新的维修服务项目。汽车维修企业根据市场需求，开展新的服务项目和服务形式。例如，通过网络预约，工作人员可根据预约顺序开展上门取车服务，并在车辆维护后免费送车到家，并通过网上通报的形式，让顾客随时登录了解送修、维护状态。

采用产品开发战略的条件有以下几个方面。

a. 企业产品具有较高的市场美誉度和顾客满意度。

b. 汽车维修技术不断创新。

c. 汽车保有量正处于高速增长阶段。

d. 维修企业具有较强的研究和开发能力。

e. 主要竞争对手以类似价格提供更高质量的产品。

1.4.1.4 多样化经营战略

多样化经营是指企业经营不只局限于一种产品或一个产业，而实行跨产品、跨行业的经营。多元化经营具有战略的属性，所以，战略管理理论常被中外企业用于指导多元化经营战略的制定和实施。汽车维修行业的经营项目较多，可通过多样化经营来增加顾客量。

1.4.2 汽车维修企业常用的经营战略模式

（1）连锁经营战略

随着汽车维修市场需求量的增加，以及消费者对车辆维修与维护过程中快速、便捷、流程简单的要求不断提高，汽车维修连锁经营模式越来越受到广大消费者的青睐。汽车维修连锁经营是指在不同地区或同一地区的不同位置，开设若干个提供相同服务类型的维修企业。这些企业以一定的形式组成一个联合体，通过整体规划，各个分公司之间进行专业化分工并在分工的基础上实行集中化管理，以此获得较大的规模效益。

由于是连锁经营，顾客可以根据自己所在位置就近选择其中一家连锁店进行车辆维修与维护，这样可以节省时间，提高服务效率。

（2）维修技术"精"、服务项目"单"的经营战略

该经营战略适用于规模较小的维修企业，是指将有限的资金、设备资源投入到精细、单一的维修服务上，提高企业服务竞争实力。在经营过程中，企业集中维修人员、维修设备和资金，将某一项或某一系列的维修服务做好、做精细，并根据市场需求实时进行技术革命以保证从技术上处于领先地位。

(3) 强化服务意识战略

汽车维修企业旨在为车主提供优质的车辆维修、维护服务。因此,提高员工的服务意识和企业的服务水平,对企业的发展至关重要。维修企业服务质量主要体现在两个方面:维修接待服务质量和维修技术服务质量。

① 维修接待服务质量。对于一些连锁经营机构,对车主的接待服务有统一的要求。无论是维修接待人员,还是维修技术人员,对待顾客热情、认真、耐心,都会给顾客留下较好的印象。

② 维修技术服务质量。其主要内容包括:通过对员工的定期培训,让维修人员掌握更多的车辆电控维修信息和各类传感器的测试方法;建立维修资料库,保证维修人员能够随时获得足够的数据;由过去凭经验维修转变为现在的凭数据说话,由过去的换件诊断转变为现在的技术诊断。由此,从根本上解决汽车维修企业存在的技术问题。

(4) 实行特许经营战略

特许经营是指企业能够获得的在特定范围内的经营权,包括员工的技术培训、维修企业的经营模式、提供维修产品等。在特许经营过程中,受许企业接受特许企业的监督和指导并根据实际经营情况获得一定的资金援助。作为受许企业,应根据合同规定开展经营项目。特许经营的优点在于:每一个加盟维修店,在实施加盟之前,对本地区已有了较深入的了解,更容易开展业务。而且可以共享品牌的声誉,对于处于初期阶段的加盟店来说,良好的声誉可以帮助企业更好地开展维修业务和吸引顾客。

第2章

汽车维修企业信息管理系统

2.1 汽车维修企业信息管理系统概述

随着我国成为全球最大的汽车消费大国,汽车维修需求自然也会爆发式增长,然而企业外部环境和内部环境都发生了深刻变化,特别是信息社会的冲击,旧的管理模式和管理方法已经远远不能满足市场经济的快节奏和高要求。企业管理信息系统可帮助企业科学管理企业资源,增强企业应变能力,提高企业市场竞争力和经济效益,帮助管理者迅速准确地做出决策,从而使企业管理真正从经验管理过渡到科学管理,从粗犷管理过渡到数字化管理,将企业管理制度和系统相结合实现管理落地到一线现场,实现科学的管理思想与先进的管理手段的完美结合。汽车维修管理系统是与汽车配件管理系统相结合使用一套软件,汽车维修管理系统主要是针对客户选择的配件维修服务项目进行结算汇总,对员工的销售服务提成进行汇总,其中维修所需的配件、客户信息是在汽车配件管理系统中进行管理。

2.1.1 汽车维修企业信息化管理涵盖的内容

汽车维修企业信息化管理所涵盖的内容需要从多个方面来进行建立,基本包含以下几个方面:①针对自身汽车维修企业的情况,有效建设能符合信息技术要求的各类型的业务和管理制度,补充和更新完善本企业的各类管理制度,促使整个企业经营模式更加有序发展。②针对自身汽车维修企业,建设两个基本管理数据库,一个是本企业以经营和管理为中心的实际数据和基本关系,另一个是企业高层在经营管理中的决策信息数据库。③针对自身汽车维修企业的情况,建设相应的自动化以及信息管理系统,从整个汽车维修企业日常的经营管理信息中,提取每一项信息进行信息的处理,通过数据分析可以为企业高层作出正确决策提供有效数据。④针对自身汽车维修企业,建设企业内部信息查询平台,可以根据内部网络实现企业内自动化办公与信息查询,有效提升企业内部信息的最佳配置。⑤针对自身汽车维修企业接入互联网,通过互联海量的信息,补充和更新适合自身企业在经营活动中的信息资源。还可以利用互联网发布企业经营信息,得到更多的宣传途径。汽车行业维修管理系统的发展历程及演化过程如图 2-1 所示。

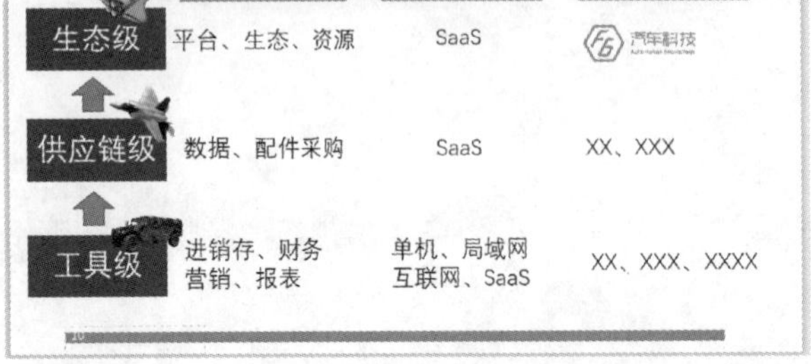

图 2-1 汽车行业维修管理系统的发展历程及演化过程

2.1.2 汽车维修企业信息化管理的意义

(1) 有效支持，适应竞争

汽车维修企业可以通过企业信息化管理的支持，整理制订出更适合本企业的经营模式。优化在经营过程中更多的环节，创建适合自身企业的管理组织结构，结合市场信息反馈，有效提高企业高层针对汽车维修行业作出强有力的决策，更好地在市场竞争中取得良好的经济效益。

(2) 降低经营成本，获取更多信息

企业信息化管理的本质在于降低企业在经营活动中的运营费用。汽车维修企业通过信息化管理，获取更多适合自身企业发展的外部信息。甚至汽车维修企业可以根据信息化管理对车辆维修成本进行有效的控制；还可以根据自身企业的需要，对库存进行信息化管理，合理地解决配置配件库存量的问题。这些都是通过企业信息化管理，有效地降低管理成本的措施。

(3) 掌握市场需要，提升汽车维修企业市场能力

利用企业信息化管理技术，可以直接拉近企业与客户的距离，有效地建立起从企业到供应商再到客户之间的关系网，可以根据市场反馈的信息资源，把握汽车维修行业的市场消费能力，针对市场需求调整经营模式，想客户所想，急客户所急，从而有效提升汽车维修服务质量，从市场中脱颖而出。

(4) 完善信息化管理数据，促进企业高层决策，提升企业综合素质

企业信息化管理，是从传统管理到先进管理模式的一种转变，针对自身企业经营模式，制定和完善企业管理制度和方法，创新管理理念。通过信息化管理，获取更多的有利于企业发展的相关信息，更加及时地掌控市场需求。提高企业内部高层针对企业内部和外部的信息数据分析能力，为企业发展作出更为正确科学的决策提供相应的依据。汽车维修企业信息化管理，还可以提高企业员工的技术知识，通过信息化管理对汽车维修信息及市场信息的传播，有效提升企业的综合素质。

利用数字化和在线化可以实现从政府管理到员工管理的连接。

不论是哪个行业，在未来科技的发展下，都向着四个在线的方向发展。四个在线包括：员工在线、产品在线、客户在线、管理在线。

员工在线：实现员工在考勤、审批、学习、行为、关怀、会议、沟通等方面的在线化，让整个人事系统形成系统化管理。

产品在线：包括产品类别在线、产品服务在线、产品库存在线。汽车维修企业管理已基本实现用品、轮胎的在线情况，洗美、维保等产品逐渐实现在线化。逐步实现所有产品在线化打磨。

客户在线：随着经济全球化步伐的加快，越来越多的企业转变了经营理念，以服务客户为中心的理念开始在世界范围内广泛传播。优秀的企业纷纷通过建立自己的客户服务管理系统来拉近与客户的关系，更好地满足客户的需求，借此来确立和提高公司的竞争优势。可以说，客户服务时代已经到来，企业需要做的就是要树立正确的客户服务理念，加强与客户的沟通，为客户提供富有成效的服务。

客户可以在支付宝、微信实现在线化服务，实现在线查询维修历史记录、办理会员卡、预约、业务提醒等项目。

管理在线：在于提升员工的工作效率，更加完善客户的画像、更智能的推荐、具体的流程指导、各类实施经营报表对于管理者的业务调整支持。通过线上评价体系、店面环境、服务态度、施工质量，从而提升客户的满意度。图 2-2 描述了汽车行业发展的四个在线。

图 2-2　汽车行业发展的四个在线

2.2　汽车维修企业信息管理系统简介

随着我国企业信息化建设工作的深入开展，汽车维修企业信息化管理作为提升汽车维修行业竞争力的重要手段，正日益受到汽车维修各界人士的广泛关注。过去，由于汽车维修企业规模较小，人才素质也不高，信息管理系统不是很普及，那时根本谈不上企业的战略管理。随着时代的发展，信息管理系统在汽车维修企业中不断普及，汽车维修企业正逐渐做大、做强，摆脱了过去小规模的发展困境，企业的战略管理也逐渐成为广大汽车维修企业管理人员关心的话题。

（1）信息管理系统对企业管理战略产生的影响

采用信息管理系统使汽车维修企业之间的竞争有了新的含义，企业和其配件供应商、客户和行业协会等的关系，从简单的业务关系转变为利益共享的合作伙伴关系，这种合作伙伴关系组成企业的供应链，成为"汽修一体化生产"的核心思想。当汽车维修企业的基本合作伙伴关系满足不了汽车维修企业发展的要求时，企业就会"同步"组织一个短期供应链，进行敏捷的改变。因此，当前企业的竞争不仅仅是企业之间的竞争，而且是企业的供应链与竞争对手的供应链之间的竞争。

供应链管理使得汽车维修企业应对市场变动的能力增强，使企业绕过交付渠道上增加成本的中间商，直接把供应商和顾客连接起来。例如，汽车维修企业能通过信息管理系统直接联系配件供应商和客户，从而使得公司与其合作伙伴形成生产流水线，在时间上使价值链上的各项活动同步，能以更低的成本提供更高质量的服务。目前，丰田 4S 店的信息管理系统已经实现了这种功能，丰田汽车总部可以通过信息管理系统直接联系 4S 店，客户也可以通过网络对维修店提出服务预约。信息管理系统为供应链管理提供最准确、最及时的信息，通过对产业链上、下游信息的及时处理，实现从供应商到消费者各个组织的过程协调与控制。另外，供应链上各个单独的企业将变得更加专业化，它们成为完成一个过程中几个关键步骤的专家。

例如，有些企业规模比较小，对某些零部件的维修水平不够，可以通过信息管理系统联网，与其他专修企业组成更大、更强的维修企业。如目前出现的专修自动变速器、发动机、散热器的企业，可以通过信息管理系统组合成水平极高的维修企业联盟，实现共赢。这样，每个企业都能专注于自己在供应链中的优势环节，从而集中精力，发展自己的核心业务，对于自己不擅长的领域，则由供应链的其他组成部分完成。有了信息管理系统的支撑，每个企业都可以做大、做强。

（2）信息管理时代下竞争战略的构建

首先，汽车维修企业能够通过信息管理系统理解每一个目标客户群的客户需求，它能帮助公司确定产品成本和服务要求。通常，不同客户群的客户需求在多个方面表现出不同的特性，如每个客户群中所需维修的数量、客户愿意忍受的反馈时间、要求的服务水平、产品的价格，等等。在汽车维修业竞争非常激烈的今天，只有紧紧抓住客户的需求，才能将企业做大、做强。

其次，在理解公司的客户需求特点之后，创建供应链战略，使之能更好地满足公司目标客户群特定类型的需求。在供应链反应能力与赢利水平之间进行权衡，找到最佳的结合点。供应链反应能力包括很多方面，如对大幅度变动的需求量的反应、提供多品种的服务、满足特别高的服务水平的要求、提供对汽车新技术的维修服务，等等。

最后，应确保供应链的运营目标与客户的需求协调一致，并且供应链反应能力的高低应与潜在需求的不确定性吻合。潜在需求的不确定性增加，则要求相应的反应能力增加，反之亦然。

例如，配件库存量一直是困扰汽车维修企业的问题，库存量大了，一方面积压资金，另一方面还存在配件升级换代的风险；库存量少了，则可能影响维修作业的进度。信息管理系统可以分析配件的供应信息，自动对配件库存量进行优化，同时还可以协调企业之间配件的互通，实现利益的最大化。

对于现代线上智能信息化维修系统来说，根据产品本身以及客户的需求实现了智营、智修、智配、智数。

智能系列产品的特点是：

新：新架构、引领时代；

轻：上手快、免安装、免维护；

快：每周更新，50 次/年快速成长、快速响应、快速纠错；

久：靠谱的团队，靠谱的公司；

安全：加密、三重备份（手动、自动、云）。

智营：营销赋能，能够将产品卖出去，赋能汽车后市场维修企业基于线上线下的精细化营销能力。

智修：流程赋能，实现汽车后市场管得好。赋能汽车后市场维修企业基于全能终端的标准化、精细化、移动化、透明化的流程管理能力。

智配：实现产品供应链赋能，赋能汽车后市场维修企业基于修配融合的直通式配件供应链能力实现零库存管理。

智数：实现技术赋能，赋能汽车后市场维修企业基于大数据的汽车养修数据一站式获取能力。

汽车后市场发展已经实现了上述四个智能时代，评价一个维修厂的整体实力需要从智营、智修、智配、智数四个方面考虑，如图2-3所示。

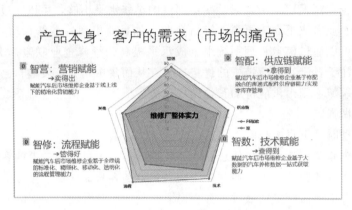

图2-3 维修厂整体实力评价

汽车维修企业维修服务工作的实施水平直接体现了维修企业经营的管理水平，维修服务流程实际上就是维修企业的维修业务管理流程。维修服务流程一般从预约开始，经过维修接待、维修作业、质量检验、结账等步骤。如图2-4是汽车维修企业开设工单的基本流程。

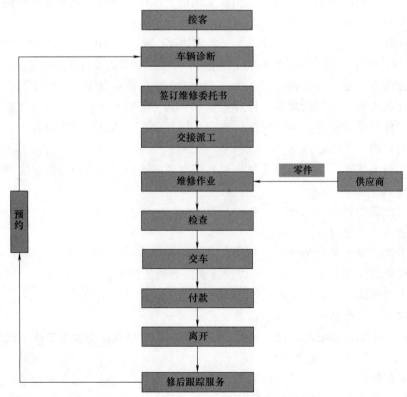

图2-4 汽车维修企业开设工单的基本流程

2.2.1 预约管理

此步骤最重要的是：要让预约客户享受到预约的待遇，要与直接入厂维修客户严格区分开。这是决定此客户下次是否再次预约的关键因素。

安排客户预约的方法有如下几个。

① 让客户知道预约服务的各种好处，例如：工时费享受折扣。

② 在客户接待区和客户休息室放置告示牌，提醒客户预约。

③ 在对客户回访跟踪时，宣传预约业务，让更多的客户了解预约的好处。

④ 由 SA 经常向未经预约直接入厂的客户宣传预约的好处，增加预约维修量。

2.2.2 接待服务

（1）接待准备

① 服务顾问按规范要求检查仪容、仪表。

② 准备好必要的表单、工具、材料。

③ 环境维护及清洁。

（2）迎接顾客

① 主动迎接，并引导顾客停车。

② 使用标准问候语言。

③ 恰当称呼顾客。

④ 注意接待顺序。

（3）环车检查

① 要当着客户的面铺设四件套，即使客户客气说"不用了"等话语，也要坚持这样做。

② 基本信息登录。

③ 环车检查，漆面划痕、损坏必须当面给客户指出。

④ 明确向客户建议，务必提醒客户取走车内的贵重物品。

⑤ 详细、准确填写环车检查问诊单，并请客户确认签字。

（4）现场问诊

了解顾客关心的问题，询问顾客的来意，仔细倾听顾客的要求及对车辆故障的描述。

（5）故障确认

① 可以立即确定故障的，根据质量担保规定，向顾客说明车辆的维修项目和顾客的需求是否属于质量担保范围内。

如果当时很难确定是否属于质量担保范围，应向顾客说明原因，待进一步进行诊断后做出结论。

② 不能立即确定故障的，向顾客解释须经全面仔细检查后才能确定。

（6）获得、核实顾客、车辆信息

① 向顾客取得行驶证及车辆保养手册。

② 引导顾客到接待前台，请顾客坐下。

（7）确认备品供应情况

查询备品库存，确定是否有所需备品。

(8) 估算备品/工时费用
① 查看 DMS 系统内顾客服务档案，以判断车辆是否还有其他可推荐的维修项目。
② 尽量准确地对维修费用进行估算，并将维修费用按工时费和备品费进行细化。
③ 将所有项目及所需备品录入 DMS 系统。
④ 如不能确定故障的，告知顾客待检查结果出来后，再给出详细费用。
(9) 预估完工时间
根据对维修项目所需工时的估计及店内实际情况预估出完工时间。
(10) 制作任务委托书
① 询问并向顾客说明公司接受的付费方式。
② 说明交车程序，询问顾客旧件处理方式。
③ 询问顾客是否接受免费洗车服务。
④ 将以上信息录入 DMS 系统。
⑤ 告诉顾客在维修过程中如果发现新的维修项目会及时与其联系，在顾客同意并授权后才会进行维修。
⑥ 印制任务委托书，就任务委托书向顾客解释，并请顾客签字确认。
⑦ 将环车检查问诊单、任务委托书客户联交顾客。
(11) 安排顾客休息
引导客户到客户休闲区等候。

2.2.3 作业管理

(1) 服务顾问与车间主管交接
① 服务顾问将车辆开至待修区，将车辆钥匙、"任务委托书""环车检查问诊单"交给车间主管。
② 依"任务委托书"与"环车检查问诊单"与车间主管车辆交接。
③ 向车间主管交代作业内容。
④ 向车间主管说明交车时间要求及其他须注意事项。
(2) 车间主管向班组长派工
① 车间主管确定派工优先度。
② 车间主管根据各班组的技术能力及工作状况，向班组派工。
(3) 实施维修作业
① 班组接到任务后，根据"环车检查问诊单"对车辆进行验收。
② 确认故障现象，必要时试车。
③ 根据"任务委托书"上的工作内容，进行维修或诊断。
④ 维修技师凭"任务委托书"领料，并在出库单上签字。
⑤ 非工作需要不得进入车内并且不能开动顾客车上的电器设备。
⑥ 对于顾客留在车内的物品，维修技师应小心地加以保护，非工作需要严禁触动，因工作需要触动时要通知服务顾问以征得顾客的同意。
(4) 作业过程中存在问题
① 作业进度发生变化时，维修技师必须及时报告车间主管及服务顾问，以便服务顾问及时与顾客联系，取得顾客谅解或认可。

② 作业项目发生变化时需增项处理。

(5) 自检及班组长检验

① 维修技师作业完成后，先进行自检。

② 自检完成后，交班组长检验。

③ 检查合格后，班组长在"任务委托书"写下车辆维修建议、注意事项等，并签名。

④ 交质检员或技术总监质量检验。

(6) 总检

质检员或技术总监进行100%总检。

(7) 车辆清洗

① 总检合格后，若顾客接受免费洗车服务，将车辆开至洗车工位，同时通知车间主管及服务顾问车已开始清洗。

② 清洗车辆外观，必须确保不出现漆面划伤、外力压陷等情况。

③ 彻底清洗驾驶室、后备厢、发动机舱等部位。烟灰缸、地毯、仪表等部位的灰尘都要清理干净，注意保护车内物品。

④ 清洁后将车辆停放到竣工停车区，车辆摆放整齐，车头朝向出口方向。

2.2.4 交车服务

(1) 通知服务顾问准备交车

① 将车钥匙、"任务委托书""环车检查问诊单"等物品移交车间主管，并通知服务顾问车辆已修完。

② 通知服务顾问停车位置。

(2) 服务顾问内部交车

① 检查"任务委托书"以确保顾客委托的所有维修保养项目的书面记录都已完成，并有质检员签字。

② 实车核对"任务委托书"以确保顾客委托的所有维修保养项目在车辆上都已完成。

③ 确认故障已消除，必要时试车。

④ 确认从车辆上更换下来的旧件。

⑤ 确认车辆内外清洁度（包括无灰尘、油污、油脂）。

⑥ 其他检查：除车辆外观外，不遗留抹布、工具、螺母、螺栓等。

(3) 通知顾客，约定交车

① 检查完成后，立即与顾客取得联系，告知车已修好。

② 与顾客约定交车时间。

③ 大修车、事故车等不要在高峰时间交车。

(4) 陪同顾客验车

① 服务顾问陪同顾客查看车辆的维修保养情况，依据"任务委托书"及"环车检查问诊单"，实车向顾客说明。

② 向顾客展示更换下来的旧件。

③ 说明车辆维修建议及车辆使用注意事项。

④ 提醒顾客下次保养的时间和里程。

⑤ 说明备胎、随车工具已检查及说明检查结果。

⑥ 向顾客说明、展示车辆内外已清洁干净。

⑦ 告知顾客3日内客户部将对顾客进行服务质量跟踪电话回访，询问顾客方便接听电话的时间。

⑧ 当着顾客的面取下四件套，放于回收装置中。

（5）制作结算单

① 引导顾客到服务接待前台，请顾客坐下。

② 打印出车辆维修结算单及出门条。

（6）向顾客说明有关注意事项

① 根据"任务委托书"上的"建议维修项目"向顾客说明这些工作是被推荐的，并记录在车辆维修结算单上。特别是有关安全的建议维修项目，要向顾客说明必须维修的原因及不修复可能带来的严重后果，若顾客不同意修复，要请顾客注明并签字。

② 对保养手册上的记录进行说明（如果有）。

③ 对于首保顾客，说明首次保养是免费的保养项目，并简要介绍质量担保规定和定期维护保养的重要性。

④ 将下次保养的时间和里程记录在车辆维修结算单上，并提醒顾客留意。

⑤ 告知顾客会在下次保养到期前提醒、预约顾客来店保养。

⑥ 与顾客确认方便接听服务质量跟踪电话的时间并记录在车辆维修结算单上。

（7）解释费用

① 依车辆维修结算单，向顾客解释收费情况。

② 请顾客在结算单上签字确认。

（8）服务顾问陪同顾客结账

① 服务顾问陪同自费顾客到收银台结账。

② 结算员将结算单、发票等叠好，注意收费金额朝外。

③ 将找回的零钱及出门证放在叠好的发票等上面，双手递给顾客。

④ 收银员感谢顾客的光临，与顾客道别。

（9）服务顾问将资料交还顾客

① 服务顾问将车钥匙、行驶证、保养手册等相关物品交还顾客。

② 将能够随时与服务顾问取得联系的方式（电话号码等）告诉顾客。

③ 询问顾客是否还有其他服务。

（10）送顾客离开

送别顾客并对顾客的惠顾表示感谢。

2.2.5 跟踪服务

及时跟踪重要客户的车辆状态。

第3章

汽车维修业务系统

3.1 汽车维修业务简介

3.1.1 汽车维修行业业务构成

汽车维修业务是由机电维修、汽车保养、钣金喷漆、轮胎养护、美容装潢、电器维修等组成。

汽车机电维修顾名思义就是机修和电器，但是机电一体已经成为一种趋势，具体包括发动机、底盘的维修以及电器电控的维修，统称为机修。

汽车保养是指定期对汽车相关部分进行检查、清洁、补给、润滑、调整或更换某些零件的预防性工作，又称汽车维护。汽车保养分为大保养和小保养。小保养一般是指汽车行驶一定距离后，为保障车辆性能而在厂商规定的时间或里程做的常规保养项目。主要包括更换机油和机油滤芯。大保养是指在厂商规定的时间或里程，进行的内容为更换机油和机油滤芯、空气滤芯、汽油滤芯的常规保养。

钣金喷漆是一种汽车修复技术，就是将汽车金属外壳变形部分进行修复，比如车体外壳被撞了个坑，就可以通过钣金使之恢复原样，然后再通过喷涂专用油漆，使变形的汽车金属表面恢复到与其他完好的地方一样，光亮如初。

汽车车身通过钣金校正后还有一些钣金工作无法弥补的缺陷，哪怕是更换新的部件也会有不完美的地方，为了做到更加完美精到，就必须用雕塑的工艺技法弥补缺陷，汽车在变形及其他原因残损后，其平度、轮角及线条，每一个部位都需要用刮灰来填补磨塑出来，用这样的公式说明：刮灰=恢复车身蒙皮=模具产物=模具加工程序，汽车的任何一个车身蒙皮都是由模具冲压而成，我们修复车身蒙皮就跟修复模具一样，所以我们刮灰塑形工艺要和模具加工连贯起来，这是一般的油漆工作者无法做到的工作，很多干了多年的油漆工都会感叹一句话"喷好一台车容易，做好一块灰难啊，十年难磨一团灰"说这话的人可能真的懂得什么叫汽车喷涂了。

轮胎是车之足，是行车的基础，它是车中主要被磨损和消耗的部件之一，也是车中使用环境最恶劣的部件，因为他要忍受不同的路面、温度和危险。而因为他的故障所导致的麻烦甚至危险（比如爆胎）却也是汽车安全中最主要的不确定因素。

轮胎的养护，最重要的就是保持合适的气压和防止外来损伤，当然还有动平衡的保持以及换位保持平均磨损。

汽车美容包括打蜡、抛光、封釉、镀膜、真皮镀膜、划痕修复、座椅翻新、仪表盘翻新等。

汽车装潢包括贴膜、底盘装甲、防盗器安装、中控锁、倒车雷达、车载DVD、GPS导航、车的内饰（顶棚、地板）、音响改装（属于电子改装方面的）等。

汽车电路方面的维修包括：汽车电源系统、启动系统、点火系统、照明与信号系统、汽车仪表系统、辅助电器系统。汽车电器设备电路与维修主要包括电器设备、电路系统的维修与日常保养。

3.1.2 汽车维修车型定价管理

（1）车型定价

车型解析

车型定价模式是目前保险业较为成熟的国家所普遍采取的一种定价模式，即在厘定费率时，将车型作为最重要的定价风险因子之一，充分考虑不同车型之间的风险差异，一定程度上忽略新车购置价和实际价值的概念，从而使得投保人能够以与自己风险相匹配的费率购买风险保障，最大限度地实现公平。同时，由于车型定价在客观上会引导消费者选购风险更低（直接表现是费率更低）的车型，这又倒逼汽车生产企业努力提高汽车质量、增加安全系数，从而间接促进汽车制造业的技术革新和发展。从后者角度而言，车险市场的改革可能倒逼、引发前端汽车制造市场进行更新与革命，从而整体提高消费者福利，属于保险行业对社会发展的多层次贡献。虽然我国汽车工业目前仍处于发展的初级阶段，车型类别繁多且管理并不规范，暂时缺少满足基于车型定价精算的基本规范，但可喜的是，无论是监管机关、行业协会，还是保险公司自身，均已认识到车型定价是未来的发展趋势，并已经开展了积极的准备和推动工作。如中国保险行业协会于2014年4月启动的行业车型标准数据库建设项目就为车型定价的实施打下了坚实基础，此举属于车险市场建设的基础设施工程。值得注意的是，在风险因子中加入车型因子的定价模式虽然较以新车购置价为核心的定价模式有了明显的进步，但这仅仅是费率合理化工作的起点。纵观发达国家的车险市场，保险公司在厘定费率时并不会仅仅考虑车型，车辆的行驶区域、里程数、历史赔付记录、驾驶人的年龄、职业、性别、驾驶年限、教育程度、信用记录等都属于定价风险因子。以德国为例，汽车保险定价参数分为基本参数和附加参数：基本参数主要与车相关，包括车型、车辆保养情况、行驶区域、年行驶里程数等。其中，车型是最重要的参数，变动幅度最高可相差27倍。附加参数则是各公司根据自身情况采用的个性化参数，主要与驾驶人相关，包括年龄、性别、驾驶年限、不动产拥有情况、信用记录、结婚年限等。英国、加拿大、日本、韩国等发达国家莫不如此。虽然各国因为国情不同会在定价时侧重不同的风险因子，但将车的因素和人的因素综合考虑，是各国共同的做法。因此，随着互联网时代大数据产业的发展，未来我国的车险定价模式必然会如同发达国家那样，将"车"与"人"进行有机统一，使费率尽可能地与风险保持一致，从而最终建立统一开放、竞争有序的市场体系。千里之行始于足下。对于中国这样一个汽车大国而言，将车型作为商业车险定价的重要风险因子进行考量，开始构建车型定价的科学系统，是进行车险改革与市场重构的关键性一步，它标志着我们的车险市场发展开始由"又快又好"向"又好又快"思路的转变。

（2）车辆维修工时定价

① 钣金类工时费定损原则

一般车型：按损坏程度及损坏面积，并结合修复部位的难易程度来核定修理工时费。

特殊车型：价值较高的车型或老旧车型，当外观件、车身骨架及大梁等变形严重时，可以与客户和修理厂协商，修理工时费可按该配件价格的20%～50%核定。

② 漆工类工时费定损原则

a. 油漆工时费是指油漆材料费、油漆辅料费及油漆人工费的总和。

b. 塑料件、亚光饰件、金属漆及变色漆在工时费核定时可按10%～20%比例上浮。

c. 大型客车按单位面积核定工时费。

d. 轿车及小型客车按幅（每车13幅）核定工时费。

③ 拆装类工时费核定原则

a. 一般原则：按照拆装的难易程度及工艺的复杂程度核定工时费。

b. 单独拆装单个零件按单件计算人工费。

c. 拆装某一零件必须先拆掉其他零件，则需要考虑辅助拆装的工时费。

d. 拆装机械零件和电器零件，需要适当考虑拆装后的调试或测试费用。

e. 拆装覆盖件及装饰件，一般不考虑其他工时费。

f. 检修ABS，需确认维修方法，一般拆车轮30元/轮。

g. 检修线路或电器元件另外计算拆装费。

h. 拆装座椅如含侧气囊，工时费用可适当增加。

i. 拆装方向机工时费应按照车型调整。

j. 吊装发动机的，应计算发动机吊装费用。

k. 当更换项目较多时（≥10项），可以按30～50元/项统一计算总拆装费用。

④ 损坏零件修复与更换原则

a. 修复与更换的原则：损坏零件的修复或更换，一般应按照"损坏件能否修复、安全件是否允许修复、工艺上是否可以修复、是否有修复价值"的原则来确定。

b. 材料更换依照保险的基本原理"补偿原则"确定，具体情况按以下情况处理。

（a）一般情况下，应更换正厂配件。

（b）如损坏件本身不是正厂配件，则以配套零件进行更换。

（c）稀有、老旧、高档车型的配件，更换标准应从严掌握；部分老旧车型，可与客户和修理厂协商，以拆车件进行更换。

（3）车辆维修材料定价

汽车维修材料费是指汽车维修过程中合理消耗的材料的费用，通常分为配件费用、辅助材料费用和油料费用三类。

① 配件费用。包括外购配件费用、自制配件费用和修旧配件费用三种。

外购配件费用，即使用汽车维修企业购进的汽车配件的费用，按被实际购进的价格收费。

自制配件费用，指使用汽车维修企业自己制造加工的汽车配件的费用。属于国家（或省）统一定价的，按统一价格收费；无统一定价的，按照实际加工成本价收费；对个别加工成本较高的配件，可与客户协商定价。

修旧配件费用，指使用汽车维修企业加工修复的备用旧汽车配件的费用。

② 辅助材料费用。汽车维修辅助材料是指汽车维修过程中消耗的棉纱、砂布、锯条、密封纸垫、开口销、通用螺栓、螺母、垫圈、胶带等低值易耗品。汽车维修过程中此类材料的消耗不易单独核算费用，因此交通行业主管部门和物价管理部门统一规定了汽车维修辅助材料费用定额，作为汽车维修辅助材料费用的收费标准。

汽车维修企业应依据汽车维修辅助材料费用定额收取汽车维修辅助材料费用。汽车维修辅助材料费用定额通常按汽车维修作业的不同类别和车辆的不同型号规定不同的费用定额标准。

③ 油料费用。油料费用是指汽车维修过程中消耗的机油、齿轮油、润滑脂膏、汽油、柴油、制动液、清洗剂等油品的费用。

对汽车维修过程中各种油料的消耗，交通行业主管部门和物价管理部门通常也规定统一的油料消耗定额。各种油料的费用应依据规定的油料消耗定额与油料的现行市场价格进行计算和收取。汽车维修过程中各种油料的消耗定额，通常也按汽车维修作业的不同类别和车辆的不同型号规定不同的消耗定额标准。

3.2 汽车维修业务流程

3.2.1 洗车美容流程

洗车美容并不是一个简单地将车洗干净的过程，而是整合车辆洗净、车辆外部美容、车辆漆面保养的综合汽车美容养护的过程。

通过实施洗车美容的施工项目，达到让待洗车辆干净，恢复漆面原有光泽度，防止漆面受到紫外线、酸雨、鸟虫粪等污秽的伤害的目的。

洗车美容的总体流程如图 3-1 所示。

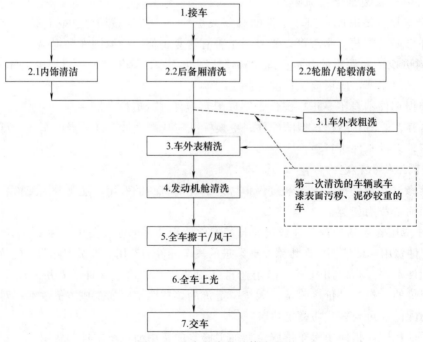

图 3-1　洗车美容的总体流程

3.2.2 维保流程

（1）汽车底盘检查保养

检查内容包括各传动部件、悬挂部件是否松动或损伤，如传动轴、半轴、半轴防尘套、悬挂、减震器、螺丝、球头及底盘腐蚀检查。

(2) 油、水检查保养

它包括发动机润滑油、变速箱齿轮油、刹车助力油、转向助力油、水箱防冻防沸液、自动变速箱等，检查的主要项目有以下几项。

① 检查全车油、水是否足够。页面缺乏需添加，油质不好的要进行更换：

② 检查动力总成、传动系统有无渗漏机油。主要有几大部件如发动机、变速箱、后桥等。

(3) 轮胎检查保养

① 轮胎检查一般包括检查轮胎异常磨损、车辆跑偏、安全性下降、方向盘发沉、车辆发飘等不适症状。

② 怎样保养轮胎。最重要的轮胎检查项目是轮胎的气压。如果轮胎气压过低，将大幅降低汽车的转向特性，同时使燃油消耗量增加，使轮胎出现偏磨损，害处极大。为此，必须按照规定的气压给轮胎充气。使用气压表测量气压时，必须在轮胎温度不高时进行，即不得在行驶之后立即测量轮胎气压。如果希望延长轮胎气压的检查间隔，可以适当地提高轮胎的气压，使之比规定值高出 10%～20%。

3.2.3 理赔流程

机动车辆保险理赔工作是保险政策和作用的重要体现，是保险人执行保险合同，履行保险义务，承担保险责任的具体体现。保险的优越性及保险给予被保险人的经济补偿作用在很大程度上，都是通过理赔工作来实现的。

理赔工作一般是由被保险人提供各种必要的单证，由保险公司负责理赔的工作人员经过计算、复核等具体程序，最后使被保险人获得赔偿。随着电子计算机、信息和互联网技术的发展，各大保险公司已广泛采用网上通赔业务，为被保险人的获赔提供了极大的方便。

(1) 理赔的特点

机动车辆保险与其他保险不同，其理赔工作也具有显著的特点。理赔工作人员必须对这些特点有一个清醒和系统的认识，了解和掌握这些特点是做好机动车辆理赔工作的前提和关键。

① 被保险人的公众性。我国的机动车辆保险的被保险人曾经是以单位为主，但是，随着个人拥有车辆数量的增加，被保险人中单一车主的比例将逐步增加。这些被保险人的特点是他们购买保险具有较大的被动色彩，加上文化、知识和修养的局限，他们对保险、交通事故处理、车辆修理等知之甚少。另一方面，由于利益的驱动，检验和理算人员在理赔过程中与其的交流存在较大的障碍。

② 损失率高且损失幅度较小。机动车辆保险的另一个特征是保险事故虽然损失金额一般不大，但是，事故发生的频率高，保险公司在经营过程中需要投入的精力和费用较大。有的事故金额不大，但是，仍然涉及对被保险人的服务质量问题，保险公司同样应予以足够的重视。另一方面，从个案的角度看赔偿的金额不大，但是，积少成多也将对保险公司的经营产生重要影响。

③ 标的流动性大。由于机动车辆的功能特点，决定了其具有相当大的流动性。车辆发生事故的地点和时间不确定，要求保险公司必须拥有一个运作良好的服务体系来支持理赔服务，主体是一个全球的报案受理机制和庞大而高效的检验网络。

④ 受制于修理厂的程度较大。在机动车辆保险的理赔中扮演重要角色的是修理厂，修

理厂的修理价格、工期和质量均直接影响机动车辆保险的服务。因为，大多数被保险人在发生事故之后，均认为由于有了保险，保险公司就必须负责将车辆修复，所以，在车辆交给修理厂之后就很少过问。一旦因车辆修理质量或工期，甚至价格等出现问题均将保险公司和修理厂一并指责。而事实上，保险公司在保险合同项下承担的仅仅是经济补偿义务，对于事故车辆的修理以及相关的事宜并没有负责义务。

⑤ 道德风险普遍。在财产保险业务中机动车辆保险是道德风险的"重灾区"。机动车辆保险具有标的流动性强，户籍管理中存在缺陷，保险信息不对称等特点，以及机动车辆保险条款不完善，相关的法律环境不健全及机动车辆保险经营中的特点和管理中存在的一些问题和漏洞，给了不法之徒可乘之机，机动车辆保险欺诈案件时有发生。

(2) 理赔工作的作用

理赔工作是加强车险防灾减损的重要内容和依据。机动车辆理赔工作的主要作用表现在以下几个方面。

① 经济补偿。在保险标的遭受保险责任范围内的自然灾害和意外事故损失后及时给予被保险人经济补偿。

② 加强防灾、减少损失。在理赔处理过程中和理赔以后能起到加强防灾、减少损失的作用，在事故发生后，保险标的及第三者往往还有加重损失的可能性，需要采取必要的抢救和保护措施，尽量挽回可以避免的损失。

③ 参与社会管理。通过赔案的处理，可以从中吸取经验教训，掌握机动车辆发生事故的规律。如对机动车辆按使用性质、车型、车类以及车辆所有权（公有或私有）等进行事故赔案分类，或按事故性质进行分类，通过分类统计，找出机动车辆保险的发展方向。

此外，可以通过赔案分类统计，以及典型案例，配合公安交通部门进行机动车辆安全行车教育，提醒广大驾驶员注意行车安全。

理赔工作是检验业务质量促进业务开展的重要环节、通过理赔可以检查机动车辆承保质量，还可以通过理赔扩大宣传，提高保险公司信誉，促进机动车辆保险业务的拓展。汽车保险理赔时的具体流程如下：

出险—报案—查勘—定损—核价—核损—核赔—支付

车主在理赔时的基本流程：①出示保险单证；②出示行驶证；③出示驾驶证；④出示被保险人身份证；⑤出示保险单；⑥填写出险报案表；⑦详细填写出险经过；⑧详细填写报案人和驾驶员信息和联系电话；⑨检查车辆外观，拍照定损；⑩理赔员带领车主进行车辆外观检查；⑪根据车主填写的报案内容拍照核损；⑫理赔员提醒车主车辆上有无贵重物品；⑬交付维修站修理；⑭理赔员开具任务委托单确定维修项目及维修时间；⑮车主签字认可；⑯车主将车辆交于维修站维修。

(3) 报案

一般保险公司要求在事发48小时内报案。

① 出险后，客户向保险公司理赔部门报案。

② 内勤接报案后，要求客户将出险情况立即填写"业务出险登记表"（电话、传真等报案由内勤代填）。

③ 内勤根据客户提供的保险凭证或保险单号立即查阅保单副本并抄单以及复印保单、保单副本和附表。查阅保费收费情况并由财务人员在保费收据（业务及统计联）复印件上确认签章（特约付款须附上协议书或约定）。

④ 确认保险标的在保险有效期限内或出险前特约交费,要求客户填写"出险立案查询表",予以立案(如电话、传真等报案,由检验人员负责要求客户填写),并按报案顺序编写立案号。

⑤ 通知检验人员,报告损失情况及出险地点。

以上工作在半个工作日内完成。

(4) 查勘定损

① 检验人员在接保险公司内勤通知后 1 个工作日内完成现场查勘和检验工作(受损标的在外地的检验,可委托当地保险公司在 3 个工作日内完成)。

② 要求客户提供有关单证。

③ 指导客户填列有关索赔单证。

(5) 签收审核索赔单证

① 营业部、各保险支公司内勤人员审核客户交来的赔案索赔单证,对手续不完备的向客户说明需补交的单证后退回客户,对单证齐全的赔案应在"出险报告(索赔)书"(一式二联)上签收后,将黄色联交还被保险人。

② 将索赔单证及备存的资料整理后,交产险部核赔科。

(6) 理算复核

① 核赔科经办人接到内勤交来的资料后审核,单证手续齐全的在交接本上签收。

② 所有赔案必须在 3 个工作日内理算完毕,交核赔科负责人复核。

(7) 审批

① 产险部权限内的赔案交主管理赔的经理审批。

② 超产险部权限的逐级上报。

(8) 赔付结案

① 核赔科经办人将已完成审批手续的赔案编号,将赔款收据和计算书交财务划款。

② 财务对赔付确认后,除赔款收据和计算书红色联外,其余取回。

3.2.4 钣喷流程

汽车钣金(metal plate)是一种汽车修理的技术手段,指汽车发生碰撞后要对车身进行修复,也即除对车身进行防腐和装饰的喷涂工作外其余的所有工作。如汽车车身损伤的分析,汽车车身的测量,汽车车身钣金的整形,拉伸矫正,去应力焊接,以及汽车车身附件装配,调整等工作。

简单一点说,就是车辆出现了事故或者是钣金件出现了故障,就需要钣金修复和喷漆了,要将车辆外观和结构都恢复成出厂时的要求。

说直接点,就是如果车身外观损坏变形,就需要钣金这个工序了。

而汽车喷漆,是一种汽车美容手段,是指给汽车表面上一层漆达到保护汽车的作用。汽车底漆又叫防锈底漆,即底涂层用漆,它一般直接涂覆于物体表面或涂于腻子表面。它的作用是防止金属表面氧化腐蚀,增强金属表面与腻子或中间涂层、面漆的附着力。

所以简单总结就是,如果你的车身有外观损坏和变形,就需要汽车钣金。如果只是单纯地想增强汽车的耐磨耐腐蚀性能,就可以选择喷漆。

第4章 汽车维修企业配件管理系统

随着科学技术的不断提高,计算机技术日趋成熟,其强大的功能已为人们深刻认识,它已经进入人类社会的各个领域并发挥着越来越重要的作用。作为计算机应用的一部分,使用计算机对汽车配件的各种信息进行管理,具有手工管理所无法比拟的优点。例如:检索迅速、查找方便、可靠性高、存储量大、保密性好、寿命长、成本低等。一款专业的汽车配件管理系统对于汽车配件销售行业的发展起到至关重要的作用。

4.1 配件管理简介

汽车配件的管理首先是汽车配件仓库的备货。大家都知道汽车的种类繁多,配件就更复杂了,一个仓库是不可能配备所有汽车配件的,不能覆盖全车系。因此在仓库备货的过程中也是有原则的。而仓库运作中,备货、入库、保管、出库这四个环节,每一个都至关重要,直接影响仓库周转,进而影响维修企业的质量和工期。

4.1.1 配件管理组成及采购方式

配件管理是售后服务的重要组成部分,配件的供应和回收管理是做好售后服务的基础。

配件管理的基本组成包括汽车配件采购和汽车配件仓储。

汽车配件是汽车行业配件管理的第一个环节。从社会再生产的角度看,采购就是商品从生产领域进入流通领域,从价值生产阶段转变为价值实现阶段;从企业经营的角度看,采购就是为了销售向生产企业(或代理商、批发商)取得资源(采购并不是经营的目的,销售并获取利润才是经营的目的);从资金运作的角度看,采购就是货币资金开始流通于企业的资金周转过程。

(1)汽车配件采购应遵循以下原则

① 坚持数量、质量、规格、型号、价格综合考虑的购进原则,合理组织货源,保证配件适合用户的需要。

② 坚持依质论价,优质优价,不抬价,不压价,合理确定配件采购价格的原则;坚持按需进货,以销定购的原则;坚持"钱出去,货进来,钱货两清"的原则。

③ 购进的配件必须加强质量的监督和检查,防止假冒伪劣配件进入企业,流入市场。在配件采购中,不能只重数量而忽视质量,只强调工厂"三包"而忽视产品质量的检查,对不符合质量标准的配件应拒绝购进。

④ 购进的配件必须有产品合格证及商标,实行生产认证制的产品,购进时必须附有生产许可证、产品技术标准和使用说明。

⑤ 购进的配件必须有完整的内、外包装,外包装必须有厂名、厂址、产品名称、规格

型号、数量、出厂日期等标志。

⑥ 要求供货单位按合同规定按时发货,以防应季不到或过季到货,造成配件缺货或积压。

(2) 汽车配件采购的方式

① 集中进货。企业设置专门机构或专门采购人员统一进货,然后分配给各销售部门(销售组、分公司)销售。集中进货可以避免人力、物力的分散,还可以加大进货量,受到供货方重视,并可根据批量差价降低进货价格,也可节省其他进货费用。

② 分散进货。由企业内部的配件经营部门(销售组、分公司)自设进货人员,在核定的资金范围内自行进货。

③ 集中进货与分散进货相结合。一般是外埠采购以及非同定进货关系的采取一次性进货,办法是由各销售部门(销售组、分公司)提出采购计划,由业务部门汇总审核后集中采购;本地采购以及同定进货关系的则采取分散进货。

④ 联购合销。由几个配件零售企业联合派出人员,统一向生产企业或批发企业进货,然后由这些零售企业分销。此类型多适合小型零售企业之间,或中型零售企业与小型零售企业联合组织进货。这样能够相互协作,节省人力,化零为整,拆整分销,并有利于组织运输,降低进货费用。

4.1.2 标准化配件管理

为加强汽车配件经营管理,确保配件供应,加速资金周转,合理库存储备,降低进货成本,增加经济效益,使配件管理工作达到标准化、规范化,管理标准如下。

(1) 货商认定、签订供货合同

① 由配件管理部门审验提供配件的供货方,是否有产品合格证,3C 认证,提供营业执照、税务登记证和企业代码复印件。

② 确保配件质量的前提下,配件管理部门向意向供货方索取产品价格表,并对各供货方进行进一步问价、比价。由配件管理部门、配件负责人和分管经理共同确定供货单位,并签订一年期供货协议。

③ 原材料及市场因素造成配件价格变动,要及时与供货方协商重新定价,对因质量问题,价格过高不适应市场需求的供货方及时予以变更,保证质优价廉的产品提供给客户。

(2) 配件计划制订

① 定期采购计划。由仓管员根据库存量情况、内销、外销情况预测汇总信息,报配件管理负责人,做出初步采购计划,由分管经理签字,确定月采购计划。

② 临时采购计划。由生产车间、理赔科或仓管员提供配件需求情况,填写备料单,报配件负责人做临时采购计划、分管经理签字批准,再行购买。

(3) 配件采购

① 将经审批的配件计划传真至已签订供货协议的供货商或厂家,并电话通知对方,说明发货要求,对方发货。

② 配件采购时如因固定网点无货,需到其他渠道进货的,价格不能偏高,价格高于固定网点的需先请示报价,普通件经材料管理负责人同意,总成及或单件在 1000 元以上者经分管经理批准后方能购买。

③ 采购的配件必须从正宗配件厂家或正宗配套厂家进货。

④ 因急需，临时外购配件或物品直接用于车辆维修或单位自用时，必须先登记或开具出库单，由领料人签字使用。采购有困难时，必须及时告知需料人，由材料负责人做好客户工作。

（4）配件提运、发运、入库

① 提货人应在提货点对照运单是否与配件的发站、单位、数量、件数相符并检验包装有无破损，铅封是否完好，如有破损疑问，应向承运部门索取证明，联系承运单位或保险公司索赔。

② 货物提取后应填写提货记录与验收人员办理交接，确定无误后在随货同行或待入库通知单上签字，然后交微机员入库，微机入库必须标明产地、图号、车型、原厂或配套等，入库单必须有保管人员签字并存查，如发现入库分类错误应及时调整。

③ 发运退回厂方的不合格配件及超储备配件，发运人凭出库单或有关凭证，清点无误后办理承运手续，在发运记录上签字并通知收货方。

④ 入库要求当日来货、当日办理。

⑤ 配件入库要做到"一及时，五不入库"即货到后由责任人及时清点验收，发现"品名不对不入，规格不符不入，质量不符不入，数量不符不入，超储备不入"。

（5）仓储管理

① 仓管员要按系列、性质分类存放，达到"四号定位""整数摆放"（四号定位：库号、架号、层号、区号分别排列），利用仓库的条件，合理地存放各种物资。

② 仓库管理达到"四洁、四无"。四洁：库容整洁、货架整洁、货区整洁、物资整洁；四无：无盈亏、无积压、无腐烂锈蚀、无安全质量事故。

③ 货架物资存放统一标准，条形标签执行厂方零部件图号并与微机图号完全一致。

④ 仓管员要做到"四会、三懂、二掌握、一做到"。（四会：会收发料、会摆放、会微机、会保养材料；三懂：懂性能、懂用途、懂互换代用；二掌握：掌握库存结构，满足销售，掌握库存物资摆放位置；一做到：日核对、月结、月自点。）

⑤ 仓管员必须每天对自己分管的配件进行浏览，发现问题及时查找。对盘点后出现的盈亏、损耗、规格串混、丢失等情况，各部门组织复查落实，分析产生的原因，填写"物资盘点单"，分清责任，及时处理。

⑥ 仓管员对清点出的三个月以上的积压配件，必须及时填写"物资盘点报告单"交负责人，再上报公司，由公司财务上报集团公司，对报废、滞销等配件，要填写"物资盘点报告单"交负责人，负责人汇总后上报公司。由公司分类提出处理意见报集团公司。

⑦ 加强废旧件管理，建立废旧件台账，废旧件出库要有领用手续。

⑧ 退库配件要贴上标签，作好记录，一个月内退给供货单位。

⑨ 索赔件要建立档案备查制度（如：三包索赔通知单、三包索赔实物结算单、三包索赔配件等），对产生索赔纠纷的及时通知厂方给予鉴定，不能及时给予索赔的要做好客户的工作。

⑩ 根据库存情况每月适时进行调整，超过三个月周转期的，对配件要进行退、调、换货或与其他修理厂、配件商沟通尽快处理。

⑪ 月自查（含与微机结存摊位有误等）、季度抽查、年终盘点。每月真实上报盈亏，若发现盘点中有意隐瞒盈亏，另扣罚各级责任人。

⑫ 不允许出库配件用白条顶库,特殊情况的以条顶库的三包索赔件必须有分管经理、索赔员、材料负责人签字。

(6) 配件销售

① 外销出库。微机员打印出库单→购货方持出库单到客服中心结算员处交款→营销员凭盖过收款印的出库清单提货发货→营销员将清单交与会计或作记账凭证(适用于手工账)。

② 日常领用及旧件管理。配件日常领用需要仓库人员负责调配,由专业人员领取。旧件需要按材料属性进行分类,如:铁件、塑料件、铝件、铜件、纸件等进行细分类;需要交保险公司的旧件由服务顾问凭结算清单到仓库领取旧件交保险公司并签字确认,剩余旧件在月底报行政进行分类处理,并整理旧件仓库。

③ 坚持交旧领新制度。生产班组在领用新件的同时必须交回旧件,由材料科统一处理(小电器、橡胶件除外)。外出服务时营销人员对发出的配件和出发人员一并记清,回公司后立即处理。

④ 若用户索要旧件,应告知客户到材料库签字领取。

⑤ 营销员接到一式二联工单后,应仔细核对所列项目是否有负责人签字,无误后发料并签字,如有缺件应填写待料通知单交给采购员,发完料后将派工单第二联交微机员输入微机,并保存工单(注:工单填写满后,应填写在附表上)。

⑥ 同一车需重复领料,营销员将工单上联所列项目如实填到第二联上,然后发料、签字,再次给微机员输入微机。

⑦ 事故车领用,将工单附在事故理赔科所列的"事故车零部件更换项目清单"上,发料时对照清单发货,并记录在空白的"事故车更换项目清单"上,双方签字后发料,然后将工单交微机员输入微机。如领用的件不在定损范围之内,需请事故车理赔员同意并签字后,方可发料。

由于事故车作业时间长,车辆竣工后,结算员或理赔员应通知材料开票员,然后将出库单与领用清单逐笔对照,无误后再结账。凡经保险公司定损而更换下来的所有零部件一律交材料库。

材料开票员,每日要核对出库单与微机是否一致,发现丢失等问题立即查找并改正;每笔出库业务必须有保管人员签字并存查,发现出库错误及时调整。

配件出库要按"先进先出法",不管内销、外销的配件,属于质量问题的,一定要及时给客户处理,以取得良好的市场信誉。建立退、发、送货登记记录制度。

(7) 付款

① 确定各供应商代销及付款采购等方式并报财务科备案。

② 对代销配件要根据配件销售情况,按照供货合同规定定期付款,由营销员每月汇总销售量报配件负责人,由负责人审阅后签字转材料会计,报财务科经理签字付款。

③ 付款采购必须填写付款单,由材料会计填写应付总金额;材料负责人审核并填写有无积压、质量、报废配件并申请付款额;分管经理审核签字;经理审批转财务办理付款。在付款单上对"货已销、付款发货、预计购货、销售时间"等情况应注明。

④ 对市内固定供货单位的采购付款,先入库再由材料负责人、经办人签字后,经理签字统一支票结算。

⑤ 若发现积压、滞销、毁损配件,配件管理负责人、仓管员根据损失大小承担相应的责任。

4.2 配件管理流程介绍

配件管理流程如表 4-1 所示。

表 4-1 配件管理流程

步骤	操作流程图	流程要点	管理部门	
			主责	配合
一	配件订购	配件订购渠道：在符合品牌主机厂配件商务政策的前提下，配件采购的途径必须在主机厂/公司备案供应商中选择；禁止通过其他渠道采购配件；每季度更新汽车投资公司指定供应商清单。 配件订单制订：由配件计划员根据主机厂各项配件指标并结合本店实际需求（如：营销活动）制订，在保证配件满足率同时减少配件积压；如属于缺货订单的，应由配件计划员根据 SA、维修技师填写的"配件订购申请单"（附表 1）制订，并向客户收取订金，建议按配件销售价收取，不低于配件成本金额； 配件订单审核： 本品牌界定的非常用件订单，由维修站长终审确定，其余订单由配件经理终审确定； 涉及向公司备案供应商采购的订单，由财务经理根据公司与备案供应商签订的协议终审确定； 配件订单审核后，财务经理应负责配件保证金账户资金充足。 配件订单跟踪：配件计划员负责跟踪订单配货情况，如有无法满足的配件应及时报配件经理处理	配件计划员	仓库保管员 服务顾问 维修技师 配件经理 财务经理
二	配件入库	1. 配件到货签收 ①配件到货后，由配件收发员负责确认数量准确性、外包装完整性、保质期（针对橡胶件、塑料件等）并签收送货单； ②如在清点配件的过程中发现配件损坏或缺失，应按照主机厂配件索赔流程处理； ③由公司备案供应商供应的配件，需配件经理与车间主任共同验收，确保其符合质量要求。 2. 配件入库 配件收发员负责将到货配件清点并分类入库，其中： ①油漆、辅料须在到货 3 小时内入库； ②其余配件须在到货当天内入库。 3. 系统数据管理： ①配件实物入库同时，配件收发员应按核定加价率在 DMS 系统中录入入库信息（配件经理应事先将配件加价率原则向汽车投资公司报备，如特殊需要调整加价率需及时汽车投资公司补充备案），核对双系统所有入库配件名称、数量、价格是否一致，并将入库单存档，存档时间不少于 3 年； ②配件经理负责在配件入库后对双系统录入数据进行复核确认	配件收发员	车间主任 配件经理
三	配件日常管理	1. 仓库管理 ①仓库设施应符合五距标准（灯距、顶距、柱距、墙距、间距）； ②配件应由仓库管理员分类摆放（如：ABCD 类），其中： A. 应按照主机厂要求制作库位和配件铭牌标识，仓库管理员每月对库位、铭牌进行更新，并确保 DMS 系统信息与实物一致； B. 危险品应单独摆放。	仓库管理员 配件收发员	配件经理

续表

步骤	操作流程图	流程要点	管理部门	
			主责	配合
三	配件日常管理	2. 现场管理 非仓库人员不得擅自进入仓库(工作需要除外),由配件经理监督执行。 3. 长库龄配件管理 配件经理应合理控制并降低长库龄件的占比。 4. 系统数据管理 ①在收到主机厂新增配件基础信息及调价信息(含车型、零件编号)后,须在2天内对双系统进行更新;涉及双系统数据导入的,网管应予以配合; ②配件命名规则:配件品牌＋配件名称＋配件规格(对于非主机厂渠道采购的配件,应在配件命名时予以标注);对于配件名称相同、编号不同的配件,由配件经理拟定命名规则并向汽车投资公司备案,避免同一配件名称查找烦琐; ③配件经理负责监督双系统配件基础信息同步更新,网管每月对双系统配件基础信息进行检查,并将结果以内部文件批阅单形式上报配件经理、维修站长和财务经理	仓库管理员 配件收发员	配件经理
四	配件出库	1. 配件发料出库 ①配件收发员对预约配件应该根据预约单提前准备所需配件,放置在专用预约货架内; ②配件收发员根据维修工单信息查询配件库存、库位信息并打印领料单,核对无误后配料出库;配件收发员在发料过程中必须遵循先进先出的原则; ③维修技师根据领料单确认配件实物数量,核对无误后在领料单上签字确认(领料单上签字人员与领料人应为同一人); ④配件收发员不得擅自修改配件名称、出库价格等;如遇特殊情况,需经配件经理及维修站长签字确认后由配件经理进行调整; ⑤配件收发员应采用以旧换新的发料原则,如需要向客户展示旧件的,配件收发员可先行发料,展示完成后由车间主任监督维修技师归还旧件到仓库,但下列情况除外: A. 维修工单上注明客户需索回旧件; B. 事故车领料可以参照定损单或维修工单上的配件信息先行领料(暂不参照以旧换新发料原则)。 2. 内部借用出库 ①维修技师在维修过程中如需要借用配件,应先与配件仓库确认配件是否有库存; ②维修技师应填写内部借用单,经车间主任审批确认后,向配件仓库借料(单件超过￥2000元以上需维修站长审批确认); ③其余部门借用精品件等用于展示应填写内部借用单,经部门经理及总经理审批确认后出库; ④配件收发员应根据内部借用单发料,并登记借用台账; ⑤每天下班前,配件经理负责将内部借用配件归还入库,归还时应检查配件是否完好。 3. 外部借用出库 ①借用配件的当事人填写配件借用单,经配件经理、维修站长审核确认后,由配件收发员发料; ②配件经理每月对配件借用情况进行清理,对未能按时归还的配件进行跟踪处理,并上报维修站长;外部借用配件最迟应在3个月内归还,逾期应按调拨出库处理;	配件收发员	维修技师 车间主任 配件经理

续表

步骤	操作流程图	流程要点	管理部门 主责	管理部门 配合
四	配件出库	③外借配件归还时,配件经理负责配件核对数量、名称、型号、并检查配件是否完好; ④长库龄配件、非常用件不支持外借,应按调拨出库处理。 4. 调拨出库 经配件经理审批后,在DMS系统中登记调拨出库信息。 5. 配件外销 凡计划外销配件,需通过OA上报审批。 6. 系统数据管理 ①配件出库同时,配件收发员应在DMS系统中录入出库信息,核对双系统所有出库配件编号、数量、价格是否一致,并将领料单归档,存档时间不少于3年; ②配件经理负责定期(不少于每周一次)对双系统出库数据进行复核确认	配件收发员	维修技师 车间主任 配件经理
五	旧件处置	1. 配件收发员每天根据领料单上的配件信息查看旧件去向,如发现维修技师未按规定及时归还的,应上报车间主任,由车间主任去跟踪旧件去向; 2. 配件收发员定期与车间主任一起对旧件进行分类整理,并存放在锁闭的旧件房间; 3. 旧件应由汽车投资公司指定供应商或公司备案供应商负责处置,由行政经理和车间主任共同监督执行,财务经理负责跟踪旧件回收款项是否到账	配件收发员	配件经理 车间主任 行政经理 财务经理
六	配件盘点	1. 配件库存应每季进行一次全盘;每月对保养类配件进行全盘,对其他配件进行抽盘; 2. 配件经理和财务部应每日对配件库存进行抽查并记录存档,如发现异常应及时上报维修站长及财务经理; 3. 配件盘点过程中应对双系统数据是否一致进行比对; 4. 如配件经理离职或调任的,须在离职或调任前对配件仓库进行一次全盘; 5. 每季配件盘点应由维修站及财务部共同进行(财务部负责监盘),编制盘点报告后,报总经理审批确认; 6. 配件盘点报告经总经理审批后,由财务部存档,配件经理在当月完成DMS系统的报损报溢录入	配件经理	财务经理 总经理

4.3 采购管理

配件采购是企业进行生产、服务活动的基础,供货的及时性、准确性和经济性直接影响到企业的经营业绩。而采购管理则是维持企业正常运转的一项重要管理内容。配件采购管理还包括检测所进零配件、维修工具、车身附件等物品。

4.3.1 供应商管理

(1) 供应商关系管理之供应关系建立

供应商关系建立的第一步是供应关系开发,一是现有供应商的关系开发,通过和现有供应商的合作，对彼此关系进行重新评估、维护、促进等一系列的活动，使双方关系越来越稳定紧密。另一种是新的潜在供应商关系的开发，即新供应商的开发、选择、详细的考察、分析、商务谈判、评估等活动转将潜在供应商变为正式供应商的过程。

供应关系开发流程：根据供应物资的重要程度，采用不同的开发流程。若是一般重要的物资，比如印刷件等可以简化开发流程，以性价比为导向。如果是选择和企业竞争优势、关键技术相关的重要物资，则应进行系统的分析、评估，慎重选择。流程包括：

① 寻找供应商。通过各种途径寻找供应商，比如网站等媒体、同行介绍、行业刊物、公开招标等；也可以从现有的供应商预选库中寻找潜在供应商，对供应商进行初步评价和筛选。

② 初选供应商。比如通过行业评价、向有意向的供应商发放调查问卷、第三方评价机构以及与供应商相关人员的交谈等途径尽可能多获得供应商的信息。

③ 实地考察供应商。对于重要物资的供应商，可以派遣采购人员先行考察，对供应商的现场、管理状况、设备状况、常规产品等有个初步的了解。

④ 评估供应商。组成评估团对有意向的供应商进行评估，包括质量体系、技术要求的符合能力、生产管理、售后服务等方面进行资料和现场的评估。

⑤ 商务谈判。与评估合格的供应商进行商务谈判，过程包括询价、供应商报价、价格分析、谈判。

a. 询价：向供应商发出图纸和技术规格、交付要求，月度年度用量等文件资料和样品。

b. 供应商报价：要求供应商提供书面的报价，并列出报价的明细表。

c. 价格分析：通过对供应商提出的材料成本、加工费用、人工费、管理费、利润等进行分析，并通过货比三家的方法，判断供应商报价的合理性。

d. 谈判：在价格、交期、合作方式等方面进一步与供应商谈判，签订试用协议。

⑥ 试订单。对评估合格的供应商进行半年左右的小批量试单，进一步评估核实质量、价格、交期、服务等状况。

⑦ 正式建立供应关系。谈判成功，试单合格之后，发出供应邀请函正式接受供应商，建立合作关系。

(2) 供应商关系管理之供应商选择评估

供应商的选择评估是整个采购体系的核心，供应商的选择标准依据不同的伙伴关系战略地位而不同，着眼于短期导向的企业关心现在的选择及成果，追求单次市场交换的效率和单次获得的利润最大化，以"QCDS"即质量、成本、交付与服务并重的原则。而需要长期合作的供应商，是以后续一系列交易所带来的双方总利润最大化，包括削减交易成本和经营成本，以共同提高顾客价值，提高营收为导向，因此需要对其内部管理、财务状况、技术能力等综合状况进行评估。

质量：是采购物料的首要因素，最终会反映到企业的产品质量、总成本甚至品牌声誉，是衡量供应商的第一要素。首先要确认供应商是否有一套保证产品质量的稳定有效运行的质量体系，然后要确认其设备和工艺能力是否满足所购产品的要求。考察产品的质量不仅要从产品的检验入手，更要从供应商的内部去考察。采购产品的质量要符合生产所需，质量过高或者过低都是不合适的。

成本：零部件的成本对于降低企业的生产经营成本、提高竞争力和增加利润有明显的作用。成本不仅仅是指零部件的采购价格，还应包括零部件使用过程中和生命周期结束后所发生的一切费用，具体如购买、包装、装卸、运输、存贮等环节支出的人力、物力、财力的总和。成本分为材料成本、订购成本、维持成本和缺料成本。总成本最低是短期交易所追求的目标。但基于双方的长期合作关系，不能一味地强调降低采购成本，应该用价值分析方法对产品的成本进行分析，用双赢的价格来节约成本，并综合考虑其他因素。

交付：供应商能否按照约定的交货期限和交货条件进行供货，直接影响采购方的生产连续性和生产效率。因此交货是选择供应商的重要因素之一，在按时交付的情况下，还得考虑采购方的库存，既要减少库存又要防止缺货停工的风险。另外，接受紧急订货能力也是考量供应商交付能力的因素。

服务：供应商有良好的服务意识是采购方对供应商的一个普遍要求，供应商内部各作业环节，能很好地配合采购方的能力和态度。评价供应商的服务水平有以下几个指标：处理订单的速度和准确性，采购流程、生产流程、财务流程等顺畅有弹性，售前和售后的服务中其内部员工的工作态度和责任心。能主动走访用户，听取改进意见，不断改进产品性能和服务质量。

除了以上的必要因素需要考虑之外，选择长期合作的供应商还需要考虑如下的因素。

供应商的内部管理：供应商的内部管理水平日后将影响供货的效率和服务质量，如果管理混乱，产品质量和服务质量也必将受到影响，可以从管理者对产品质量的重视程度，对生产工艺管理的严谨态度、设备的维护保养状况、内部员工的评价、同行的评价等可判断供应商的管理是否良好有序。

财务状况：财务状况将直接影响日后交货履约的能力，进而影响采购方的生产，可通过供应商的财务报表，如资产负债表、损益表来考察其拥有的资产和负债情况，以及一段时间内的销售业绩及成本费用情况。

技术能力：企业要发展，离不开产品的更新换代，因此也会要求供应商不断地研制新产品。作为供应商，想要在市场上有竞争力，想要与采购方长期合作，共同发展，就不能局限于单一的生产功能上，应有自主研发能力，对新技术的应对适应能力，新产品的制造能力以及新生产工艺流程的适应能力等。

供应商的选择方法：供应商的选择方法有很多，采购方可以根据实际情况选择适合的方法对供应商进行甄选，如招标法、比质比价法、层次分析法、直观判断法，等等。

（3）供应商关系管理之供应商绩效考核

对供应商进行科学、合理、有效的绩效管理是整个供应商关系管理的重要环节，是建立战略合作联盟的基础，是对一个阶段内双方合作成效的评估以及采购管理工作问题的反馈，又是下一次供应商关系调整的基础。

首先要制订供应商绩效管理的体系，不同物资类型不同发展阶段的供应商，评价指标也不尽相同，要制订一套全面的供应商综合评价体系，客观具体地评价，综合考虑供应商的发展阶段、业绩、管理状况、成本控制、技术水平等方面。评价体系稳定有效运行，制度公开透明科学合理，不同行业不同环境下的评价会有所差异，应灵活运作。

其次确定评估标准，评估标准、标杆对象以及评估的工具与技术应不断更新。组成评估团队、确定评估流程和评估内容，可以从质量、技术、交货、服务、成本等这几个关键方面进行评估。对供应商进行多维度综合性绩效评估的要素和权重要根据行业和企业的实际情况以及不同物质的供应商类型而有所区别。

最后实施考核，对供应商绩效评估要做到公正、公平、公开，双方通过开放的渠道，了解供应商的优势和劣势，持续不断地改进，也可提升彼此的关系。同时，供应商也可以向企业反馈信息，提出不同意见和看法，有助于绩效管理工作的不断改进。

（4）供应商关系管理之供应商激励

在供应链管理模式中尤其是供应商管理的过程中，常常出现供应商供货的时间、数量以及质量等出现不稳定的状态，影响企业的日常经营和对下游的供货，因此提升供应商的合作积极性，建立合理有效的供应商激励政策便是一个有效的途径。

激励是心理学的概念，概括地说，激励是主体通过某些手段或方法让激励客体在心理上处于兴奋和紧张状态，并且积极地采取行动，付出更多的努力，以实现激励主体预期想要达到的目标。

激励的方式有很多种，从激励的广义范围可分为正激励和负激励，正激励是指一般意义上的正向强化，正向激励，使激励客体向激励目标进发，形成的一股激励力。而负激励是负强化，是一种约束或者惩罚。具体的激励手段有如下几种。

① 价格激励。为了供应链的平衡，各个企业的收益应尽量趋于合理均衡，因此价格对供应商的激励是显然的，不合理的价格会挫伤供应商的积极性，合理的价格有利于合作的稳定和顺畅。企业在选择供应商时，不能一味地以低价格为准则，而应考察供应商的整体水平，在和现有供应商谈判时，也不能一味地压低价格，以免影响产品的质量和交付。压价越低，风险也越大，会导致供应商的逆向选择。因此使用价格激励要谨慎，既要考虑本企业的成本也要考虑对方的收益空间合理。

② 订单激励。通常一个制造商的某类零部件拥有几个供应商，能获得更多的订单对供应商是一种极大的激励。对供应商进行订单激励时，需要衡量供应商的各方面能力，比如产能、管理能力、人力资源是否能承受更多的订单，以免激励效果适得其反。

③ 商誉激励。商誉是一个企业的无形资产，对企业来说十分重要，来自供应链内部或者行业内其他企业的良好评价和声誉，反映了企业的经济、政治和文化地位。

良好的声誉能为企业赢得更多的市场。因此利用各种条件为优秀的供应商在整个社会中创造良好的声誉以及向其他企业推荐等，可以为其赢得更多的用户，对供应商来说是极大的激励。

④ 信任激励。企业间良好的合作伙伴关系是供应链企业减少成本、获得利润、成长和发展的基础，合作伙伴关系的前提是相互信任，只有相互信任才能维持长期合作。对供应商的信任可分为：合同信任关系，如供应商信守承诺，准时交货，产品质量满意，信誉良好等；竞争信任关系，对供应商技术和管理方面竞争力的信任；良好愿望信任关系，战略合作伙伴之间，为实现共同目标，相互之间建立的信任关系。

⑤ 参与激励。让供应商参与新产品的开发和共同投资也是一种激励，可以让供应商掌握全面的新产品的信息，有利于其新技术在供应链中的推广和市场开拓。另外，对供应商进行人才、设备、技术、培训方面的投资，从整体利益出发，共同研发，获得顾客化、差异化和技术领先的新产品，也能有效地激励供应商和制造商进行更好的合作。

⑥ 信息激励。在信息时代，信息是企业的重要资源，能使企业获得更多的发展机遇，信息激励对供应商来说是间接的激励方式，但作用却不可低估。供应商若能从制造商那里获得更多的信息，一方面可以为制作商提供更优质的服务，同时也能促进供应商自身的管理，比如减少库存，更合理地安排生产等。反之，制造商若能从供应商那里获得更多的信息，则可以有效地防止逆向选择问题，同时也能了解到行业的相关信息。

⑦ 淘汰激励。淘汰激励是一种负激励，也是一种危机激励机制，使所有合作企业都有危机感，激励其不断上进，从成本、质量、交货期等方面不断提高以达到制造商的期望。对于优秀供应商来说，淘汰弱者能使其获得更优秀的业绩，对业绩不达要求的供应商，为避免淘汰的危险更需要不断改进。如此优胜劣汰的激励才能使整个供应链的整体竞争力保持在较高的水平。

（5）供应商关系管理之供应商冲突管理

冲突是一种无所不在的社会现象，社会学家刘易斯·科塞（Lewis Coser）是这样定义冲突的："冲突就是为了价值和对一定地位、权利、资源的争夺以及对立双方为使对手受损或被消灭的斗争。"而供应链管理中，制造商与供应商的冲突是由于相互依赖且不对称的，这种组织关系导致了企业间地位和权力的不均衡，企业成员间也存在着各种差异，这种差异体现在信息差异、认识差异、管理模式差异和企业文化差异，加之供应链管理机制的不完善和外部环境因素，这些都是导致企业间冲突的原因。在激烈的市场环境中，冲突有时候只是一点小摩擦，有些冲突会导致优胜劣汰，反而更能使企业保持活力，激发创新，使供应链保持更好的竞争力，而有些冲突，可能会影响到企业的经营状况甚至是整个供应链的稳定顺畅运作。因此，有效地处理冲突，会提高供应链的运作效率，改善企业间的合作关系，若处理不当则会削弱供应链的竞争力。

针对不同的冲突种类和冲突特征，应采取不同的应对方法，制造商与供应商冲突的管理方法有以下几种。

① 建立相互信任关系。制造商和供应商之间的合作关系通常会有一些相互制约的因素，要正确理解和信任。互相了解企业文化和组织结构，建立统一的运作模式。在管理模式、利润分配、财务稳定等方面保留一定的兼容性。

② 建立有效的沟通机制。加强信息交流与沟通，信息共享；合作企业成员之间建立沟通机制，定期互访沟通和意见反馈；在相互信任的基础上彼此适当地授权。

③ 建立供应商激励机制。激励机制有助于增强相互合作关系，通过价格激励、订单激励、商誉激励等约束利益冲突，从根源上减少冲突的发生。

④ 建立合作伙伴关系。抑制冲突最有效的方法是建立合作伙伴关系，相互合作能更有效地提高供应链的整体利益，避免制造商和供应商资源重复投入任何企业的经营环节中。

（6）供应商关系管理之系统管理

确定与供应商的合作后，如何在系统中实现供应商基础信息的管理？

① 新确认合作的供应商，创建供应商信息。

操作路径：基础资料→供应商信息

操作步骤：点击【新建】，进入供应商信息新建页面，输入供应商信息，设置结算方式是现结还是月结，点击【保存退出】。创建供应商信息页面展示如图 4-1 所示。

② 供应商在不同的发展阶段，变更公司名称，修改系统供应商信息。

操作步骤：搜索供应商原名称，勾选点击【修改】，修改为调整后的名称，点击【保存】。修改系统供应商信息页面展示如图 4-2 所示。

③ 合作到期，不继续合作，停用供应商信息。

操作步骤：搜索供应商原名称，勾选点击【停用】。停用供应商信息页面展示如图 4-3 所示。

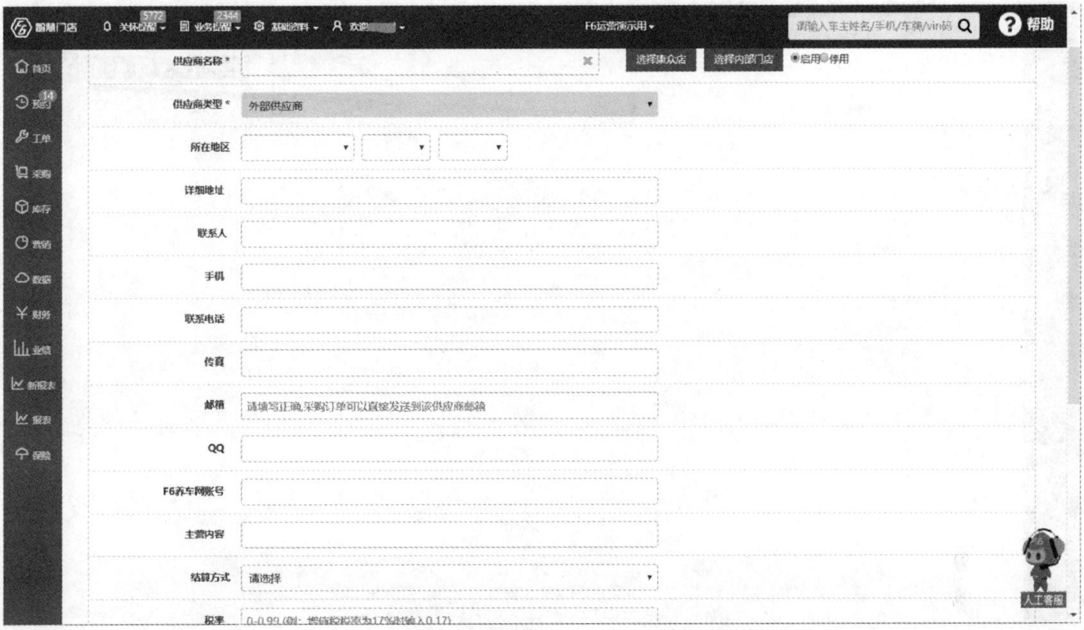

图 4-1 创建供应商信息页面

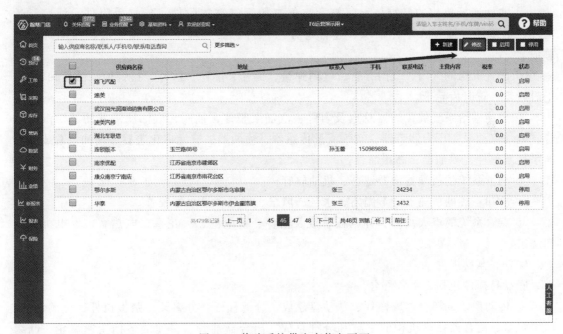

图 4-2 修改系统供应商信息页面

4.3.2 易损件采购

在对汽车进行二次维护、总成大修和整车大修时，已损坏且消耗量大的零部件称为易损件，包括发动机易损件、底盘易损件、电气设备及仪表的易耗件和密封件。

（1）发动机易损件

发动机易损件包括以下各部分。

图 4-3 停用供应商信息页面

① 曲柄连杆机构的气缸体、气缸套、气缸盖、气缸体附件、气缸盖附件、活塞、活塞环、活塞销、连杆、连杆轴承、连杆螺栓及螺母、曲轴轴承、飞轮总成、发动机支架总成。

② 配气机构的气门、气门导管、气门弹簧、挺杆、推杆、摇臂、摇臂轴、凸轮轴轴承、正时齿轮、正时齿轮带。

③ 燃油供给系统的化油器总成及附件、汽油泵膜片、油阀、汽油滤清器滤芯、汽油软管、电动汽油泵、压力调节器、空气流量传感器、喷油器、三元催化装置、输油泵总成、喷油泵柱塞偶件、喷油器、高压油管。

④ 润滑系统的机油滤清器滤芯、机油软管。

⑤ 冷却系统的散热器、节温器、水泵、风扇、散热器进水橡胶管。

⑥ 点火系统的点火线圈、分电器总成及附件、蓄电池、火花塞、电热塞、发电机电刷和绕组。

（2）底盘易损件

底盘易损件包括以下各部分。

① 传动系统的离合器摩擦片、从动盘总成、分离杠杆、分离叉、踏板拉杆、分离轴承、回位弹簧、离合器操纵机构的主缸和分缸总成、离合器油管、变速的各挡变速齿轮、凸缘叉、滑动叉、万向节叉及花键轴、传动轴及轴承、主动锥齿轮及从动锥齿轮、行星齿轮、十字轴及差速器壳、半轴、半轴套管等。

② 行驶系统的主销、主销衬套、主销轴承、调整垫片、轮辋、车轮连接紧固件、轮胎、内胎、钢板弹簧片、独立悬架的螺旋弹簧、钢板弹簧销和衬套、钢板弹簧垫板、滑块、吊耳、吊环、U形螺栓、减震器。

③ 转向系统的转向蜗杆、转向摇臂轴、转向螺母及钢球、钢球导流管、转向管总成、转向杆、纵拉杆与横拉杆。

④ 制动系统的制动器及制动蹄、盘式制动器摩擦块、液压主缸、制动分泵、制动气室总成、储气筒、单向阀、安全阀、放水开关、制动软管、空气压缩机松压阀、制动操纵机构、手制动器总成。

(3) 电气设备及仪表的易损件

电气设备及仪表的易损件包括高压线、低压线、车灯总成、安全报警及低压电路熔断器和熔断丝、点火开关、车灯开关、转向灯开关、变光开关、脚踏板制动开关、车速表、电流表、燃油存量表、冷却液温度表、空气压力表和机油压力表。

(4) 易损件在系统上的采购实现

易损件一般采用备货的方式，偶尔的特殊情况会临时采购（简称临采或急采）。易损件的备货分为两种：集中采购和铺货（以销代采）。

① 集中采购　一般企业是根据一段时间的销售情况估算集中采购的数量，系统提供了采购预测功能。

比如：本次需要集中采购门店半年的机油，如何快速获取所需采购量，可参考以下步骤。

操作路径：采购→采购预测

操作步骤：输入本次订货量对应的天数 180→选择本次需要预测的门店→点击【更多筛选】→选择材料分类是机油，点击【预测】。采购预测页面展示如图 4-4 所示。

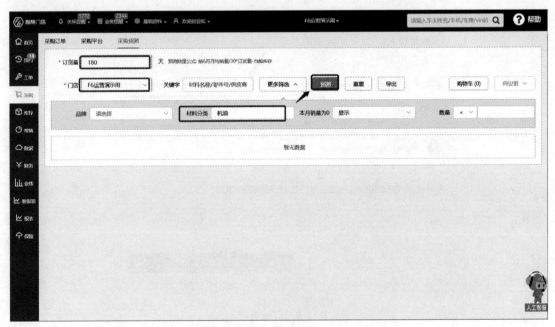

图 4-4　采购预测页面

预测结果出来后，如需筛选预测数量大于 0 的，可在更多筛选中增加筛选条件。预测的结果可导出到 Excel 中，按不同品牌或者其他分类，发送给对应的供应商进行订货。根据预测结果进行订货页面展示如图 4-5 所示。

② 铺货（以销代采）　按照之前商定的铺货规则，供应商把相应的配件提前备在门店仓管，按照配件的实际销售情况给供应商结款。门店通过 Excel 快速导入创建对应商品，实现快速铺货。

图 4-5　根据预测结果进行订货页面

操作步骤：

a. 采购→导入，下载采购单导入模板。采购页面展示如图 4-6 所示。

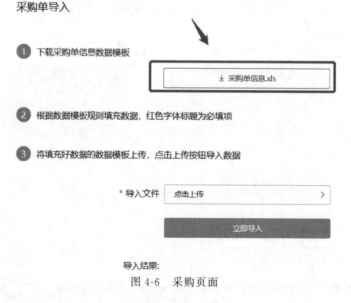

图 4-6　采购页面

b. 按照表格要求，填写相关数据，如图 4-7 所示。

c. 确认表格数据填写无误，到采购页面，点击【导入】，选择导入文件，点击【上传】，如图 4-8 所示。

4.3.3　全车件采购

汽车全车件主要由一个或者几个系统、组合件或者零部件组成的封闭系统，如汽车内部系统，可以由零配件厂准时送至汽车制造厂，并可及时安装。

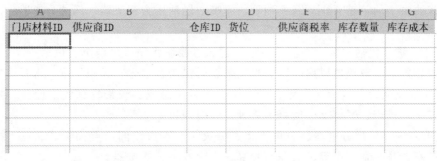

图 4-7　采购表格

采购单导入

① 下载采购单信息数据模板

② 根据数据模板规则填充数据，红色字体标题为必填项

③ 将填充好数据的数据模板上传，点击上传按钮导入数据

导入结果：

图 4-8　上传采购单

(1) 发动机系统

① 发动机垫片及缸盖　包括气缸垫、发动机支架胶垫、发动机垫片修理包、气缸盖垫片修理包、气门室盖垫、其他垫片、进气管垫、排气管垫、油底壳垫、发动机缸盖、缸盖螺栓、机油导流板、机油口盖、气门油封、气缸体。

② 配气机构　包括空气滤清器、消声器吊胶、空滤器缓冲胶、进气管、消声器、排气管弹簧、排气管螺栓、消声器夹、怠速控制阀、废气再循环阀、涡轮增压器、节气门、气门挺杆、气门摇臂、气门导管、时规导轨、正时链条、正时齿轮、进气门、排气门、三元催化器。

③ 曲轴与凸轮轴　包括曲轴、连杆、轴瓦、止推片、曲轴油封、缸套、活塞环、活塞、活塞修理包、通风管、凸齿轮齿、凸齿轮、曲轴齿轮、飞轮、机油泵驱动齿轮、活塞销。

④ 润滑系统　包括机油滤清器、机油泵、油底壳、机油尺导管、机油冷却器、排油塞、机油泵驱动链条、机油滤芯。

⑤ 燃油系统　包括油门拉线、空气流量计、化油器、化油器法兰、汽油滤清器、燃油

传感器、汽油泵、油箱盖、止动泵、油管、喷嘴、燃油压力调节器、汽油分离器、滤网、油门踏板。

⑥ 冷却系统 包括水泵、节温器、节温器盖、膨胀水箱、风扇页、风扇支架、耦合器、散热器、散热器盖、散热器风扇、膨胀水箱盖、管接头、水管、风扇护罩、水管座塞子。

⑦ 驱动带及装置 包括导带轮、涨紧轮、涨紧轮总成、涨紧轮总成修理包、扭振减震器、V型带、多楔带、紧链器、时规带修理包、时规带。

⑧ 点火系统 包括分电器、分电器盖、分火头、点火线圈、点火锁芯、点火模块、分火线、火花塞、预热塞、电容、火花塞胶套、点火开关、插接器。

⑨ 热门配件 包括气缸垫、气门油封、空气滤清器、进气门、排气门、气门摇臂、气门导管、正时链条、机油滤清器、活塞环、活塞、汽油滤清器、风扇页、水泵、V型带、火花塞。

（2）传动系统

① 离合器 包括离合器压盘、离合器片、分离轴承、离合总泵、离合分泵、离合拉线、离合拉线套管、分离轴、离合踏板轴、离合总泵修理包、离合分泵修理包、离合轴承座。

② 变速器 包括变速箱支撑胶垫、变速箱滤清器、变速箱滤清器修理包、变速箱油底壳垫、变速箱垫片修理包、变速器操纵杆头、换挡杆、继动器轴、变速器油泵、换挡操纵拉线、变速器油管、里程表齿轮。

③ 驱动轴与半轴十字轴、球笼、球笼防尘罩、驱动轴支撑轴承、轮毂轴承单元、传动轴、球头、球笼修理包、轮毂轴承单元、传动轴、传动轴总成、对中套筒、轮毂轴、过桥轴承、轮毂、主被动齿轮。

④ 主减速器。

⑤ 后桥总成。

（3）制动系统

包括刹车线、制动钳、制动盘、制动鼓、制动总泵、制动片、制动蹄片、制动分泵、制动助力泵、制动软管、真空泵修理包、制动总泵修理包、制动分泵修理包、压力真空罐、制动阀、制动皮碗、制动调整臂、制动助力器、ABS齿圈、固定夹、真空助力泵、制动系统电子、减压阀、制动器附件。

（4）转向系统

包括横拉杆总成、拉杆、拉杆球头、中心拉杆、转向主动臂、转向随动臂、转向器防尘套、转向器总成、转向减振器、转向助力泵、转向器垫片修理包、动力转向油箱、拉杆调节螺栓、转向从动臂衬套、动力转向管、方向盘。

（5）悬挂系统

包括球头、控制臂、悬架衬套、平衡杆、减振器、减压盖、限位缓冲块、减振器防尘罩、驾驶舱减振器、悬架衬套修理包、平衡杆衬套、平衡杆衬套修理包、悬架缓冲胶；后拉杆、轮胎螺栓、轮胎螺母、螺旋弹簧、弹簧托架、轮毂、轮胎、减振器平面轴承、钢板弹簧、轮辋。

（6）电子汽配件

① 发动机电子系统 包括起动机、水位传感器、温度传感器、机油压力开关、热敏开关、机油位置传感器、氧传感器、刹车感应线、曲轴传感器、节气门位置传感器、爆震传感器、里程表传感器、凸轮轴传感器、油压传感器、相位传感器、转速传感器、蓄电池、步进

电机。

② 空调及电器　包括干燥瓶、倒车灯开关、电压调节器、警告灯开关、组合开关、继电器、刹车灯开关、玻璃升降器开关、喇叭、喷水电机、雨刮电机、大灯开关、热交换器、暖气管、暖气开关、膨胀阀、蒸发器、空调冷凝器、高压开关、发电机、保险丝、鼓风机调节器、电磁阀、遥控器、倒车雷达、压缩机、雾灯开关、后窗玻璃除雾开关；门控开关；暖风水阀、组合仪表、门灯开关、制动灯开关、灯泡、线束、远近光开关。

（7）汽车用品

① 汽车安全辅助　包括防盗锁、汽车锁、中控锁、倒车雷达、行驶记录仪、后视系统、灭火装置、安全锤、防撞用品、防滑链、儿童安全座椅、轮胎压力监测系统、安全带。

② 汽车内饰　包括坐垫、座套、汽车摆挂饰、地胶、脚垫、汽车地毯、车窗帘、车内杯架、扶手箱、头枕、腰垫、方向盘套、汽车靠垫、汽车香水、脚踏板。

③ 汽车小电器　包括汽车空调、车用按摩器材、车用吸尘器、车载冰箱、车载充电器、其他汽车小电器。

④ 汽车外饰　包括车衣、备胎罩、汽车膜、车身贴、晴雨挡、车标、挡泥板、轮眉、灯眉、油箱盖、轮毂盖。

⑤ 汽车影音　包括 GPS 汽车导航、汽车音响、车载显示器、车载 MP3、车载 MP4、车载 VCD、车载 DVD、车载电脑、车载电视、FM 发射器、车载 CD。

⑥ 防护保养品　包括冷冻液、密封胶、制动液、启动液、汽车用黏合剂、玻璃水、检漏仪、抗腐剂、汽车用清洗剂、轮胎上光剂、修复剂、研磨剂、改进剂、防凝剂、原子灰、漆面保护膜、汽车专用清洗剂、光亮剂、车蜡、玻璃防雾剂、玻璃防护膜、底盘装甲、冷媒。

⑦ 汽车改装件　包括扰流板、定风翼、大包围、汽车天窗、增压器、氙气灯、排气管、赛车座椅。

⑧ 清洗工具。

（8）车身及附件

① 车身构件　包括门拉手、机盖拉线、保险杠、门铰链、玻璃升降器、中网、内视镜、气弹簧、大灯、雨刮连杆、雨刮臂、翼子板、挡泥板、大灯支架、尾灯、门胶条、机盖拉手、雾灯、后视镜、驾驶室空气滤清器、转向信号灯、边灯、保险杠灯、窗户密封胶条、雨刮片、踏板、车门锁、倒车灯、方向盘锁、牌照灯、烟灰盒、安全气囊、前裙、手柄、点烟器、天线桅杆、车轮盖、行李箱锁、机盖锁；其他拉手；发动机盖；前围；导流板；后挡板、侧围、防尘套、遮阳板、隔热垫、隔音垫、车顶行李架、雨刮电机、玻璃、橡胶垫。

② 其他零件　包括轴承、螺栓、螺母、防尘罩、支架、油封、高压油管、机油、弹簧、密封圈、调整垫片、环箍、衬套、阀门。

（9）汽保工具

① 维修保养设备　包括举升机、烤漆房、校正仪、扒胎机、平衡机、焊接设备、钣金设备、打蜡机、抛光机、烤漆机、空调加注机、黄油加注机、排气净化系统、气泵、充氮机、汽车检测线、喷油嘴清洗机、吸水机、电脑洗车机、吸尘机、抽注油机、喷雾器、泡沫机、防尘罩、缓冲器、汽车检测内窥镜。

② 维修检测工具　包括四轮定位仪、解码仪、手动工具、电动工具、气动工具、液压工具、胎压计、测电笔、工具箱、千斤顶、热风扇。

（10）全车件在系统上的采购实现

全车件维修厂一般不备货，大多通过询报价的方式进行采购。

① 门店发布询价。

操作步骤：

登陆 F6 智慧门店 APP，进入门店管理，点击【发布询价】。扫描车牌或 VIN 码，添加需要询价的配件，点击【发布询价】。如图 4-9 所示。

图 4-9　门店发布询价页面

② 根据供应商报价结果比价后下单。

操作步骤：

在 APP 查看询价列表，供应商报价后，查看报价单，对比品质价格，勾选下单配件，确认数量，点击【下单】，如图 4-10 所示。

③ 供应商发货到，验货后确认收货。

操作步骤：

下单成功后，到订单跟踪页面查看发货状态。收到货品，验货无误后。点击【待收货】，找到待收货订单，点击【确认收货】。如图 4-11 所示。

④ 仓管根据供应商采购单进行入库操作。

供应商配送的货单，给到仓管，仓管按照单据操作入库。

操作步骤：

新建采购单，选择供应商，根据单据内容搜索选择配件，输入数量和单价。如图 4-12 所示。

在车牌号中搜索本次采购对应的车，输入货位，确认信息无误后点击【入库】。如图 4-13 所示。

如有运费，点击运费旁边的【添加】，录入相应金额。如图 4-14 所示。

⑤ 系统的急采（临采）入库操作。

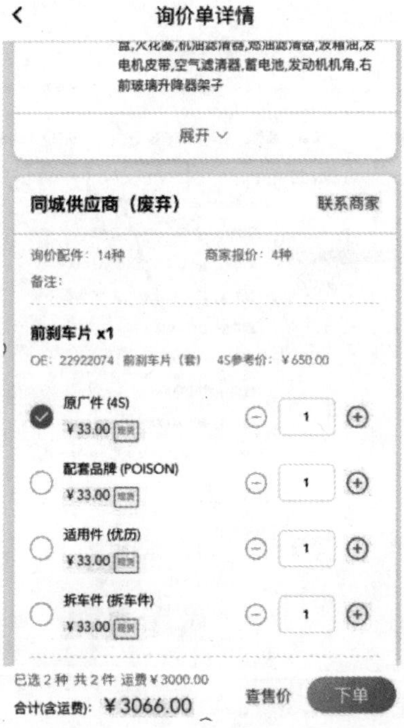

第4章 汽车维修企业配件管理系统 63

图 4-10 询价单详情页面

图 4-11 确认收货页面

图 4-12 配件入库操作页面

仓管操作工单领料，选择配件时发现库存不足，可先把需要出库的配件信息保存到工单中，点击【急采】快速采购入库。

操作路径：

库存→工单领料→点击具体单号进入单据详情页。

操作步骤：

勾选库存不足的配件，点击【急采】按钮。如图 4-15 所示。

在【急采】弹框中选择采购配件对应的供应商，填写货位等信息，如有运费，点击【添加运费】进行登记。如图 4-16 所示。

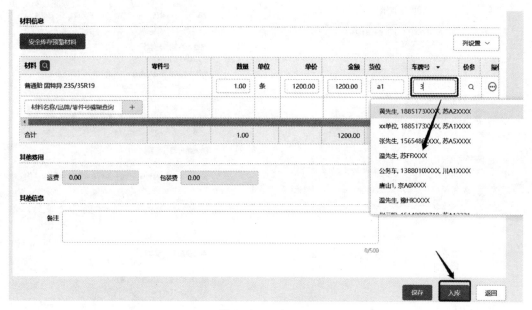

图 4-13 入库页面

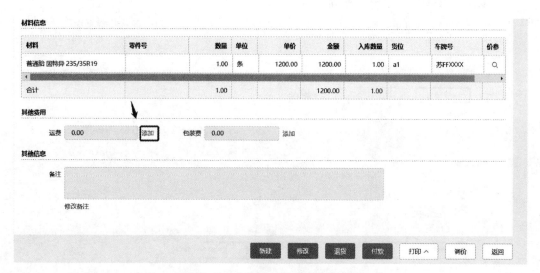

图 4-14 入库添加运费操作页面

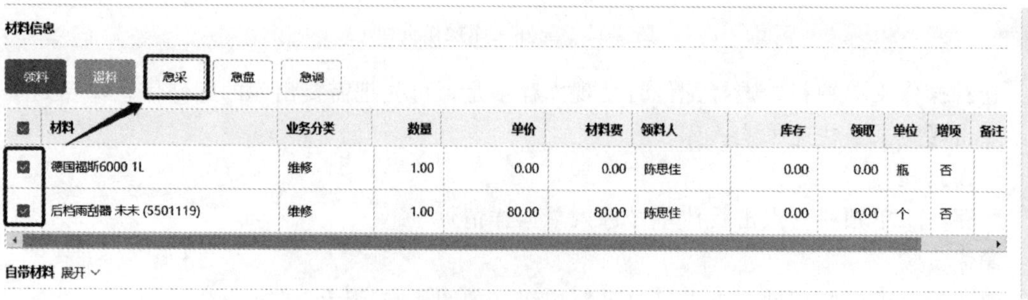

图 4-15 急采页面

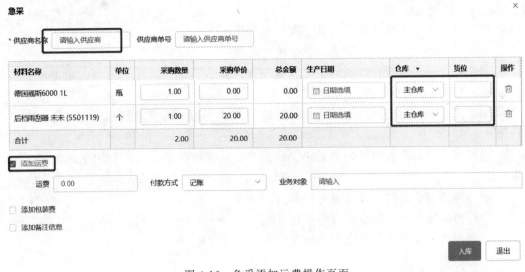

图 4-16 急采添加运费操作页面

信息填写完毕后，点击【入库】按钮，快速完成采购入库。如图 4-17 所示。

图 4-17 完成采购入库页面

4.3.4 供应商对账

（1）财务、业务双线对账需要的资料

① 账簿。
② 合同。
③ 发票及清单。
④ 资金往来凭证。
⑤ 入/出库单。
⑥ 会议纪要、业务洽商记录、设计变更记录等。
⑦ 上次对账单。
⑧ 其他需要核对的资料。

(2) 岗位牵制

① 财务负责人、采购负责人为供应商对账责任人。

② 财务部采购会计负责与供应商财务核对账簿。

③ 采购部业务员负责在对账前按已入账与未入账为标准,将该供应商的全部业务资料进行整理,然后与公司财务部内部先对账。

④ 审计部/内审部按重要性原则判断监督过程,对账结论在审计部门留存一份,备日后审计用。

⑤ 仓库保管员负责入库单、退货单、质检单、让步接收单、生产领用单的数据汇总与上报工作。

⑥ 总经理决定诉讼时效外是否对账/配合对账。

⑦ 总经理决定因对方错账形成的利益分配。

⑧ 总经理决定是否给供应商提供加盖公司印鉴的对账单。

(3) 控制点

① 对账时间。单次、单笔业务,于业务进行时或业务终了时对账;长期供应商每月对账一次,对账时间在每月 25 日前完毕。

② 与供应商对账前,财务与业务须在公司内部就入库额、上线结算额、开票额、未开发票额、已收款额、未收款额等数据核对无误。财务与采购之间在数据存在分歧时,不宜直接与供应商对账。

③ 供应商先提供明细账簿,未经允许,财务/采购不得先向供应商提供明细账等资料。

④ 供应商来人到公司对账前,须双方确定对账日期、流程、关键证据。对账顺序,先对余额,如果余额不一致核对发生额,仍对不上则按月度/季度/半年度/年底做总账核对。

⑤ 对账前,双方将未入账的发票、资金往来、股价入库等各自整理完毕。

⑥ 库存银行承兑汇票,须在对账前再次请银行核验真伪。

⑦ 对账出现分歧,须上报财务负责人、采购负责人,对账人员不得擅自越权处理差异。

⑧ 因入账时间形成的未达账项,在证据链审核无误后,编制调节表。

⑨ 因证据、质量、管理当局动机等原因形成的差异,报财务负责人、采购负责人。

⑩ 对账过程中,不得抱怨公司内部的单据流转问题、审批周期问题、双方合作态度问题以及其他不宜披露的问题、信息。

⑪ 不得与供应商对账人员打架。

⑫ 对账结果须有正式报告,不经过财务允许采购部门直接与供应商对账的结果无效,对账过程中发现会计差错、业务差错的须上报,对账过程中发现问题的须整理负面清单。

(4) 流程

① 对账前,财务、采购、仓库等相关人员,召开对账前会议。

② 财务、采购、仓库对账。

③ 财务负责人、采购负责人、总经理签批同意对账文件。

④ 与供应商对账。

⑤ 上报对账结果。

⑥ 按领导批示意见进行账务调整。

(5) 附则

① 董事长批准后生效。

② 财务/采购负责解释。

(6) 采购对账在系统上的实现

所有维修厂都存在跟供应商对账的情况，系统提供了供应商对账功能，可以与供应商提供的对账结果比对总额和明细，提高对账的效率。

操作路径：

财务→应付账款

操作步骤：筛选对账周期和本次对账的供应商，生成对账单，并保存。如图 4-18 所示。

采购明细统计表功能

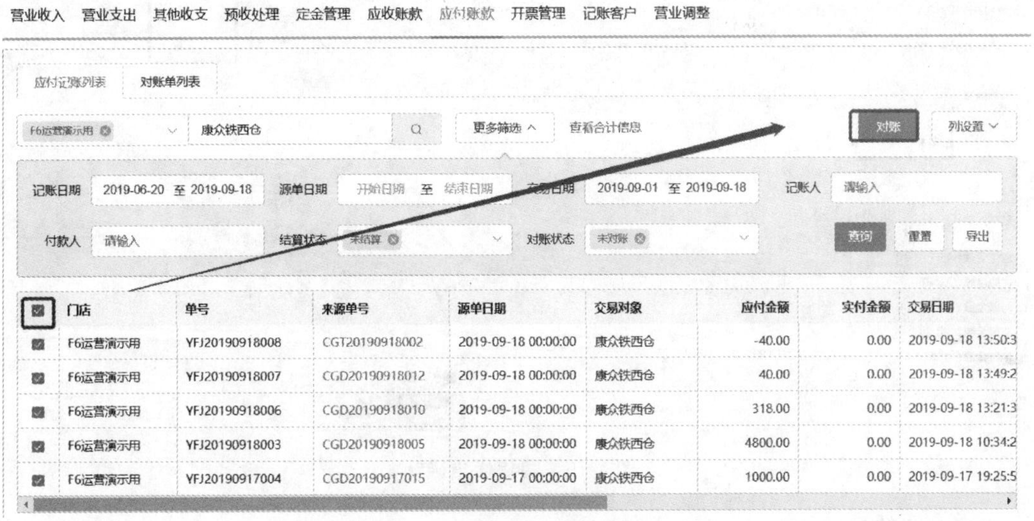

图 4-18 采购对账页面

根据对账单中的数据进行核对，有需要优惠或者其他信息说明的进行登记并【保存】，确认无误后点击【确认】。对账单确认后无法修改。如需调整，需申请取消确认。如图 4-19 所示。

财务审核对账无误后，对已确认的对账单执行付款操作，完成对账流程。

采购统计表功能

4.4 仓储管理

仓储管理指的是对仓储货物的收发、结存等活动的有效控制，其目的是为企业保证仓储货物的完好无损，确保生产经营活动的正常进行，并在此基础上对各类货物的活动状况进行分类记录，以明确的图表方式表达仓储货物在数量、品质方面的状况，以及所在的地理位置、部门、订单归属和仓储分散程度等情况的综合管理形式。

仓储是一种物流活动或者说物流活动是仓储的本质属性。仓储不是生产、不是交易，而是为生产与交易服务的物流活动中的一项。应该与其他物流活动相联系、相配合。这一点与过去的"仓库管理"是有重大区别的。

(1) 仓储的基本功能

仓储的基本功能包括物品的入库、库存、出库、配送，物品的出入库及在库管理相结合共同构成现代仓储的基本功能。

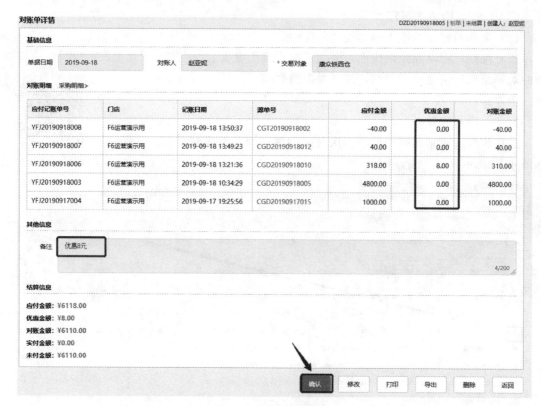

图 4-19 购货优惠确认

（2）仓储的目的

仓储的目的是满足供应链上下游的需求。这与过去仅仅满足"客户"的需求在深度与广度方面都有重大区别。谁委托、谁提出需求，谁就是客户；客户可能是上游的生产者、可能是下游的零售业者，也可能是企业内部，但仓储不能仅仅满足直接"客户"的需求，也应满足"间接"客户即客户的客户需求；仓储应该融入供应链上下游之中，根据供应链的整体需求确立仓储的角色定位与服务功能。

（3）仓储的条件

仓储的条件是特定的有形或无形的场所与现代技术。说"特定"，是因为各个企业的供应链是特定的，仓储的场所当然也是特定的；有形的场所当然就是指仓库、货场或储罐等，在现代经济背景下，仓储也可以在虚拟的空间进行，也需要许多现代技术的支撑，离开了现代仓储设施设备及信息化技术，也就没有现代仓储。

（4）仓储的方法与水平

仓储的方法与水平主要包括有效的计划、执行和控制等方面。计划、执行和控制是现代管理的基本内涵，科学、合理、精细的仓储当然离不开有效的计划、执行和控制。

（5）仓管方法

首先，制定仓库管理制度。其实任何企业的管理都离不开制度的约束，尤其是在仓库管理方面，程序多，项目繁杂，小到货物的摆放，大到全部货物的采购，都应该有一个可以遵循的制度，这样才能井井有条，井井有条就是仓库管理制度的核心内容，以条例管理，以制度执行，仓库管理才有效果。

最后，强化仓库管理执行力。有了制度，有了仓库管理软件，剩下最重要的就是执行力了，强化执行力，对于仓库管理工作至关重要，毕竟制度实施和平台操作都是靠人来完成的，人不操作或者随意操作，一切都是白搭，执行者根据仓库管理软件上的仓库信息，严格按制度执行，这样再乱的仓库，都会管理好的。

4.4.1 仓库管理

汽车配件仓库管理是汽车维修行业发展的重要内容之一，是对汽车配件提供存放场所、汽车配件的存取和对存放汽车配件进行保管保养、控制监督与核算等过程的统称。

（1）库存管理场景——施工领料

施工领料的时候，仓管人员如何操作？

路径：点击【库存】→工单出入库，进入工单出入库一览画面。如图4-20所示。

图4-20 施工领料页面

① 前台开单填写的材料不准确，办理出库流程如图4-21所示。

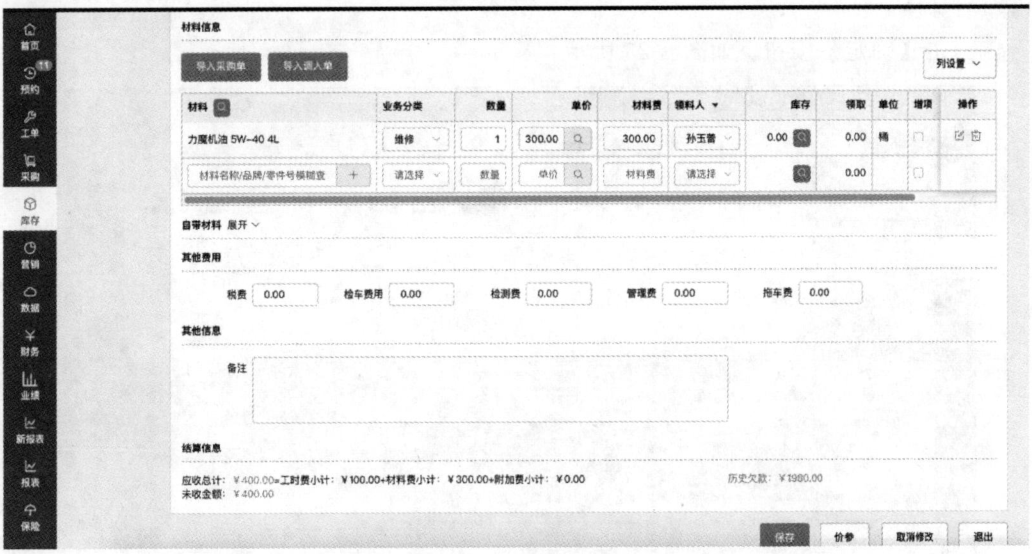

图4-21 如何修改领料信息页面

a. 在工单一览画面选择需要领料的工单记录，点击【修改】按钮。

b. 在材料修改画面，输入正确的材料信息，点击【保存】按钮，回到一览画面。

c. 点击【领料】按钮，进入出库单详情界面，点击【确定】。

② 前台开单填写的材料准确，办理出库流程。

在工单一览画面选择需要领料的工单记录，确认领料材料信息无误，点击【领料】按钮，进入出库单详情界面，点击【确定】即可。如图 4-22 所示。

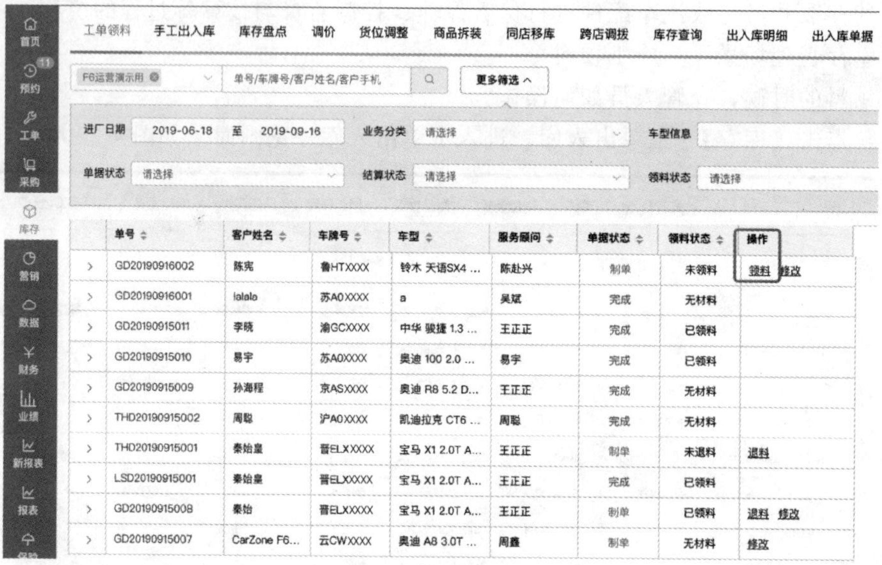

图 4-22 领料出库页面

（2）库存管理场景——工单出库

材料部分出库，仓管人员如何操作？

a. 路径：点击库存→工单出入库，进入工单出入库一览画面。

b. 找到要进行材料出库的工单，点击【领料】按钮，进入出库详情界面，只保留本次要出库的材料。

c. 点击【确定】按钮。如图 4-23 所示。

图 4-23 工单出库页面

(3) 开通客户

客户开通需要在智修端、基础资料供应商信息页面，选择对应供应商修改，在供应商信息页面选择开通库存查看，输入手机号，点击确认，保存修改信息。如图 4-24 所示。

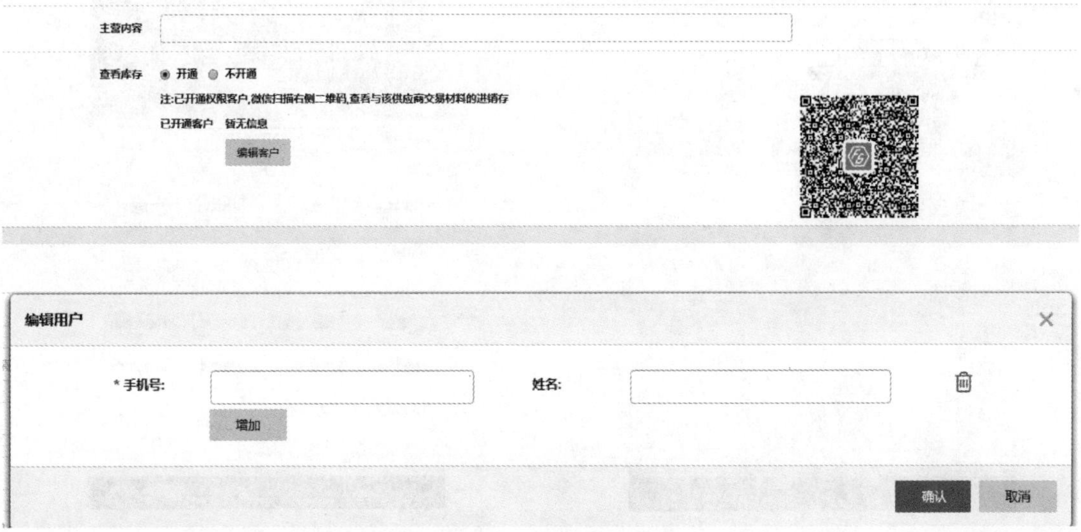

图 4-24 开通客户页面

(4) 用户登录

用户登录，记录用户是否注册。

(5) 用户权限

当用户未开通，也未注册过公众号或小程序则显示登录页面，输入手机号点击登录，提示"暂无权限，请联系维修厂"。

当用户未开通，注册过公众号或小程序则显示登录页面，输入手机号点击登录，提示"暂无权限，请联系维修厂"。

当用户开通未登录过，未注册过公众号或小程序则显示登录页面，正常登录，登录后显示维修厂列表页面。

当用户开通已登录过，未注册过公众号或小程序则直接进入维修厂列表页面。

当用户开通未登录过，注册登录过公众号或小程序则直接进入维修厂列表页面。

(6) 维修厂列表页面

显示的是所绑定的维修厂信息，当维修厂名称过长时用"…"表示。页面只显示十条数据，更多信息上拉更新；通过下拉刷新维修厂信息。如图 4-25 所示。

(7) 库存详情页面

点击库存→工单出入库，进入工单出入库一览画面显示此维修厂 1 年内的采购、销售数据以及当前库存，详情页面排序按采购数量降序排列。搜索框：通过商品名称、编码、品牌查询材料信息。

① 数据范围。筛选项默认范围为 1 年，查询 1 年采购数据。

② 查询框。通过商品名称、编码、品牌进行查询。

③ 筛选框。通过品牌、品类进行选择，品牌、品类按采购次数倒序进行排序。如图 4-26 所示。

图 4-25 维修厂名称查询

图 4-26 数据范围选择

4.4.2 在库商品管理

（1）分区分类

对货物进行分区分类的存放，以确保货物的储存安全。货物存放应便于检查和取货。根据仓库的建筑、设备等条件，将库房、货棚、垛场划分为若干保管商品的区域，以适应商品存放的需要。商品分类就是按照商品大类、性质和它的连带性将商品分为若干类，分类集中存放，以利于收发货与保管业务的进行。

（2）货位选择

货位选择是在分区分类保管的基础上进行的。货位的选择是落实到每批入库商品的储存点，必须遵循"安全、优质、方便、多储、低耗"的原则，具体地说就是确保商品安全、方便吞吐发运、力求节约仓容。

（3）货位编码

货位编码将仓库范围的房、棚、场以及库房的楼层、仓间、货架、走支道等按地点、位置顺序编列号码，并作出明显标示，以便商品进出库可按号存取。

（4）商品堆码

商品堆码是入库商品堆存的操作及其方式、方法。商品堆码要科学、标准，应当符合安全第一、进出方便、节约仓容的原则。这是商品保管工作中的一项重要项目。

（5）商品苫垫

商品苫垫，是防止各种自然条件对储存商品的质量影响的一项安全措施。苫垫可分为苫盖和垫底。苫盖、垫底都要根据商品的性能、堆放场所、保管期限以及季节、温湿度、光照日晒、风吹雨淋等情况合理选择。

（6）商品盘点

商品盘点是对库存商品进行账、卡、货三方面的数量核对工作。通过核对，管理人员可以及时发现库存商品数量上的溢余、短缺、品种互串等问题，以便分析原因，采取措施，挽回和减少保管损失；同时还可检查库存商品有无残损、呆滞、质量变化等情况。

4.4.3 库存数量管理

（1）仓库库存管理的总体要求

① 仓库库存是企业物资供应体系的一个重要组成部分，是企业各种物资周转储备的环节，同时担负着物资管理的多项业务职能。它的主要任务是：保管好库存物资，做到数量准确，质量完好，确保安全，收发迅速，面向生产，服务周到，降低费用，加速资金周转。

② 要根据工厂生产需要和厂房设备条件统筹规划，合理布局；内部要加强经济责任制，进行科学分工，形成物资分口管理的保证体系；业务上要实行工作质量标准化，应用现代管理技术和 ABC 分类法，不断提高仓库库存管理水平。

（2）物资验收入库

① 物资验收入库之前，应先进入待验区，未经检验合格不准验收入库，更不准投入使用。

② 物资验收入库时，保管员要亲自同交货人办理交接手续，核对清点物资名称、数量是否一致，按"待检验入库通知单"的要求签字，以明确承担物资保管的经济责任。

③ 材料数量验收准确后，保管员凭发票所开列的名称、型号、数量存放就位，并及时登记"物资保管卡"及输入"物资储存台账"，并按照规定向有关部门报账。

④ 不合格品，应隔离堆放，严禁投入使用。如因工作马虎，混入生产，保管员应负失职的责任。

⑤ 验收中发现的问题要及时通知供应部负责人处理，不得隐瞒不报，如有发生保管员应负失职的责任。

（3）物资的储存保管

① 物资的储存保管，原则上应以物资的属性、特点和用途设置库位，并根据仓库库存的条件考虑划区分工，凡吞吐量大的落地堆放，周转量小的货架存放。

② 物资堆放的原则是：在堆垛合理安全可靠的前提下，推行五五堆放，根据货物特点，必须做到过目见数，检点方便，成行成列，文明整齐。

③ 仓库库存保管员对库存、代保管、待检验材料、产成品等其他物资的安全完整负有经济责任和法律责任。仓库库存物资如有损失、贬值、报废、盘盈、盘亏等情形发生，保管员不得隐瞒不报或采取"发生盈时多送，亏时克扣"的违纪做法。

④ 保管物资要根据其自然属性，考虑储存的场所和保管常识处理，加强保管措施。同类物资堆放，要考虑先进先出，发货方便，留有回旋余地。

⑤ 库存物资，未经供应部负责人同意，一律不准擅自借出。总成物资，一律不准拆件零发，特殊情况应报经供应部负责人批准。

⑥ 仓库库存管理要严格保卫制度，禁止非本仓库库存人员擅自入库。仓库库存严禁烟火，明火作业需经保卫部门批准。

（4）物资出库

① 按"推陈储新，先进先出"的原则发放在库物资。

② 车间领料按照以下方式处理。

正常性领料单应填制"领料单"填明材料名称、规格、型号、领料数量、图号、零件名称或材料用途，车间负责人和领料人签字。

非正常性领料应另行填写"领退料单"说明领料原因，采用"交旧领新"的方式办理领料手续。对车间交回的不合格配套部件，纳入不良品库统一管理；属于配套单位质量原因的，通知供应部及时与配套单位办理退货手续；属于生产过程中形成的，通知生产部门按照有关责任考核办法处理。

③ 成品、物资出厂，保管员要核对单价、货款总金额并盖有财务部收款章时方可办理物资出库手续。发现价格不符或货款少收等，应立即通知开票人更正后发货。

④ 发料必须与领料人和接料车间办理交接，当面点交清楚，防止差错出门。

⑤ 所有发料凭证，保管员应妥善保管，不可丢失。

（5）其他有关事项

① 出入库台账要及时输入，不得压账。

② 允许范围内的差错、合理的自然损耗所引起的盘盈盘亏，须及时上报"库存盘点表"，报经有关领导审批处理，以便做到账、卡、物、资金"四一致"。

③ 保管员调动工作，必须要办理交接手续，移交中的未了事宜及有关凭证，要列出清单三份，写明情况，双方签字，有关领导见证，双方各执一份，财务部存档一份，事后发生纠葛，仍由原移交人负责赔偿。

④ 对保管员失职造成的物资短少损失，除原价赔偿外，还要给纪律处分。物资验收确认没问题后就可以通过仓库管理软件做入库了。

4.4.4 出入库管理

为了规范仓库物料管理，合理控制库存，减少库存资金占用以便物料收发有序流转，制订以下操作流程。

（1）物料采购入库管理流程

① 由物资部对供应商下发物料采购计划单，并注明采购物料的品名、规格、数量及到货时间。

② 库管员根据采购计划单，核对到货物料数量及时间，预期未到货应及时向物资部主管反应，由物资部催促供应商。到货物料仓库应先清点数量，并取样抽查，如发现短缺少货现象，应向物资部主管反应，由物资部与供应商联系。

③ 采购物料到货，由采购员或供应商填制一式四联的采购验收入库单传递给库管员，采购员（供应商）协助配合库管员在待检区根据采购计划单，核对物料规格型号，清点数量，核对准确后由库管员通知进料检验员进行检验，检验员按进料检验标准对物料进行检验，库管员对检验合格的物料办理入库手续，不合格物料严禁入库。

采购员、库管员、进料检验员、厂商在入库单上签字确认：

"送货联"由厂商或采购员留存，作为送货和挂账报销凭证；

"库房联"由库管员留存，作为登记库存账簿凭证；

"财务联"由财务部留存，作为成本核算凭证（由库管员暂为保管并及时交财务部门）；

"存根联"由厂商留存。

填制单据时物料代码、物料名称、规格型号、标识，必须填写完整，字迹复写清楚，对于新增物料代码应由库管员申请后补填。

④ 对于零星物料（劳保用品、工具等）采购，物料到货必须先送到仓库办理入库手续，

然后采购员通知申购部门领用并办理出库手续,严禁办理一进一出的入库、出库手续。

⑤ 办公用品采购入库后,由行政部到库房办理出库手续,行政部办公室指定专人管理。

(2) 物料出库管理流程

① 生产部内勤根据生产计划单打印生产领料单,经生产部门主管审核,审核后由领料员送仓库备料。生产领料单应提前一天送交仓库,库管员应根据车间生产领料单提前将所需材料配好,生产领料单一式三联,由库管员、领料员、生产部门主管在领料单上签字:

"生产联"由领料员留存,作为生产车间统计依据;

"库房联"由库管员留存,作为登记保管账簿的凭证;

"财务联"由财务部留存,作为成本核算凭证(由库管员代为保管,及时交财务部门)。

② 每份领料单中的物料应是同一个库管员保管的物料,对于临时需用的物料应由生产车间领料员填制手写领料单,对于仓库物料不足的应按仓库实际库存量备料,物料到货后应另行填制手写领料单将物料领足。

③ 车间领料员根据生产领料单认真核实库房人员的配货数量,采取抽查方式确认数据准确后在领料单上签字,若出现数量不符或混料现象,领料员及时通知库管员补足物料或将物料理清,库管员应严格按照领料单发料,不许多发或少发物料。

④ 生产车间领料由领料员负责领料,非领料人员未经许可不得进入仓库领料。

⑤ 生产领料单应填写物料代码、物料名称、规格、标识,库管人员认真核对领料单,若有填写模糊、不清晰或代码错误或涂改,库房应让其重新填写或拒绝发料。对于特殊原因领料不能填写领料单的应打临时借条,事后应及时补办领料单据,但不得超过一天。

⑥ 对于设备部领用单位价值较高的物料等实行"以旧换新"方式领料,照常填写领料单。

⑦ 库管员依据手续齐全的入库单据和领料单据做好仓库明细账,做到日清日结。

⑧ 在生产过程中发现物料不足,经生产部门主管批准,领料员填写领料单进行补料。

⑨ 本批订单生产结束后,有多余物料,应及时办理退料手续。

(3) 不良品处理

供应商到货经检测不合格的物料,按不合格品控制程序处理。

① 生产过程中领用的物料不合格需退仓库时,车间应分类包装标识并注明数量,经品管员确认签字后方可退入仓库。若产品包装杂乱、标识不清,仓库拒绝入库。

② 不良的半成品以及生产中的不良组合配件需退仓库时,重要配件车间应将其拆分恢复到原器件方可退货,否则仓库拒收。

(4) 产品入库管理流程

① 生产的产品(成品、半成品)经检验合格,由生产员工填制一式三联产品入库单,主管或班长、检验员、库管员签字确认:

"生产联"由生产部留存,作为生产日报凭证;

"仓库联"由仓管员留存,作为登记库存账簿凭证;

"财务联"由财务部留存,作为成本核算凭证(由仓管员代为保管,及时交财务部门)。

② 车间生产产品应在产品完成次日前办理入库手续,并将产品堆码整齐存放在指定位置,以便核实数量。对堆放不齐的产品仓库有权拒绝入库。

③ 入库时库管员应认真核对数量,确认无误后在入库单上签字。

(5) 产品出库管理流程

① 产品需出货时销售部内勤应提前一天通知成品库管员，成品库管员应做好出库前的准备工作，运输车辆到达时，物资部库管根据销售走货单上内容及实际发货情况打印一式四联出库单，通知协管员组织人员装货，驾驶员配合成品库管员核对、清点出库产品数量，准确无误后驾驶员、库管员，在出库单上签字确认，并在出库单上填写实际货物箱数。

"仓库联（白色联）"由库管员留存，作为登记库存账簿凭证；

"销售联（黄色联，蓝色联）"蓝色联由业务员留存，黄色联由驾驶员经业务人员签字带回，作为出库和合同履约凭证；

"财务联（红色联）"由财务部留存，作为成本核算凭证（由库管员代为保管并于当日下班前交财务部门）。

② 公司内各部门需领用成品（样件）时，经办人员需到销售内勤填制申请单，在不影响销售出库的情况下，经总经理签字同意后方可领用，防止销售订单出库时数量不足。

4.4.5 盘点管理

如何按材料分类盘点

仓库盘点管理流程是仓库在盘点作业方面的指导操作性文件，它通过对盘点的安排、计划、组织、初盘、复盘、稽核、查核、数据输入、盘点表审核、数据校正、盘点总结等方面进行说明、规定和指导，以给仓库盘点管理工作指明方向和给出措施方法。由于人为以及客观流程的疏漏等原因，造成账面、IT系统、实际库存的数据的不符，需要建立完整的《仓库盘点管理制度》以保证基础数据相对正确。

(1) 目的

为了加强公司资产管理，保障公司资产安全性、完整性、准确性，及时、真实地反映公司资产的结存即利用情况，使公司资产盘点规范化、合理化、制度化，为下阶段销售、生产、财务成本核算提供事实依据，根据公司实际情况，制订本管理办法。

(2) 适用范围

存货：包括原材料、辅助材料、燃料、低值易耗品、包装物、在制品、半成品、成品等。

(3) 职责

① PMC部（仓管科）。负责仓库物料盘点及执行盈亏处理工作。

② 财务部。负责盘点组织；主导盘点工作；负责盘点盈亏调整的审核；编制盘点总结报告，组织召开盘点总结工作会议，进行盘点奖惩，定期或不定期组织人员对各项资产进行稽查、盘点。

③ 总经理。负责盘点盈亏调整的审批工作。

④ 相关部门。负责本部门盘点及盘点协助工作。

(4) 盘点时间

① 存货盘点。每月30日进行一次小盘点（自盘、抽盘）；每个季度的最后一个月月底进行一次大盘点（自盘、复盘、抽盘），大盘点具体时间根据"盘点计划表"确定的日期进行。

② 盘点时间要求。月度小盘点时间要求：自盘应于29日12：00前完成，抽盘应于30日16：00前完成；季度、半年度盘点时间要求：具体依"盘点计划表"中要求的时间执行；若要变更盘点时间，必须征得盘点总指挥同意方可。财务部组织人员不定期地抽查各部门的资产库存情况。

(5) 盘点方式、方法

① 盘点方式。动态盘点（即不停产）与静态盘点（即停产）相结合；定期盘点与不定期盘点相结合；自盘与复盘、抽盘相结合；每月定期盘点采取动态盘点，以自盘为主、抽盘为辅的方式进行。盘点方法由各部门根据实际情况确定；季度、半年度的大盘点采取静态盘点，以自盘、复盘、抽盘相结合的方式进行，盘点方法由财务部在"盘点计划表"中确定；不定期的盘点采取动态盘点，抽盘的方式进行，盘点方法由财务部确定。

如何按照仓库进行盘点

② 外协加工件及客供物料盘点。由相关部门负责人与财务人员共同确定盘点办法，单独清点。

4.4.6 工具管理

(1) 目的

规定组件设备部对维修工具管理的职责、工作内容及工作程序。保证维修工具管理按规定的方法和规程在受控状态下进行，从而保证维修工具状况良好，满足维修需要。

如何根据货位创建盘点单功能

(2) 适用范围

规程适用于组件设备及其维修人员、领用公司工具的相关人员。

(3) 职责

① 维修主管负责，对机械维修工具进行分级管理。

② 兼职工具管理员负责公用工具管理。

③ 维修工负责个人保管工具管理。

(4) 定义

① 维修工具。在所有设备维修中，会使用到的工具，包括机械、电气及软件类使用的工器具、仪器、仪表等。

② 公用工具。使用频率不频繁，在某些设备维修中，会使用到的，不需要每位维修人员配置的设备。

(5) 内容

① 维修工具分级

a. 为充分利用资源，避免资金占用，提高维修效率，维修工具分公用工具、维修工个人用具。

b. 公用工具由兼职工具管理员管理。公用工具包括：水平尺、手持式砂轮切割机、铆钉枪等。

c. 个人管理工具根据工种性质配以常用工具，由维修工个人负责管理。

② 维修工具管理

a. 工具登记。凡领用工具人员，均需进行工具领用档案管理。兼职工具管理员需制订"维修工具出入库清册"，对所有工具进行出入库登记，并进行分类，标明各工具的规格参数。当工具低于最低库存时，需提出采购计划，交部门经理和副总经理审核批准后交采购部门购买。

b. 工具领用。维修人员领用工具时，需遵循工具领用流程，并填写"个人工具领用申请单"，交部门经理审核批准后，在兼职工具管理员处登记"个人工具领用明细表"，方可领用个人工具。

c. 公用工具借用。维修作业需用公用工具时，由维修人员在兼职工具管理员处填写"公用工具借用登记表"，用后需立即归还。

d. 工具报废。对已损坏或不可再使用的工具，需依照工具报废流程，维修工具使用人员填写"维修工具报废申请单"，交部门经理审核批准后，做报废处理。报废后的工具放到仓库相应位置。

e. 工具使用前必须认真检查，如有损坏或质量问题不准使用并应立即报告主管，兼职工具管理员负责维修或更换，确保维修作业正常进行。

f. 各级工具保管及摆放应符合5S标准，严禁乱拿乱放。

g. 各级责任人应对维修工具妥善保管，如有不按规定使用，遗失或损坏，需照价赔偿。工具在正常使用情况下损坏采用以旧换新的处理方法。

h. 对于离职人员，需归还其个人领用工具，同时在兼职工具管理员处登记，记入"维修工具出入库清册"，有遗失者需照价赔偿。

③ 工具送检

a. 对于需进行校正的工具，兼职工具管理员根据质量部门的校正要求，制订出计量工具送检计划，由部门经理审核后送检。

b. 到期未检工具及精度已降低的工具，需停止或降低使用标准。

c. 各级工具责任人在规定时间将量具及其他需送检工具报兼职工具管理员送检，校正。

（6）工作记录

维修工具出入库清册，见表4-2所示。

表4-2 维修工具出入库清册

序号	品名	品牌	规格/型号	数量	入库日期	出库日期	备注
1							
2							
3							
4							
5							
6							
7							
8							
9							
10							
11							
12							
13							
14							
15							
16							
17							
18							
19							
20							

工具管理员确认： 设备经理审核： 日期：

本记录保存有限期限为5年

个人工具领用申请单,见表 4-3 所示。

表 4-3 个人工具领用申请单

申请人:
日期:

序号	品名	品牌	规格/型号	数量	用途	备注
1						
2						
3						
4						
5						
6						
7						
8						
9						
10						

备注:

申请人签字	部门经理审核	设备经理审核

本记录保存有限期限为 5 年

个人工具领用明细表，见表4-4所示。

表4-4 个人工具领用明细表

序号	品名	规格/型号	数量	价值	领用人	领用日期	工具管理员确认	备注
1								
2								
3								
4								
5								
6								
7								
8								
9								
10								
11								
12								
13								
14								
15								
16								
17								
18								
19								
20								

本记录保存有限期限为5年

公用工具借用登记表,见表 4-5 所示。

表 4-5 公用工具借用登记表

序号	品名	借用人	用途	数量	价值	借用日期	归还日期	工具管理员确认	备注
1									
2									
3									
4									
5									
6									
7									
8									
9									
10									
11									
12									
13									
14									
15									
16									
17									
18									
19									
20									

本记录保存有限期限为 5 年

维修工具报废申请单，见表4-6所示。

表4-6 维修工具报废申请单

申请人：
日期：

序号	品名	品牌	规格/型号	数量	价值	报废原因
1						
2						
3						
4						
5						
6						
7						
8						
9						
10						

备注：

申请人签字	部门经理审核	设备经理审核	制造总监审核	财务经理审核	副总经理审核

本记录保存有限期限为5年

(7) 附则及附件

① 规程由设备维修部门起草并管理。

② 规程自批准之日起实施。

具体工作流程见图4-27和图4-28所示。

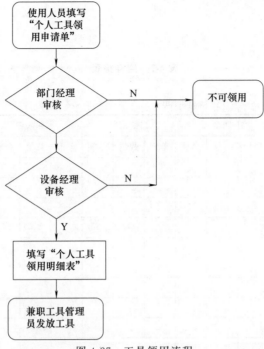

图 4-27 工具领用流程

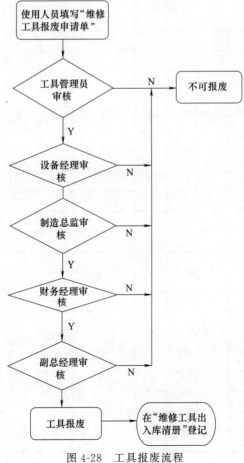

图 4-28 工具报废流程

4.4.7 库存报表

库存报表见表 4-7 所示。

表 4-7 库存报表

编报单位
名称： 统计期间： 单位：元

项目	规格型号	单位	上期余额			当期余额			本期入库			本期出库			备注
			单价	数量	金额	单价	数量	金额	单价	数量	金额	单价	数量	金额	
原材料															
辅助材料															
备品备件															
燃料															
低值易耗品															
其他															
合计															
半成品															
主要产成品															
副产品															
其他															
合计															

4.5 修配融合

随着公司业务的拓展，库存增加的速度也非常快，对公司的资金占用造成极大的压力。而维修厂的管理系统能直接了解到门店的库存、销售，为了打通门店以及供应商的库存链路，实现供应商到门店之间的精确、高效的补货，降低库存周转、降低配送成本，提高销量，我们需要借助维修厂管理系统，打通门店与供应商的补货链路，以提高资源利用效率。

4.5.1 库存共管

目前维修厂的配件采购，主要是线下与供应商先进行沟通，再实行采购。既浪费时间又耗费人力、物力。而供应商方面由于不了解维修厂备件库存情况，可能存在供货不及时等问题。

库存功能实现维修厂的库存信息对供应商透明化，执行获取授权，供应商便可以查看维修厂的库存信息，从而根据系统数据进行主动销售和补货，提高维修厂采购及供应商销售的销量。

（1）开通库存共管，让供应商可查询门店库存数据

为保护双方隐私，库存共管的功能，由维修厂帮助指定供应商开通。维修厂可授权多个供应商查看维护自己的库存配件，但每个供应商只能查看自家供应的配件，无法查看其他渠道的配件信息。

操作路径：基础资料→供应商信息

操作步骤：

① 在供应商信息列表页面，搜索需要开通库存共管的供应商名称，勾选复选框点击【修改】。如图 4-29 所示。

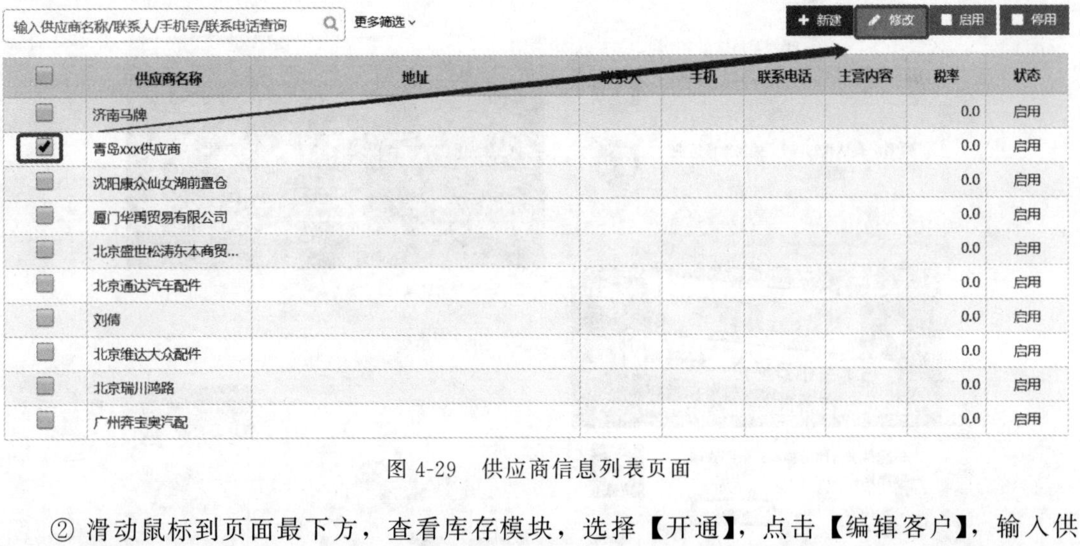

图 4-29 供应商信息列表页面

② 滑动鼠标到页面最下方，查看库存模块，选择【开通】，点击【编辑客户】，输入供应商业务员的手机号和姓名，点击【确认】（该操作就是给供应商开通查看权限，如需多人查看，则继续添加手机号即可）。如图 4-30 所示。

（2）供应商登录查看门店库存数据

操作步骤：

① 维修厂人员给供应商开通查看权限后，供应商业务员微信扫描供应商详情页面二维码或者搜索公众号"F6 汽车科技"。

图 4-30 编辑客户页面

② 在"F6 汽车科技"公众号中，点击【F6 更多】中的【F6 智配】菜单，通过手机号和验证码登录 F6 智配系统，如图 4-31 所示。

图 4-31 登录 F6 智配系统

③ 登录成功后，便可查到所有对自己授权的维修厂信息列表，如图 4-32 所示。

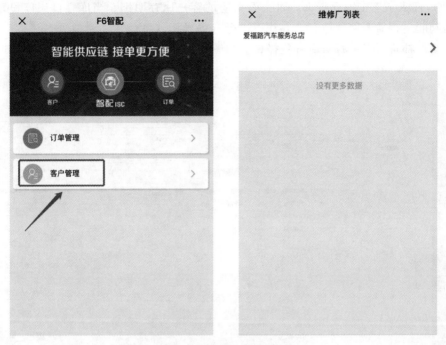

图 4-32　维修厂信息列表页面

④ 点击指定的维修厂，供应商便可查看维修厂从自己这边采购的配件的进销存信息。还可通过筛选条件更快地获取相关信息，如图 4-33 所示。

图 4-33　门店采购货物信息页面

（3）供应商根据维修厂库存情况，进行补货，并对补货单进行相关操作

① 供应商人员点击库存查询，可查看对应的客户库存明细。当库存健康度显示库存积压时，需判断是否需要回抽库存，并线下进行有关操作（系统暂不对应处理流程）。库存健康度显示建议补货时，进行对应补货操作。如图 4-34 所示。

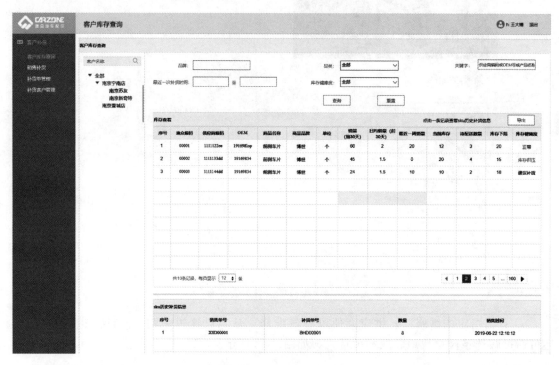

图 4-34　客户库存查询页面

② 供应商人员可查看待补货的客户列表，选择客户进行补货操作，也可直接进入补货页面后自主选择客户补货。如图 4-35 所示。

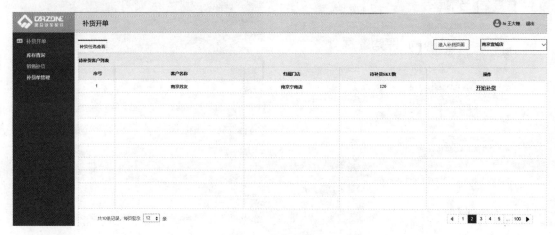

图 4-35　补货开单页面

③ 在补货任务查看页面，直接点击客户信息行后的【开始补货】进入补货页面。可根据补货页面的商品筛选条件，筛选商品；也可点击建议订货量旁的【补货历史查看】按钮，查看该商品的历史销售信息。确认本次补货信息后，点击【确认并提交】。

4.5.2 询报价平台

询报价平台是给维修厂提供的一套车型件交易服务平台，实现维修厂采购车型件的闭环服务。目前的询报价平台为维修厂提供车型件询价、比价交易功能。

维修厂发布询价以及相关操作如下所示。

（1）询报价入口

登录 F6 智慧门店 APP，点击【门店管理】，点击【全部应用】，查看采购平台模块询报价的三个功能（发布询价、查看询价、订单跟踪），如图 4-36 所示。

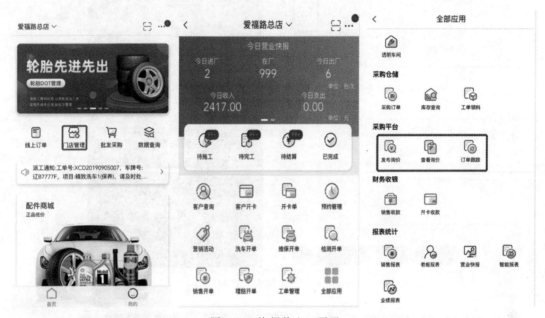

图 4-36　询报价入口页面

（2）发布询价

① 扫码

操作步骤：点击【发布询价】进入询价页面，点击【扫一扫】带出车牌号和 VIN 码。手动输入车牌会自动搜索，若系统中有该车信息则自动带出 VIN 码和车型。如图 4-37 所示。

② 录入配件信息

操作步骤：

点击【新增配件】进入配件填写页面，快速选择常用配件，支持多选，点击确定即可，若需要的配件不在常用配件中可输入配件添加或查询。如图 4-38 所示。

（3）供应商筛选

供应商默认选择同城供应商，支持用户自主选择供应商，可根据地址筛选供应商，默认选择同城供应商。如图 4-39 所示。

（4）提交

填写完信息后点击发布询价，即可将询价单发送给供应商。

（5）查看询价

① 询价单列表。询价单中包括四种状态：全部询价单、待报价、已报价、已失效。系

统默认显示全部询价单。点击状态分类按钮，即选择查看对应的状态信息。点击询价单，系统显示询价单的详细内容。如图 4-40 所示。

② 询价单详情。报价单 24 小时自动失效，失效后不可下单；若对报价有疑问可点击联系商家拨打商家电话；选择需要采购的配件点击【下单】进入订单确认页面。如图 4-41 所示。

图 4-37　车辆询价页面

图 4-38　录入配件信息页面

第4章　汽车维修企业配件管理系统

图 4-39　供应商筛选页面

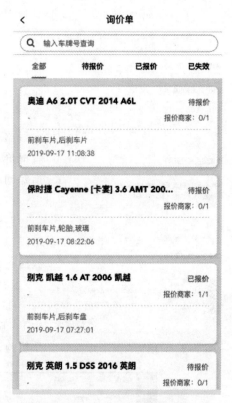

图 4-40　询价单列表页面

③ 已报价订单确认。已报价的单子，选择需要下单的配件，确认订单金额和地址是否正确；确认无误后点击【提交】即可下订单，如图 4-42 所示。

图 4-41　询价单详情页面　　　　　图 4-42　已报价订单确认页面

图 4-43 订单详情跟踪页面

④ 订单详情跟踪。订单中包括五种状态：全部订单、待发货、待收货、已完成、已取消。系统默认显示全部订单。点击状态分类按钮，即可选择查看对应的状态信息。点击订单，系统显示订单的详细内容。如图 4-43 所示。

（6）采购/仓管人员查看询价

路径：登录 PC 页面，点击【采购】→采购平台→查看报价。PC 端只支持查看询报价单，不支持发布，用于追踪问题，如图 4-44 所示。

（7）采购/仓管人员订单跟踪

路径：登录 PC 页面，点击【采购】→采购平台→订单跟踪。PC 端只支持查看和操作订单，配件到货仓管验收后点击【确认收货】，如图 4-45 所示。

（8）供应商进行报价以及相关操作

① 登录页面。支持密码登录和验证码登录，目前账号由 F6 开通，不支持自助申请账号（点击忘记密码，通过手机验证码设置登录密码，后续通过账号密码登录系统）

图 4-44 采购/仓管人员查看询价页面

图 4-45 采购/仓管人员订单跟踪页面

② 绑定微信公众号。点击绑定微信号会弹出二维码，扫描后会绑定微信并关注 F6 公众号，关注后微信可实时收取报价单、订单下单提醒，防止漏单。

注意：每个账号产生的二维码是唯一的，需要登录自己的账号进行绑定。

操作步骤：

点击绑定微信弹窗二维码，用微信扫码，如图 4-46 所示。

图 4-46 客户绑定微信页面

③ 询价单列表

操作路径：询价管理→询价单管理

列表展示询价单信息，可根据查询条件快速筛选询价单，报价单 48 小时自动失效，请及时报价，如图 4-47 所示。

图 4-47 询价单列表页面

④ 报价页面。系统会根据客户填写的配件名称和车型自动识别出 OE 号、标准名称、4S 参考价为报价做参考。

操作步骤：

点击【报价】按钮，进入报价页面。根据系统识别出的 OE 号和标准名称等信息填写配件对应的不同品质的价格和到货时间。如图 4-48 所示。

图 4-48　报价页面

若系统未识别出 OE，可能存在多个 OE 需要手动选择或者直接手动填写。如图 4-49 所示。

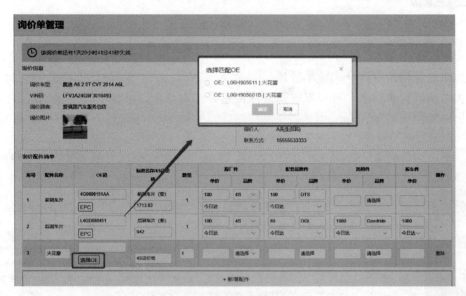

图 4-49　手动填写信息页面

如果报价单中所有配件均不经营，可直接关闭报价单，并填写对应原因。

（9）供应商报价相关报表数据查看

使用询报价平台，维修厂可通过对应报表查看合作的供应商的报价情况，便于发现问题，更好地管理供应商。

报表查看路径：

新报表→新采购报表→车型件询报价汇总，如图 4-50 所示。

图 4-50　供应商报价相关报表数据查看页面

第5章

汽车维修企业财务管理系统

财务管理是基于企业再生产过程中客观存在的财务活动和关系而产生,是组织企业资金活动、处理企业同各方面财务关系的一项经济管理工作,是企业管理的重要组成部分。

5.1 企业财务管理基本知识

5.1.1 财务基本知识

企业的财务管理要在一定的前提条件下进行,最根本的就是其依据的基本价值理念,主要包括资金时间价值和投资风险价值、利率与通货膨胀、现金流转。

(1) 资金时间价值

资金时间价值是资金在运动中,随着时间的推移而发生的增值,即一定量的货币资金在不同时间上具有不同的价值,其实质是资金周转使用后的增值额。资金时间价值的大小取决于资金数量的多少、占用时间的长短、收益率的高低等因素。一定量的资金,周转使用时间越长,其增值额越大。

利润和利息都是资金时间价值的基本形式,二者都是社会增值的一部分。利润在生产部门产生,利息是以信贷为媒介的资金使用权的报酬。从量的规定性来看,资金的时间价值用相对数表示时,就是没有风险和没有通货膨胀条件下的社会平均资金利润率。

例:存入银行一笔现金 1000 元,年利率 2%,经过 1 年后取出本利和 1020 元。

本利和 = 1000 + 1000 × 2% = 1020(元)

资金的时间价值应是企业资金利润率的最低限度,它是衡量企业经济效益、考核经营成果的重要依据。

(2) 投资风险价值

投资风险价值是指投资者由于冒着风险进行投资而获得的超过资金时间价值的额外收益,又称为投资风险收益、投资风险报酬。

投资者所冒的风险越大,其要求的回报率也越高。投资风险价值可用风险收益额和风险收益率表示。风险收益率指风险收益额与投资额的比值。在不考虑通货膨胀的情况下,它包括两部分:一部分是无风险投资收益率,即货币时间价值;另一部分是风险投资收益率,即风险价值。在财务运动过程中,投资收益的取得必须以一定的风险控制为基础,保证盈利与风险之间的相互平衡。

(3) 利率与通货膨胀

利率的波动会影响到财务管理活动,对企业的融资成本、投资期望等产生作用。随着我国利率市场化进程的加快,利率的波动将会更加频繁,这将给企业财务管理带来巨大影响。

通货膨胀是经济发展不可避免的后果，它对企业财务工作会产生巨大成本、人工成本也将带来巨大压力。

(4) 现金流转

企业资产的流动性越来越受到重视，其中现金流量及其流转是重要的一环。财务管理重视的是现金流量而不是会计学上的收入与成本。企业的现金流量必须满足偿还债务和购置为达到其经营目标所需要的资产。现金流量的充足与否将影响到企业的偿债能力。

5.1.2 企业财务管理的内容

财务管理是指企业以货币为主要度量形式，在企业的生产经营活动过程中组织财务活动，处理财务关系的一系列经济管理活动的总称，它是企业管理的一个重要组成部分，可以说，只要有资金运动的地方，就必然有财务管理活动，企业的财务活动是由筹资、投资、营运、分配四方面引起的，所以财务管理的内容包括筹资管理、投资管理、营运资金管理和利润分配管理。

(1) 筹资管理

筹资也称融资，筹资管理是解决如何取得企业所需资金，它主要解决以下四方面的问题。

① 筹集多少资金。筹资是为生产经营服务的，筹资数量的多少要考虑投资的需要。企业根据经营计划和投资计划预测出一定时期的资金缺口量，以确定筹资量。

② 向谁取得资金。目前企业的筹资渠道较广，企业可从企业内部筹资，也可从企业外部筹资。国家、法人、个人都可成为企业资金的提供者。针对不同的提供者收取不同的筹资。

③ 什么时候取得资金。资金取得的时间应与资金的使用时间相匹配。资金到位不及时，会影响项目进度、交货期等，进而带来不能及时抓住市场机会的直接损失和失去信誉的间接损失。

④ 获取资金的成本是多少。不同渠道、不同方式获取的资金，其付出的成本是不同的。企业在及时、足额地保证资金需要的前提下，应努力降低资金成本，尽可能使企业价值最大化、筹资成本最小化。

(2) 投资管理

投资是指以收回现金并取得收益为目的而发生的现金流出。企业投资主要有两方面：一方面是进行长期投资，即对固定资产和长期有价证券的投资，也称资本性投资；另一方面是进行短期投资，即对短期有价证券、存货、应收账款等流动资产进行的投资，流动资产投资属于营运资金投资。由于长期投资的风险大、时间长，决策时应重视资金的时间价值和投资的风险价值，合理确定投资规模、投资方向和投资方式等，使投资收益较高而风险较低。

(3) 营运资金管理

营运资金是指企业在生产经营活动中占用在流动资产上的资金。营运资金管理是在综合考虑成本、收益和风险的前提下，为保证企业日常经营活动而对资金产生的管理活动。营运资金管理主要包括合理确定流动资产的占用水平、加强流动负债的管理、研究流动资产与流动负债的合理配置、制定合理的营运资金政策等。

(4) 利润分配管理

利润分配是指在企业获得的净利润中,有多少作为股利发给股东,有多少留在企业用于再投资,利润分配政策直接影响着企业的内部筹资能力,过高的股利支付率会减少企业的内部积累,进而影响企业未来的获利能力;过低的股利支付率甚至不做分配,可能引起股东不满,也会影响企业未来的获利能力。因此,企业应科学分析影响利润分配的各种因素,确定最佳分配政策。

除上述四部分内容外,企业设立、合并、分立、改组、解散、破产等事项的管理也是财务管理的内容,它们构成了财务管理不可分割的整体。

5.1.3 企业财务管理原则

财务管理的原则是企业组织财务活动,处理财务关系时守的准则;它是从企业财务管理实践中抽象出来的,并在实践中证明是正确和规范,它反映了企业财务活动的内在要求。为确保实现对财务管理的总体目标,在实际工作中应贯彻落实财务管理的基本原则。

(1) 成本效益原则

成本效益原则的"效益"泛指收入、收益、所得,甚至是"有用性"在内的多方位多层次概念,而"成本"泛指与效益相关的各种耗费和价值牺牲。该原则是市场经济条件下财务管理必须坚持的首要基本原则。要结合特定经济目的进行投入产出的对比分析或价值工程分析,力争耗费一定的成本后取得尽可能大的利益,或在效益既定的条件下最大限度地降低或控制成本。

(2) 风险与收益均衡原则

由于企业内外环境的复杂多变,要获取收益往往伴随着各种风险的发生。因此,为趋利避害,做到既降低或控制风险,又得到较高的收益,企业应按照风险与收益均衡的原则,决定采取何种方案。

(3) 资金合理配置原则

资金合理配置就是要通过对资金运动的组合和调节来保证各生产经营环节的生产经营要素最优化的结构。具体而言,就是合理确定固定资产和流动资产的比例构成,货币性资金和非货币性资金的比例构成,材料、在产品和产成品的比例构成等,使企业的资金合理配置在生产经营的各个阶段上,保证各种形态资金占用适度,实现企业资金优化配置。

(4) 利益关系协调原则

利益关系协调原则是指企业财务在组织实施管理中兼顾和协调好债权人和债务人、所有者和经营者、投资者和受资者之间的各种利益关系的原则。

坚持利益关系协调原则,要求企业在税金的缴纳、利益的支付、股利的分配,工薪福利的发放等方面应公平合理,切实维护有关各方面的正当合法权益,不断促进企业财务状况和经营成果之间的长期、稳定的良性运行。

5.1.4 财务管理制度

(1) 财务管理一般原则

① 财务管理应按照国家统一的会计制度进行核算,企业的会计处理方法一经确定不得随意变更,确实需要变更的,应将变更情况、原因以及财务状况和经营成果的影响,在财务报告中说明。

② 财务管理应以实际发生的经济业务及能证明经济业务发生的凭证为依据，如实反映财务状况和经营成果。

③ 财务管理提供的会计信息应能满足各方面了解公司财务状况和经营成果的需要，以及满足公司内部经营管理的需要。

④ 财务管理应在发生经济业务时及时进行会计处理，讲求时效。

⑤ 财务管理会计记录和会计报表应简洁明了地反映财务状况和经营成果。

⑥ 财务管理在全面反映财务状况和经营成果的同时，对影响决策的重要经济业务，应单独反映、重点列报。

⑦ 正确确定公司的收益、成本、费用，依法合理核算可能发生的损失和费用。

⑧ 各项资产应按其取得时所发生的实际成本记账。

(2) 会计核算

① 财务部门及财会人员应按照国家有关财税、财务、会计制度进行会计核算。

② 收入、成本、费用的计算，经营成果的计算和处理，款项和有价证券的收付、债务的发生和结算，财务的收发、增减和使用及其他需要办理会计手续、会计核算的，应办理会计手续，进行会计核算。

③ 会计资料应真实、完整，并符合国家法律及会计制度的有关规定。

④ 办理有关会计事项时，应填制或取得原始凭证，并及时交财务部门，经财务人员审核后，编制记账凭证，记入有关账簿。

⑤ 按会计制度的规定，设置会计科目和会计账簿。

⑥ 按会计制度的记账规则，根据已编制的会计凭证登记账簿。

⑦ 财务部门应妥善保管会计资料。

(3) 财务监督

① 财务部门及财务人员有权对公司的经营活动实行实务监管。

② 财务人员对违反财务制度的经营业务，应不予办理。

③ 财务人员对不真实、不合理的原始凭证，应不予受理。对记载不明确、不完整的原始凭证，应退回，并求其补充、更正。

④ 财务部门应定期和不定期进行财务检查，要求做到账、实相符，账、证相符，账、账相符。如不符应查明原因，并按有关规定处理。

⑤ 财务部门应如实接受税务部门、审计部门的检查。

(4) 货币资金管理规定

为规范货币资金管理，规范企业货币资金的收支行为，企业应制定货币资金管理规定。

① 任何项目的货币资金收入，必须做收入凭证，所制收入凭证（发票或收据）上必须有收缴人和收款人签章。

② 任何项目的货币资金支出，均必须取得有效的原始凭证，否则不予支付。

③ 原则上所有款项的支出，均必须经主管会计审核签章后，出纳方可支付。

④ 出纳付款时，原则上应做到能用银行转账的款项，就不得使用现金支出。

⑤ 任何款项的支出凭证上，必须有收款人签章。

⑥ 出纳必须将当日的收支，逐笔登入现金日记账或银行存款日记账上，做到账、款相符。出纳必须及时将所有的有关收支凭证，交给主管会计进行账务处理。

⑦ 银行存款留印鉴必须分开保管，财务专用章由主管会计负责管理，不得随意使用。

⑧ 日库存用现金原则上不得超过公司规定限额。
⑨ 下班前应将留存现金存入银行,不允许现金在公司过夜。
⑩ 任何人不得以任何形式和借口挪用公款。

(5) 收入、费用、利润

① 收入。收入包括主管业务收入和其他业务收入。收入不包括为第三方或者客户代收的款项。收入能导致所有者权益的增加。收入扣除相关成本与费用后,则可能增加所有者权益,也可能减少所有者权益。收入只包括本企业经济利益的流入,而不包括为第三方或客户代收的款项,如增值税、代收利息等。

a. 收入确认条件。一是企业已将商品所有权上的主要风险和报酬转移给购货方。这里的风险主要是由于贬值、损坏、报废等造成的损失;报酬则是指商品中包含的未来经济利益,包括商品因升值等给企业带来的经济利益。二是企业既没有保留通常与所有权相联系的继续管理权,也没有对已售出的商品实施控制。三是与交易相关的经济利益能够流入企业。销售商品的货款能否有把握回收,是收入确认的一个重要条件,企业在销售商品时,如估计货款回收的可能性不大,即使收入确认的其他条件均已满足,也不应当确认收入。

四是相关的收入和成本能够可靠计量,收入能否可靠计量,是确认收入的基本前提。收入不能可靠计量,则无法确认收入,企业在销售商品时,销价通常已经确定,但销售过程中由于某些不确定因素,也有可能出现售价变动的情况,在新的售价未确定前,则不应确认收入。根据收入和费用配比原则,与同一项销售有关的收入和成本应在同一会计期间予以确认。因此,如果成本不能可靠计量,相关的收入就不能确认,这时,若已收到货款,则收到的货款应确认为一项负债。

企业销售的商品只有同时满足上述内容,才能确认收入。

b. 销售收入的计量。销售收入的金额应根据企业与购货方签订的合同或协议金额确定。无合同或协议的,应根据购销双方都能同意或接受的价格确定,但不包括企业为第三方或客户收取的一些款项。

② 费用

a. 费用的特点。费用是企业为销售商品、提供劳务等日常活动所发生的经济利益的流出。其特点如下:

费用最终会导致企业资源的减少。

费用最终会减少企业的所有者权益,一般而言,企业的所有者权益会随着收入的增长而增加;相反,费用的增加会减少企业的所有者权益。

b. 费用的种类。在制造类企业中,费用按照经济用途的不同,首先分为应计入产品成本的费用和不应计入产品成本的费用两类,在此基础上,对应计入产品成本的费用,需进一步分为生产经营成本;对不应计入产品成本的费用,需进一步分为期间费用。

(a) 生产经营成本。生产经营成本是指为生产产品和提供劳务所发生的各项费用,包括直接材料费、直接人工费和其他各项制造费用。

直接材料费。是指直接用于产品生产,构成产品实体的原料费及主要材料、外购半产品费,有助于产品形成的辅助材料及其他材料费用。

直接人工费。是指直接参加产品生产的生产工人工资及提取的福利费。

制造费用。是指企业各生产单位为组织和管理生产所发生的各项间接费用。

(b) 期间费用。期间费用是指企业当期发生的、必须从当期收入中得到补偿的费用，包括管理费用、财务费用和营业费用。

管理费用，是指企业行政管理部门为管理和组织生产经营活动所发生的费用。

财务费用，是指企业为筹集资金而发生的费用。

营业费用，是指企业在销售商品、产品或提供劳务过程中发生的各项费用。

③ 利润

a. 利润的特点。利润是企业在一定会计期内实现的收入减去费用后的净额，它包括营业利润、利润总额和净利润，利润有如下特点。

（a）利润代表企业能用货币表现的、最终的和综合的经营成果。

（b）利润的金额是通过收入减去费用之后的余额来确定的。

（c）利润的许多特点都体现在收入和费用两个要素上。

b. 营业利润。营业利润是企业利润的主要来源，它主要包括主营业务利润和其他业务利润。计算公式如下

营业利润＝主营业务利润＋其他业务利润－营业费用－管理费用－财务费用

主营业务利润＝主营业务收入－主管业务成本－主营业务税金及附加

其他业务利润＝其他业务收入－其他业务支出

c. 利润总额。企业的利润总额一般包括营业利润、投资净收益和营业外收入净额部分。如果企业能够按规定获取补贴收入，则也应作为当期的利润总额的组成部分。计算公式如下

利润总额＝营业利润＋投资收益＋补贴收入＋营业外收入－营业外支出

d. 净利润。净利润是指企业的税后利润。计算公式如下

净利润＝利润总额－所得税

（6）资产管理制度

① 财务部门应控制现金使用效率，满足公司现金使用需要。

② 现金收支应做到日清日结，做到账、款相符，确保库存现金的安全和完整。

③ 加强现金收支凭证的管理工作。

④ 根据公司业务发展需求，确定最佳现金持有量。

⑤ 存货的发出，采用实际成本法进行会计核算。

⑥ 低值易耗品原则上采取一次摊销法，计入当期成本、费用。

⑦ 定期对存货情况进行清查盘点，如出现盘盈、盘亏等情况，应查明原因，及时处理。

⑧ 根据公司业务发展需要，确定经济存货量，尽可能减少营运资金的占用。

⑨ 固定资产的计价和折旧，按国家有关规定执行。

⑩ 固定资产的修理费用，原则上一次计入当期费用。对数额较大的可通过待摊费用进行分摊。

（7）经营分析

企业的生产是增产增销还是减产少销？原因在哪里？

企业资金总感觉不够用，资金使用效果不好的原因在哪里？

产品成本是多少？成本升高了还是降低了？成本升降的原因是什么？

企业实现了多少利润？利润增加或减少的原因有哪些？

这些问题要求企业管理者根据财务报表，结合市场现状进行经营分析。整个经营分析工

作由几个有机联系的步骤构成，即对比找出差距，研究查明原因，计算因素影响，总结提出建议。

① 对比找出差距。"对比"就是将实际达到的结果同某一标准相比较。在实践中作为对比标准的主要有三种：同预定目标、计划或定额相比；同上期或历史最高水平相比；同国内外先进水平相比。

在运行对比找差距方法时，必须注意经济现象或经济指标的可比性。即被比较的现象或指标，必须符合以下三个条件。

a. 性质上同类。例如，比较企业的资金占用水平就必须在相同类型的生产企业间进行。

b. 范围上一致。例如，比较不同时期的变动费用，那么两个时期的变动费用所包括的范围就应该基本上一致，否则就不可比了。

c. 时间上相同。就是说，相比较的经济现象或指标，应当是相同时间长度的结果。例如，都采用年度资料或都采用月度或季度资料。

② 研究查明原因。在对比找差距的基础上，研究查明差价（或差异）产生的原因，是分析工作的重要内容。

每项经营活动的结果，可能是由很多原因造成的，或者说会受到多种因素的影响。这些原因或因素有些是密切联系的，也有的是可以用一定的经济指标来反映的，因而有可能通过经济指标之间的关系来进行分析。例如，材料消耗量的多少，是决定产品成本升降的原因或者说是影响产品成本的因素，通过材料消耗量的变化，就可以分析它对产品成本的影响。又如，劳动生产率的高低是决定产量多少的原因，或者说是影响产量的因素，由此也就是可以通过劳动生产率的变化，分析它对产量的影响。对某一经济指标发生影响的因素存在于客观事物本身之中，在分析中需要熟悉经济现象或经济指标的性质，了解经济指标的构成内容，以便借助逻辑判断，确定影响的因素。

③ 计算因素影响。计算因素影响，就是对影响经济指标的因素或原因，计算它们的变动对经济指标的具体影响，即明确作用方向（有利或不利）和影响程度的大小。根据因素影响的方向和程度，就可在进行决策和制订措施中，抓住主要矛盾，有重点地解决问题。

④ 总结提出建议。分析企业的经营活动，要以改善企业经营管理、取得最佳经济效果为目的。因此，要根据分析的结果，总结企业的工作，提出改善企业经营管理的好建议，并将建议提供给企业的领导层作为决策的参考，以充分挖掘企业的潜力，不断提高企业经营的经济效益。

根据经营活动分析的结果总结企业的工作，可使经营者了解掌握经营状况，对工作成绩和问题的评价更为准确，经济责任更为清楚，提出的工作改进方案和经营决策更加有效，对今后的努力方向更为明确。

根据分析的资料，总结企业的工作，应当本着实事求是的态度，既要肯定成绩，又要指出问题，同时还要指出解决问题的建设性意见，要着眼于助力企业改善经营管理，挖掘企业内部潜力，提高经济效益。

5.1.5 汽车维修企业财务管理的基础工作

汽车维修企业财务状况的好坏与企业财务管理工作的好坏有直接联系，而做好财务管理工作的一个重要前提，是做好以下几方面的财务管理基础工作。

（1）建立、健全财务管理规章制度

企业财务管理的规章制度，既包括由国家和主管部门统一制定的，也包括企业自身为加强财务管理而具体制定的规章制度。汽车维修企业的制度主要包括：企业的设备、工具管理制度，企业的现金管理制度，费用开支标准及审批制度，材料成本管理制度，配件采购、仓储、领发制度，工资利润的分配制度及往来关系的管理制度等。

（2）建立、健全完整统一的原始记录

汽车维修企业的原始记录是记载企业服务活动开展的最初记录，它是企业各项管理的第一手资料，是组织服务活动，进行会计、统计和业务核算以及进行企业决策所不可缺少的条件和依据，也是加强企业财务管理和进行科学管理的保证。

汽车维修企业的各职能部门与管理环节，应从其经济活动的特点和实际需要出发，根据加强经济核算，改善服务管理，建立正常汽车服务秩序及简单易行的原则，建立健全能够正确反映服务活动中的原始数据资料的原始记录。

（3）建立、健全相应的定额体系

汽车维修企业的定额是指汽车服务活动过程中，对人力、物力、财力的配备、利用和消耗，以及获得利润应遵循的标准和达到的水平，它的合理性反映了企业的技术进步、服务管理水平的高低。

（4）做好各环节的计量工作和信息工作

汽车维修企业计量工作的好坏直接影响到各方统计资料的准确性，而加强汽车服务企业的计量及统计工作，对改善企业的经济效益和准确计算生产经营成果具有重要意义。

当前，汽车维修企业面临激烈的市场竞争，努力做好信息工作，加强对潜在市场的分析，对配件市场、销售量等的研究，对企业的经营工作具有十分重要的意义。

5.2 汽车维修企业财务管理系统

财务管理信息系统是指利用信息技术，结合财务管理方法、管理理论，以计算机及网络为工具，建立各种预测、决策、预算与控制以及分析模型，对各种业务数据和财务信息进行再处理的人机系统。一般来说，财务管理信息系统应该包括组织互连信息模块、会计事务处理信息模块、财务管理信息模块、财务决策支持模块以及财务主管信息模块五个部分，其中组织互连信息模块是解决企业内部组织之间以及企业与关联企业之间的信息传输问题；会计事务处理信息模块的作用是提供精确、及时的信息，提高财务工作效率和成功率；财务管理信息模块、财务决策支持模块和财务主管信息模块是从不同的角度、不同的层次解决财务管理中的计划、控制、决策等问题。

企业财务以总账系统为核心，包括总账、应收应付、现金管理、项目管理、工资管理和固定资产管理等，为企业的会计核算和财务管理工作提供了全面、详细的解决方案。汽车维修企业财务项目如图 5-1 所示。

5.2.1 营业收入管理

营业收入是从事主营业务或其他业务所取得的收入。指在一定时期内，商业企业销售商品或提供劳务所获得的货币收入。汽车维修企业的营业收入是指企业在生产经营中通过销售

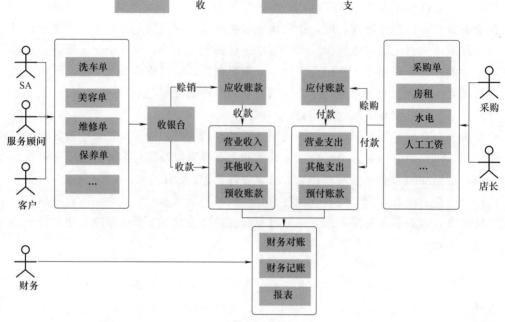

图 5-1　汽车维修企业收支分解图

汽车零配件、提供汽车维修业务等所取得的收入，一般分为主营业务收入（即汽车维修收入）和副营业务收入（即其他业务收入），即

$$汽车维修企业营业收入＝主营业务收入＋副营业务收入$$

（1）主营业务收入

汽车企业主营业务收入即汽车维修收入，是指企业提供汽车维修劳务等所得营业收入，它可以根据规定的工时定额、材料消耗总额和其他项目收入计算确定。主营业务收入由汽车维修工时收入、材料配件收入和其他收入三部分组成。

（2）副营业务收入

副营业务收入是指各类主营业务收入以外的独立核算的副营业务所取得的收入，如从事汽车配件零售与批发等营业活动取得的收入。

主营业务和副营业务内容的划分是相对的，会因企业经营项目的多元化发生变化，因此，应根据企业的实际情况进行确定。

如何查看门店营业额

（3）营业收入管理系统

① 点击到店页面左侧功能键【财务】，进入【营业收入】页面，可以看到所有工单的结算状态（此处营业收入为主营业务收入）。如图 5-2 所示。

② 选择【未结算】的工单，点击【收款】，弹出收款详情页，点击【确定】，弹出收款页面，选择收款方式，点击【确认】，即收款成功。如图 5-3、图 5-4 所示。

5.2.2　营业成本管理

营业成本是指企业所销售商品或者提供劳务的成本。营业成本应当与所销售商品或者所提供劳务而取得的收入进行配比。汽车维修企业的成本是指车辆维修及其服务在经营活动中直接耗费的各种价值的货币支出量总和。由于各级汽车维修的实际作业内容差异较大，且费

图 5-2　汽车维修企业营业收入管理系统页面

图 5-3　汽车维修企业营业收入管理系统——收款页面

用收入大多只在车辆维修竣工后才能获得。因此，根据收入和为获得这些收入而付出相应费用相结合的原则，可将汽车维修企业生产经营管理活动中所发生的各项耗费分为经营成本与期间费用两类，即

$$汽车维修企业成本＝经营成本＋期间成本$$

（1）汽车维修企业的经营成本

汽车维修企业的经营成本是指可直接或间接认定其归属的耗费，包括直接成本和间接成本。

① 直接成本。汽车维修企业的直接成本是指汽车维修过程中直接消耗的材料费用和人工费用。具体包括以下费用。

a. 直接材料费用：在汽车维修过程中实际消耗的汽车配件费用、汽车维修辅助材料费用及专用工器具、低值易耗品等支出。

b. 直接人工费用：企业中直接从事汽车维修的生产人员的工资、奖金、津贴和补贴等。

c. 其他直接费用：直接从事汽车维修的生产人员的福利费等。

图 5-4　汽车维修企业营业收入管理系统——收款成功页面

② 汽车维修企业的间接成本。汽车维修企业的间接成本是指在汽车维修过程中间接发生的材料费用及人工费用。主要包括以下费用。

a. 企业非直接生产人员（包括管理人员等）的办公费、差旅费、工资、奖金、津贴、补贴、职工福利费、保险费、试验检查费和劳动保护费等。

b. 生产厂房维修费、取暖费、水电费、运输费和停工损失费；机具设备的租赁费、折旧费及修理费，物料消耗费及低值易耗品费和其他费用等。

由于汽车维修企业规模一般较小，除将直接消耗的汽车配件费作为企业维修的直接成本外，其他费用均可作为企业的间接成本。

（2）汽车维修企业的期间费用

汽车维修企业的期间费用是不能直接认定其归属车辆，从而暂不计入企业经营成本可与当期收入相配合，可按其发生的当期计入当期企业损益的费用。

汽车维修企业的期间费用通常包括经营费用、管理费用和财务费用三类。

① 经营费用：经营费用是指汽车维修企业在生产经营过程中所发生的费用，如配件的采购、存储、销售费用等。对于小型汽车维修企业，经营费用通常与企业管理费合并。

② 企业管理费：企业管理费是指企业的行政管理部门和组织企业的生产经营活动而发生的各项费用，如公司经费、工会经费、职工教育费、保险费、排污费、绿化费、税金、土地使用费、存货盘盈、无形资产摊销、差旅费、业务招待费及其他管理费用等。

③ 财务费用：财务费用是指企业财务活动所发生的各项费用，包括企业在生产经营期间发生的利息支出、汇兑损失、金融机构收取的手续费及企业筹资所发生的费用。

（3）营业成本管理系统

① 点击到店页面左侧功能键【财务】，进入【营业支出】页面，可以看到所有订单的结算状态（此处营业成本为主营业成本）。如图 5-5 所示。

② 筛选结算状态为【未结算】，点击【搜索】，勾选单号，点击【付款】。

③ 选择付款方式，点击【确认】，付款成功。如图 5-6 所示。

图 5-5　汽车维修企业营业成本管理系统——收款页面

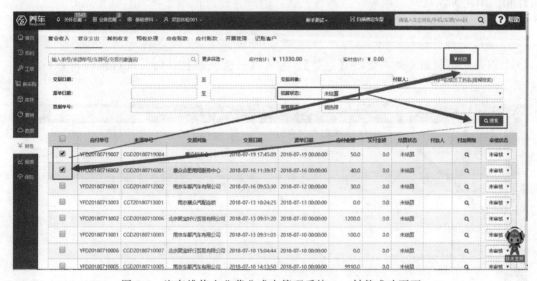

图 5-6　汽车维修企业营业成本管理系统——付款成功页面

5.2.3　流动资产管理

按资产的占用形态，流动资产可分为现金、短期投资、应收及预付款和存货，这里主要说明现金、应收账款及预付的管理。

（1）现金管理

现金是指可以立即用来购买物品、支付各项费用或用来偿还债务的交换媒介或支付手段，主要包括库存现金和银行活期存款，有时也将即期或到期的票据看作现金。现金管理的目的是在保证企业生产经营所需现金的同时，节约使用资金，并从暂时闲置的现金中获得更多的利息收入。企业库存现金没有收益，银行存款的利息率也远远低于企业的资金利润率。现金结余过多，会降低企业的收益；现金太少，又可能会出现现金短缺而影响生产经营活动的情况。现金管理应力求做到既保证企业日常所需资金，降低风险，又避免企业有过多的闲置现金,以增加收益。

汽车维修企业现金管理的内容主要包括:编制现金收支计划,以便合理地估算未来的现金需求;对日常的现金收支进行控制,力求加速收款,延缓付款;用特定方法确定理想的现金余额,即当企业实际的现金余额与最佳的现金余额不一致时,采用短期融资或归还借款和有价证券等策略来达到比较理想的状况。

(2) 应收账款管理

应收账款及预付就是一个企业对其他单位或个人有关支付货币、销售产品或提供劳务而引起的索款权,它主要包括应收账款、应收票据、其他应收票预付货款等,汽车维修企业所涉及有关应收及预付的业务主要是:企业提供汽车维修服务或销售配件、材料等发生的劳务性质的应收款项,企业向外购买设备或材料配件等发生的预付款项、其他业务往来及费用的发生涉及的其他应收款项。

汽车维修企业因提供汽车配件及汽车维修服务等发生的收入,在款项尚未收到时属应收款。近年来,由于市场竞争的日益激烈,汽车服务企业应收账款数额明显增多,已成为流动资产管理中的一个日益突出的问题。为此,要加强对应收账款的日常控制,做好企业的信用调查和信用评价,以确定是否同意顾客欠款,当顾客违反信用条件时,还要做好账款催收工作,确定合理的收账程序和讨债方法,使应收账款政策在企业经营中发挥积极作用。

① 预收处理管理

a. 点击到店页面左侧功能键【财务】,进入【预收处理】页面。进行预收单查看。如图5-7所示。

图5-7 汽车维修企业营业预收管理系统——预收单查看页面

b. 可根据筛选条件进行查找。如图5-8所示。

c. 也可选择一条处理单号,进行打印操作。如图5-9所示。

② 应收账款管理。应收账款是指企业在正常的经营过程中因销售商品、产品、提供劳务等业务,应向购买单位收取的款项,表示企业在销售过程中被购买单位所占用的资金。

a. 点击到店页面左侧功能键【财务】,进入【应收账款】页面。进行预收单查看。如图5-10所示。

b. 可根据筛选条件进行查找。如图5-11所示。

第5章 汽车维修企业财务管理系统

图 5-8 汽车维修企业营业预收管理系统——筛选页面

图 5-9 汽车维修企业营业预收管理系统——打印页面

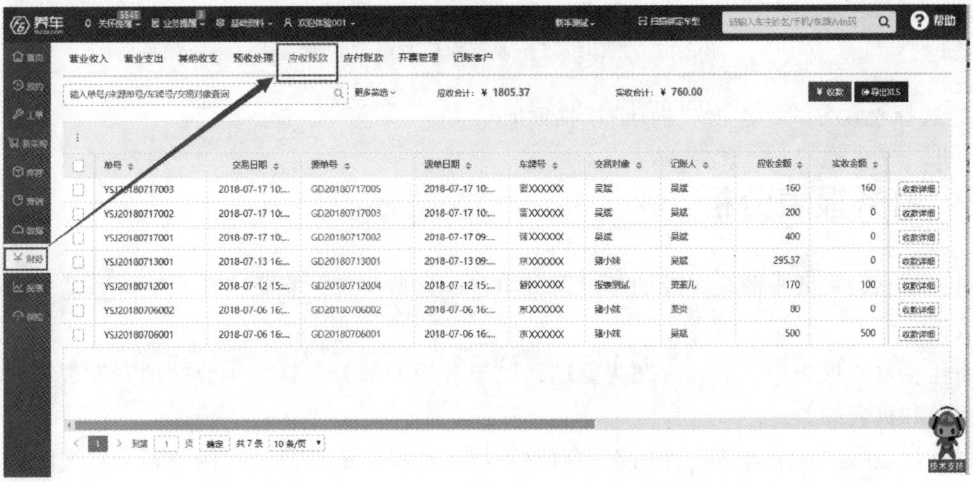

图 5-10 汽车维修企业营业应收账款管理系统——预收单查看页面

图 5-11　汽车维修企业营业应收账款管理系统——筛选页面

c. 筛选出【未结算】的，点击【搜索】按钮，勾选收款单号，点击【收款】。如图 5-12 所示。

如何在系统中进行对账

图 5-12　汽车维修企业营业应收账款管理系统——收款页面

d. 选择收款方式，点击"确认"，收款成功。

5.3　财务报表分析

财务信息的主要来源是企业的年度财务报告。这些文件包括资产负债表、收益表和现金流量表。

在年度财务报告中，会发现题为管理讨论与分析的部分。这是企业管理者发现管理中出现的问题和机会的关键。

财务报表附注虽然是以脚注的形式对财务报表所提供的信息进行的解释，但实际上，这与财务报表本身同样重要。这些附注可能会揭示企业的一些重要事项，例如重要的法律诉讼案、会计方法的变更、高级职员组成结构的变化以及各商业分部的买卖和重组等。

财务报表是企业向管理者和外界提供和公布企业经营情况的正式文件,因此正确编制会计报表对于企业来说十分重要。

会计报表中,除财务状况变动表中有些数据来自分析外,其余各表都来自账本。基本报表为资产负债表和损益表,资产负债表资产总数等于负债总数,并且要求数字正确,期期相关;损益表实际上是一张结转利润的会计凭证,通过收入与各项费用的相互抵减可以体现出企业本期的净利润;利润分配表是分配企业净利润去向的会计报表,通过净利润与各项目的抵减,可结算出未分配利润的数额;财务状况变动表是反映企业年度内营运资金增减变化的报表(营运资金就是流动资金减去流动负债后的差额,流动资金是用于企业日常经营的资产;流动负债是企业在一年内要偿还的债务)。财务状况变动表可以帮助投资者和企业管理者了解企业资金的使用是不是合理,资金来源的渠道是不是顺畅,企业资金融通有没有困难,进而了解企业的财务政策,分析企业的偿债能力。现金流量表是反映企业在各种经济业务上所发生的现金流量的一张动态报表,现金流量的最后结果是计算出本期新增加的净现金流量。现金流量表可以反映净收益与现金余额的关系,现金余额与企业盈亏并不一定成正向变化,一般认为有现金流量支持的净收益是高质量的,否则反之,现金流量表报告过去一年中的现金流量,可以预测未来的现金流量,评价企业取得和运用现金的能力,确定企业支付利息、股利和到期债务的能力,再者可以表明企业生产性资产组合的变化情况。各报表的作用用一句话来概括就是:

① 资产负债表是反映某一时刻的财务状况。

② 损益表是反映某一时刻的经营成果,该表的最后一个数字"净利润"将列入利润分配表。

③ 利润分配表反映某一时期的利润分配情况,将期初未分配利润调整为期末未分配利润,并列入资产负债表。

④ 现金流量表反映现金变化的结果和财务状况变化的原因。

(1) 资产负债表

首先让我们来看看关于会计的两个重要公式。

其一,

$$资产 = 负债 + 所有者权益$$

这个公式说明,资产的来源有两个渠道,一个是借来的,一个是自己的。还说明,不管资产的所有权是谁的,都有一个基本特点,就是资产的使用权和控制权是你所有的。也就是说,不管资本是不是你的,只要你对资本有使用权和控制权,这个资本其实就是你的。真正重要的,是对资本的使用权。

其二,

$$利润 = 收入 - 费用$$

我们理解为,利润的来源就是增加收入,减少费用得来的。

(2) 收益表

收益表反映企业在某一段时间内的获利情况。它与资产负债表的一个显著区别是每一新的会计年度开始时,收益表上的各账户都会被结平,其余额为零。

该报表的一般关系式可表示为:

$$毛收入 - 总费用 = 净利润(损失)$$

这一表达式可派生出下列表达式：
$$营业利润(损失)=销售收入-成本费用合计$$
上式中，成本费用合计包括：销货成本；销售费用和管理费用；折旧税前利润，代表企业的净盈利状况。

(3) 企业偿还能力分析

企业偿债能力的大小，是衡量企业财务状况好坏的标志之一，是衡量企业运转是否正常，是否能吸引外来资金的重要方法。反映企业偿债能力的指标主要有：

① 流动比率
$$流动比率=流动资产总额/流动负债总额\times100\%$$
流动比率是反映企业流动资产总额和流动负债比例关系的指标。企业流动资产大于流动负债，一般表明企业偿还短期债务能力强。流动比率以 2∶1 较为理想，最少要 1∶1。

② 速动比率
$$速动比率=速动资产总额/流动负债总额\times100\%$$
速动比率是反映企业流动资产项目中容易变现的速动资产与流动负债比例关系的指标。该指标还可以衡量流动比率的真实性。速动比率一般以 1∶1 为理想，速动比率越大，偿债能力越强，但不可低于 0.5∶1。

③ 现金比率
$$现金比率=现金类流动资产/流动资产总额\times100\%$$
现金比率是反映企业流动资产中有多少现金能用于偿债的指标。现金比率越大，流动资产变现损失的风险越小，企业短期偿债的可能性越大。

④ 变现比率
$$变现比率=现金类流动资产/流动负债\times100\%$$
变现比率反映企业短期的偿债能力，又具有补充现金比率的功能。

⑤ 负债流动率
$$负债流动率=流动资产/负债总额\times100\%$$
它是衡量企业在不变卖固定资产的情况下，偿还全部债务的能力。该比率越大，偿还能力越高。

⑥ 资产负债率（负债比率）
$$资产负债率=负债总额/资产净值\times100\%$$
资产净值是指扣除累计折旧后的资产总额。它反映企业单位资产总额中负债所占的比重，用来衡量企业生产经营活动的风险程度和企业对债权的保障程度。该比率越小，企业长期偿债能力越强，承担的风险也越小。

(4) 周转能力分析

周转能力反映企业生产经营资金在获利条件下的周转速度。考核的主要指标有以下几个。

① 应收账款周转率
$$应收账款周转率=赊销净额/平均应收账款余额\times100\%$$
$$应收账款周转天数=日历天数/应收账款周转率$$
应收账款周转率是反映企业在一定时期内销售债权（即应收账款的累计发生额）与期末应收账款平均余额之比。用来测验企业利用信用环节展销货业务的松紧程度，反映企业生产经营管理状况。

② 存货周转率

$$存货周转率 = 销售成本额/存货平均占用额 \times 100\%$$

$$存货周转天数 = 日历天数/存货周转率$$

存货周转率是反映企业存货在一定时期内使用和利用的程度，它可以衡量企业的商品推销水平和销货能力，验证现行存货水平是否适当。

③ 流动资产周转率

$$流动资产周转率 = 销售收入/流动资产平均占用额 \times 100\%$$

该指标用来衡量企业生产产品是否适销对路，存货定额是否适当，应收账款回笼的快慢。

④ 固定资产周转率

$$固定资产周转率 = 销售收入/固定资产平均占用额 \times 100\%$$

该指标表明固定资产的价值转移和回收速度，比率越大，固定资产的利用率越高，效果越好。

（5）获利能力分析

企业获利能力分析的目的在于观察企业在一定时期实现企业总目标的收益及获利能力。衡量企业获利能力的主要指标有以下几个。

① 资本金利润率

$$资本金利润率 = 企业利润总额/注册资本总额 \times 100\%$$

该指标是衡量企业经营成果，反映企业获利水平高低的指标。它越大，说明企业获利能力越大。

② 销售利润率

$$销售利润率 = 利润总额/产品销售收入 \times 100\%$$

该指标是反映企业实现的利润在销售收入中所占的比重。比重越大，表明企业获利能力越高，企业的经济效益越好。

③ 成本利润率

$$成本利润率 = 利润总额/成本费用总额 \times 100\%$$

该指标是反映企业在产品销售后的获利能力，表明企业在成本降低方面取得的经济效益如何。

④ 资产报酬率

$$资产报酬率 = (税后净收益 + 利息费用)/平均资产总额 \times 100\%$$

该指标是用来衡量企业对所有经济资源的运用效率。

（6）成长能力分析

企业成长能力分析的目的是为了说明企业的长远扩展能力，企业未来生产经营实力。评价企业成长能力的主要指标有以下几个。

① 股本比重

$$股本比重 = 股本(注册资金)/股东权益总额$$

该指标用来反映企业扩展能力的大小。

② 固定资产比重

$$固定资产比重 = 固定资产总额/资产总额$$

如何查看报表体系

该指标用来衡量企业的生产能力,体现企业存在增产的潜能。

③ 利润保留率

利润保留率＝(税后利润－应发股利)/税后利润

该指标说明企业税后利润的留存程度,反映企业的扩展能力和补亏能力。该比率越大,企业扩展能力越大。

④ 再投资率

再投资率＝(税后利润－应付利润)/股东权益

该指标是反映企业在一个经营周期后的成长能力。该比率越大,说明企业在本期获利大,今后的扩展能力强。

必须指出,上述各指标是从不同角度、以不同方式反映和评价企业的财务状况和经营成果,因此要充分理解各种指标的内涵及作用,并考虑各指标之间的关联性,才能对企业的生产经营状况作出正确合理的判断。

第6章 汽车维修企业客户管理系统

随着汽车保有量的不断增长,汽车维修企业市场也越来越广阔,进而也就造成汽车维修企业数量也在逐渐增加,汽车维修市场竞争也越发激烈。汽车维修企业想要在激烈的市场竞争中占据一定地位,就需要不断增加自身的客户源。

6.1 客户信息管理

很多时候,企业无法将自己的产品功能丰富至可以服务于对同类产品有需求的所有客户的境界,无法在整个同业市场中实现价值传递。于是,企业针对自身的能力向特定的客户提供有特定内涵的产品价值,这些特定的客户就是"目标客户群体"。

(1)建立客户群的作用

随着我国经济市场化程度的不断加深及买方需求的多样化趋势,构成产业链的元素进一步分裂,市场细分成了新世纪中国经济成熟的标志,为满足消费者日益细化的需求而衍生出许多细分行业使单元产业的价值链条愈见加长,通吃产业链的产品已经成为过去时,针对部分消费者(目标客户群体)的细分需求制订产品定位方可打造企业的核心竞争力。

(2)客户群建立方法

在初步确定目标客户群体时,必须关注企业的战略目标,它包括两个方面的内容:一方面是寻找企业品牌需要特别针对的具有共同需求和偏好的消费群体,另一方面是寻找能帮助公司获得期望达到的销售收入和利益的群体。通过分析居民可支配收入水平、年龄分布、地域分布、购买类似产品的支出统计,可以将所有的消费者进行初步细分,筛选掉因经济能力、地域限制、消费习惯等原因不可能为企业创造销售收入的消费者,保留可能形成购买的消费群体,并对可能形成购买的消费群体进行某种一维分解,分解的标准可以依据年龄层次,也可以依据购买力水平,也可以依据有理可循的消费习惯。由于分析方法更趋于定性分析,经过筛选保留下的消费群体的边界可能是模糊的,需要进一步细化与探索。

(3)不同群体客户心理分析

在进行汽车维修时,不同的客户,其消费心理也不同。根据我国目前汽车的使用情况,客户大致可以分为以下几类:私家车用户、营运车辆用户、公务车辆用户。

① 私家车车主。对大多数家庭来说,汽车均属于家庭中的高档耐用消费品。当爱车出现问题需要维修时,基于车主的性格、收入、对汽车的依赖程度等因素的不同,进行维修时也会有不同的选择倾向。

a. 家庭经济状况较好。家庭汽车一般属于中高档汽车,汽车不仅是其代步工具,也是其身份的象征。出故障时一般会选择到正规的4S店维修,主要考虑维修质量(要求装用原厂配件,要求采用规范的维修流程)。来店后希望将爱车呈现的故障、尚未呈现的故障统统解决掉，对于维修价格则不是太在乎。

b. 家庭经济状况一般。家庭汽车一般属于中低档汽车，基本只作为代步工具，很少考虑身份地位的象征成分。出故障时，如果不是在保修期内或者由保险公司承担责任，而是需要自己承担修车费用时，许多人都会选择到具有价格优势的普通维修厂。对于正厂配件、规范的维修作业流程的欲望可能会让位于维修价格的低廉。私家车主希望尽快修好爱车，更不喜欢节假日将爱车放在维修厂维修。

② 营运车主维修心理

a. 营运：营业性运输（经营性运输），是指以运输为业的个体经营者，以运输车辆作为基本工具，以道路货物运输作为经营内容，以收取运费获利作为主要目的的道路运输活动。

营运车辆：参与营运活动的车辆。

营运车主：拥有营运车辆的车主。

b. 营运车辆的分类。

客运经营：道路旅客运输经营。

货运经营：道路货物运输经营。

c. 经营要求：货运经营者必须拥有与其经营业务相适应并经检测合格的车辆，危险货物运输要用专用车辆，有健全的安全生产管理制度。客运经营者应当遵循依法经营，"以人为本，安全第一"的宗旨，依据国家有关技术规范对车辆进行定期维护，确保车辆技术状况良好。

d. 营运车主维修心理分析。从事客运的车主需要正点开车接送旅客，一旦错过时机，不仅会损失客运收入，而且还会面临运管部门的处罚，因此，对维修时间的要求是第一要素，尤其是节假日，必须保证能按时出车。

由于运送的是旅客，人命关天，安全第一，所以在维修车辆时，会选择正规的、有资质的维修企业，对维修质量非常重视。

目前我国绝大多数客车属于个人，因此维修价格也是需要重点考虑的一个因素。

从事货运的车主车辆运输的主要是各种货物（包括危险品），对于车辆的要求主要在于安全、耐用、效率、而对车的舒适性要求较低。日常维修时（日常的维护保养），可以选择便利、高效、价格公道的维修厂。大修时（更换零件或总成），一般会到具有较高资质的正规维修厂去接受维修服务。

③ 公务车用户维修心理

公务车：是指包括党政机关、企事业单位等因工作需要，由单位支付购置、运行、维修经费的车辆。包括单位领导用车、代表单位履行公务活动用车以及参加其他活动时单位派出的车辆。

一般来说，各单位都规定了公务用车的保险、维修、加油的定点供应商（维修商），明确了相关部门的职责。同时，与定点供应商（维修商）联网，实时跟踪与监控，以便堵塞公务用车管理中的漏洞。

公务用车特点：

a. 因公派车，而公事是不能耽搁的。

b. 所有费用由单位支付。对于维修费用的在意程度相对较低。

c. 主要考虑的是车辆的维修质量、外观美观、维修及时等。

维修选择：一般会选择到正规的4S店或特约维修站，对零配件的选择以质量为首要要素。但在实际操作中，部分公务车的管理人员与维修厂人员可能相互勾结，采用副厂配件，却按正规配件结账。

（4）客户群管理

对不同类别的客户，应采取不同的管理方法，并建立科学动态的分类管理机制。下面以如何管理关键客户（A类客户）、主要客户（B类客户）、普通客户（C类客户）为例进行讲解。

① 关键客户。关键客户是金字塔中最上层的金牌客户，是在过去特定时间内消费额最多的前5%客户。这类客户是企业的优质核心客户群，由于他们经营稳健，做事规矩，信誉度好，对企业的贡献最大，能给企业带来长期稳定的收入，值得企业花费大量时间和精力来提高该类客户的满意度。

② 主要客户。主要客户是指客户金字塔中，在特定时间内消费额最多的前20%客户中，扣除关键客户后的客户。这类客户一般来说是企业的大客户，但不属于优质客户。由于他们对企业经济指标完成的好坏构成直接影响，不容忽视，企业应倾注相当的时间和精力关注这类客户的生产经营状况，并有针对性地提供服务。

③ 普通客户。普通客户是指除了上述两种客户外，剩下的80%客户。此类客户对企业完成经济指标贡献甚微，消费额占企业总消费额的20%左右。由于他们数量众多，具有"点滴汇集成大海"的增长潜力，企业应控制在这方面的服务投入，按照"方便、及时"的原则，为他们提供大众化的基础性服务，或将精力重点放在发掘有潜力的"明日之星"上，使其早日升为B类客户甚至A类客户。企业营销人员应保持与这些客户的联系，并让他们知道当他们需要帮助的时候，企业总会伸出援助之手。

（5）客户关系管理系统

A、B、C三类客户占企业客户的比例应根据具体情况而定，客户分类不是一个简单的算术公式，也不是一个模板就可以解决的。因此，企业应建立科学的客户管理系统，对客户进行科学的统计分析。

建立客户信息数据库，通过对客户各种数据的加工、处理，为制订和调整客户分类提供依据。分析各类客户群的消费额在总消费额中的比重；找出各类客户群中消费额靠前的客户，并计算其在该类消费额中的比重；按照不同产品消费额的大小进行排序，分析产品的周转率和客户的需求量；按照产品销售毛利率大小对分类客户进行排序；对各类客户消费趋势、发展前景进行分析；分析各类客户对产品服务的期望值；分析各类客户对产品价格的敏感性。

6.2 客户生命周期管理

客户生命周期理论也称客户关系生命周期理论，是指从企业与客户建立业务关系到完全终止关系的全过程，是客户关系水平随时间变化的发展轨迹，它动态地描述了客户关系在不同阶段的总体特征。客户生命周期可分为考察期、形成期、稳定期和退化期四个阶段。考察期是客户关系的孕育期，形成期是客户关系的快速发展阶段，稳定期是客户关系的成熟期和理想阶段，退化期是客户关系水平发生逆转的阶段。客户生命周期如图6-1所示。

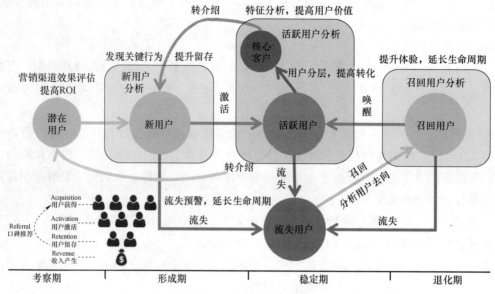

图 6-1 客户生命周期

6.2.1 客户生命周期分析

同其他事物一样,企业与客户的关系同样要经历一个由相互陌生到开始接触,再到日益成熟的发展过程,一般先后经历潜在客户、新客户和忠诚客户三个发展阶段。

(1) 潜在客户

潜在客户是指虽然没有购买过企业产品,但有可能在将来与企业进行交易的客户。当客户对企业产品产生兴趣,并通过某种渠道与企业接触时,就成为企业的潜在客户。与此同时,客户生命周期就开始了。此时,重要的是帮助潜在客户建立对企业及其产品的信心。潜在客户对企业及其产品的认同度,是其能否与企业创建交易关系的关键,因此,向潜在客户详细介绍产品特性,耐心解答他们提出的各种问题,使他们树立交易信心是企业在此阶段的主要任务。

(2) 新客户

潜在客户在建立与企业进行交易的信心之后,就会购买企业的某项产品,进而转变为企业的初级现有客户——新客户,开始为企业创造收入。与此同时,企业也开始收集和记录与新客户有关的各种信息,以便与他们保持联系,或在今后分析他们的商业价值。新客户与企业的关系仍然处于整个客户生命周期的初级阶段。虽然新客户已经对企业有了初步的认同,接受了企业的产品,但是,企业还必须继续培养客户对企业及其产品的信任感和忠诚感。应保持与新客户的联系,呵护和关心他们,这是让新用户再次与企业交易的基础。另一方面,客户在与企业交易过程中的体验以及对所购买产品的价值判断,将会影响到他们今后是否能够继续与企业进行重复交易。

(3) 活跃客户

如果有良好的交易体验以及对企业产品的持续认同,一个新客户就会反复地与企业进行交易,成为企业的活跃客户,他们与企业的关系也随之进入成熟阶段。这时候,客户的满意度和信用度应该是企业关注的焦点。同时企业应该了解他们是否有新的需求,以便将企业的相关产品介绍给他们。因此，保持与活跃客户原有的业务关系，努力与他们建立新的业务关系，将他们培养成为新业务的客户，扩展他们的盈利性，是企业在这一阶段的工作重点。

6.2.2 客户价值分析及管理

客户生命周期运营管理如表 6-1 所示。

表 6-1 客户生命周期运营管理

阶段	运营目标	运营策略	运营核心指标
①潜客→新客	拉新 （acquisition,referral）	平台流量支持 营销活动策划	新客数/率 新客消费额/占比 渠道 ROI
②新客→活跃	锁客/促进再次消费 （activation）	会员卡锁定未来消费 客户特征分析 精准营销	复购率 复购消费额/占比
③活跃→忠诚	识别忠实用户 促进忠实用户转化 （retention,revenue）	RFM 客户价值分析 客户分层管理 客户等级管理 交叉销售/向上销售	忠实用户率数/率 忠实用户消费额/占比
④忠诚→流失	减少流失客户	建立流失预警机制 客户关怀/客情跟踪	流失数/率
⑤流失→回流	召回流失客户 （activation）	客户关怀/客情跟踪 客户特征分析 营销活动策划	召回数/率 召回周期

（1）新客户的价值分析及管理

客户信息的收集需要一个动态的过程。一般很难在第一次交易时就能收集到完整的客户信息，通常需要在反复的交易过程中才能逐渐对客户信息进行完善。企业从第一次与客户接触时，就要开始注意收集和整理客户信息。但是，仅通过对新客户数次的交易行为进行实时的记录，从这些少量的记录中难以分析出新客户交易行为的规律性。因此，相对于忠诚客户来说，很难对新客户的价值做出有根据和有效的判断。此时，企业应注意继续收集和积累新客户的每次交易数据，并跟踪和完善新客户的其他信息，以便为今后的客户价值评价工作做好准备。

（2）潜在客户的价值分析及管理

潜在客户虽然还没有与企业建立交易关系，但仍然可能是企业值得特别关注的对象，尤其对像汽车销售商、房地产企业这类以高价值、耐用消费品为主要产品的企业更是如此，因为购买这些产品的每个客户都可以为企业创造可观的利润。而且对这些企业来说，一旦失去与潜在客户交易的机会，哪怕仅仅是一次交易机会，都很难重新与他们建立交易关系。因此，对这些行业来说，每个潜在客户都是非常有价值的客户。对潜在客户的价值判断难以使用对统计资料进行分析的方法，因为潜在客户还没有与企业发生过交易关系，企业也就无从记录和跟踪他们的交易行为数据。但企业仍然可以通过交易以外的其他途径收集反映潜在客户基本属性的数据（如年龄、性别、收入、教育程度、婚姻状况等），然后利用这些基本属性数据对客户进行细分,分析其潜在价值。

(3) 忠诚客户的价值分析及管理

与新客户相比,忠诚客户为企业创造了更多的收入,对企业的生存和发展具有重要的意义。忠诚客户的价值主要体现在3个方面:通过重复交易,为企业创造累计的收入;企业更容易以低成本优势保持与他们的关系;为企业带来新的客户。忠诚客户的推荐是新客户光顾企业的重要原因之一,"口碑效应"可以帮助其他新客户建立对企业及其产品的正面印象。

企业可以通过分析已经发生的交易数据,来确定忠诚客户价值的评价指标。常用的数据包括:最近交易情况,客户最近一次与企业进行交易的时间、地点和类型;交易频率,即在某一时期内,客户与企业进行交易的次数;交易总额,在某一时期内,客户的累计交易金额。此外,还可以使用对交易总额排序的方法来判断忠诚客户的价值,即首先将客户的交易总额从高到低进行排列,然后找出带来绝大部分收入的那部分客户。使用这种方法,通常能够很容易地发现"帕累托定律",即不同的客户对企业销售量和销售收入的贡献是不一样的,企业80%的收入来自近20%的客户。如果能够识别出这20%的客户,就应该努力让他们乐意扩展与企业的业务——或者在同一业务上追加更多的交易量,或者与企业开展新的业务。既然每位客户对企业的贡献是不同的,企业就不应该将营销服务平摊在每一位客户身上,而应该将更多的精力放在数量虽小但贡献重大的优质客户身上。另一方面,既然这些少量的客户为企业创造了大量的收入,就表明这部分客户比其他客户更愿意与企业保持关系,因此,将有限的营销和服务资源充分应用在这些客户身上,就更有针对性,更容易取得事半功倍的效果。

6.3 客户关怀

客户关怀理念最早由克拉特巴克提出,他认为:顾客关怀是服务质量标准化的一种基本方式,它涵盖了公司经营的各个方面,从产品或服务设计到它如何包装、交付和服务。

从时间上看,客户关怀活动包含在客户从购买前、购买中、购买后的客户体验的全部过程中。它是企业为客户在产品和服务购买之外提供的所谓"超值"服务,比如定期和不定期的客户回访、上门服务、节日慰问,还有VIP卡优惠、商家联盟等。

从客户体验的角度看,客户关怀活动同样包含在客户从购前、购中到购后的全部过程中。在客户购买前,客户关怀为公司与客户之间关系的建立打开了一扇大门,是鼓励和促进客户购买产品或服务的前奏。购买期间,客户关怀则与公司提供的产品或服务紧紧地联系在一起,使提供的服务与客户的期望相吻合,满足客户需求。购买后,客户关怀活动则集中于企业高效地跟进、圆满地完成产品维护和修理的相关步骤等,使客户能够重复购买公司的产品或服务。

现在大部分企业都会把客户关怀的注意力放在交易的不同阶段上,努力营造出友好、激励、高效的氛围。但客户关怀并非一味地追逐客户需求,也不是单纯为客户赠送礼物,或是说上一句温馨的话语,也绝非是简单地设计出一套完整的服务方案,按部就班地去实施。客户关怀需要全新的理念贯彻始终,需要落实到每个服务细节,更需要用心关怀,让客户真正感受到企业的服务文化魅力。因此,现代企业实施"有价值的客户关怀"就显得非常重要。

6.3.1 客户关怀原则

(1) 注重客户的"内心需要"

"客户是上帝"的口号总在我们耳边响起,但客户到底需要什么?他们想要的服务究竟是什么?其实,大部分客户衡量一家公司服务的标准,不仅仅是窗口的"笑脸相迎",而是能真正为他们解决问题;不是日常服务的好坏,而是它对造成的失误进行弥补的及时而有效的态度。客户往往非常关注服务人员对他的态度,当客户觉得服务人员是尽心尽力地为他服务时,就会集中于优点并加以放大,从而掩盖缺点;反之,他们会集中于缺点并将其放大,从而完全抹杀全部优点。大部分人都有过在商场排队等候的经历,在无奈和烦躁中,服务人员的"一个微笑,一声问候,一杯茶水"就能大大缩短客户的心理等待时间,提升现场客户感知,减少客户抱怨。

(2) 提供"创造惊喜,恰如其分"的客户关怀

假设公司给了客户一个惊喜的体验,那么,即使其他方面一般,也会得到客户很高的评价;相反,一旦在非常关键的环节上犯了错误,就会使客户的体验变差,即使其他都做得很完美,也可能会毫无价值。"提高服务质量"很容易被当作一句"不疼不痒"的口号,也很容易被作为一个"舍生忘死"的理想,其实,只要将心比心,就会发现客户的要求其实并不多,但企业必须以行动来证明,这绝不仅指"礼貌迎客""微笑服务",客户希望被重视希望被认真对待和仔细倾听他们的诉求,向他们提供有用的信息并正确解答其提出的问题。

(3) "实行标准化,提供差异化"的关怀服务

人是有感情的动物,每个客户都需要关怀,面对不同类型的客户,需要不同的关怀定位。对各类客户(偶然旁观的客户,有意购买还没有做决定的客户,不满意的客户,过去的客户,还包括还没有完全使用我们的产品或使用我们竞争对手产品的客户)都要实施针对性关怀。企业对特殊的顾客提供有针对性的特殊帮助和照顾,比如孕妇、儿童、老人、残疾等,可以优先办理业务,也可以提供到休息席的专项服务,提供儿童座椅、助听设备等。也可以为商务人士提供笔记本用交流电源、无线网络免费接入等。为当天过生日的客人送上问候,播放生日快乐音乐。

(4) 提供"独特"关怀服务,体现"有价值"的细节服务

客户与企业的接触点很多,几乎在所有的点上都可以开展客户关怀服务,但并不是所有的机会都有足够的价值,根据"峰-终定律",应该选择服务过程中的峰值体验和终点体验来更好地将客户关怀的效果发挥到最大。同时,对于企业来说,客户关怀的过程更要与产品和服务密切结合,充分利用这些难得的时机来为企业营销服务。例如,人们都有在营业餐馆等待或在医院长时间候诊的经历,在这段时间里,有些机构会提供诸如送水、送报等服务,但其实应该更好地利用这段难得的机会做好主动营销工作,比如知识普及、产品介绍、互动活动,都可以在提高客户感知的同时达到很好的营销效果。

(5) 注重与客户的"双向沟通"

现代社会讲究沟通与互动,企业更应该主动收集客户反馈,不能仅依靠意见本、客户的投诉等,而要主动通过各渠道收集客户意见,主动改进。让客户有充分的主动表达的机会,这样不仅会减少投诉,更能大大提升客户的忠诚度。只有通过有效的沟通,才能使企业与客户之间的关系变得密切,捕捉及时、全面、准确的市场信息,促进服务质量的提高。可以说

沟通的效果直接影响着客户经理的工作质量。

总之,"客户关怀"真正体现了以"客户为中心"的现代企业经营理念,是企业市场营销系统的重要组成部分,也是企业打造持续的市场竞争力、实现可持续发展的基本要求。如果企业把每一次服务工作都当作对客户的"关怀活动",那么充分发掘其细节的价值就显得尤为重要。

(1) 客户关怀实施策略

通过分析可以得知客户的需求,依据特定的需求采用适当的促销手段,从而可以用最小的代价得到最好的回报。精确地找到目标客户可以方便发掘客户的特定需求。情感活动是维护客户关系的有效技巧之一,对提高客户满意度非常有效。

① 贴心服务。在顾客生日和重大节日的时候送去公司的祝福,也可以为当天过生日的客户进行价格优惠和赠送其小礼物。

② 事件提醒。定期提醒客户进行车辆维护、车险续保、驾驶证年审、车辆年审、交通违章和恶劣天气预报等。

③ 活动座谈会。4S店将各种服务或营销活动等信息通过客户服务中心电话、短信直邮、Email方式传送给客户,邀请客户参加活动、座谈会等。应根据不同的客户群体开展有针对性的活动或座谈会,如针对新手客户,提供汽车驾驶、汽车维护、简单故障应急处理和驾驶技巧等知识讲座;针对女性客户,则开展驾车防盗防抢培训等。

④ 主题沙龙。确定沙龙主题,邀请对该主题感兴趣的客户一起参加。邀请的时候一定注意细分客户群体,每次邀请年龄、职业、行业背景、收入相仿的客户,保证沙龙的质量。如邀请女性客户参加美容维护的主题沙龙,或者邀请准父母的客户参加育婴经验为主题的沙龙。让客户在情感活动中增加与4S店的联系,最终实现终身客户的价值。

(2) 汽车维修企业客户关怀要点

维修企业应该为客户提供经过精心布置的休息区,该区域应备有电视、杂志、饮料等,还可以向客户提供带有网络、电话和传真的商务区,或提供一个配备有娱乐设备的儿童区。还应该向客户提供车辆作为代步工具,例如,借用/租用车,免费班车等。通过上述的服务可以表明经销商对客户需求的关心。

① 在客户等待时。若客户决定等待,服务顾问应陪同客户至客户休息区。与客户相关的区域(如展厅、维修车间接待、配件柜台等)应当设置在便利的地方。指派专人负责客户休息区的清理和保洁以及及时更新阅览刊物等工作。

在客户等待的同时,客户应该能够适时地得到关于他们车辆的维修状态及进展情况。

在客户等待时,经销商可以借此机会向客户介绍其所有的服务项目,例如、贷款、新款车、精品件等。

停车区要为那些选择等待的客户服务,一旦他们的车辆维修完毕,应尽快地将其车移至停车区。

② 向客户提供可选择的交通方案。当客户选择离开经销商,并且一段时间后再回来取车时,客户应该可以选择借用/租用车,或者是其他的交通方式去目的地。

6.3.2 关怀提醒

维修企业管理系统设置关怀提醒模块,下面以F6系统进行详细介绍,F6系统客户关怀提醒模块如图6-2所示。

(1) 回访提醒

说明：对已经结算出厂的工单进行回访，并记录回访信息。

场景：维修厂有客服人员需要对工单进行定期回访时，用这个功能。

提醒范围：所有门店使用同一份回访提醒数据。

(2) 保养提醒

说明：对近期需要保养的车辆生成提醒，标准是：针对预计保养日期在当前日期的前 15 天和后 15 天内的车辆生成提醒。

场景：如当前日期为 8 月 15 日，所有预计保养日期在 8 月 1 日和 8 月 30 日之间的车辆，会自动生成保养提醒。

提醒范围：所有门店使用同一份保养提醒数据，提醒周期不同可能会导致各门店待提醒数量不同。

(3) 其他提醒

① 车辆保险提醒

说明：查看哪些客户的车险即将到期，提醒客户续保。

图 6-2　汽车维修企业客户关怀提醒模块

② 驾照年审提醒

说明：查看哪些客户驾照即将到期，提醒客户年审。

③ 车辆年检提醒

说明：查看哪些客户的车辆即将需要年检，提醒客户年检。

④ 卡到期提醒

说明：查看哪些会员卡即将到期，提醒客户重新续卡。

提醒范围：所有门店使用同一份卡到期提醒数据。

⑤ 客户流失提醒

说明：对于长时间未到店消费的客户，即自动生成客户流失提醒，可以通过电话的方式引导客户到店消费。

提醒范围：各门店维护自己的客户流失提醒数据。

⑥ 客户生日提醒

说明：查看哪些客户即将过生日，可以通过电话的方式送上温馨的生日祝福。

提醒范围：所有门店使用同一份客户生日提醒数据。

⑦ 到货提醒

说明：对于大件的采购单需要安排人员接货的时候，可以根据到货提醒来提前安排接货人员。

提醒范围：各门店维护自己的到货提醒数据。

(4) 提醒配置设定

汽车维修企业客户关怀提醒配置设定如图 6-3 所示。

6.3.3　工单回访

(1) 配置工单回访规则

配置工单回访规则如图 6-4 所示。

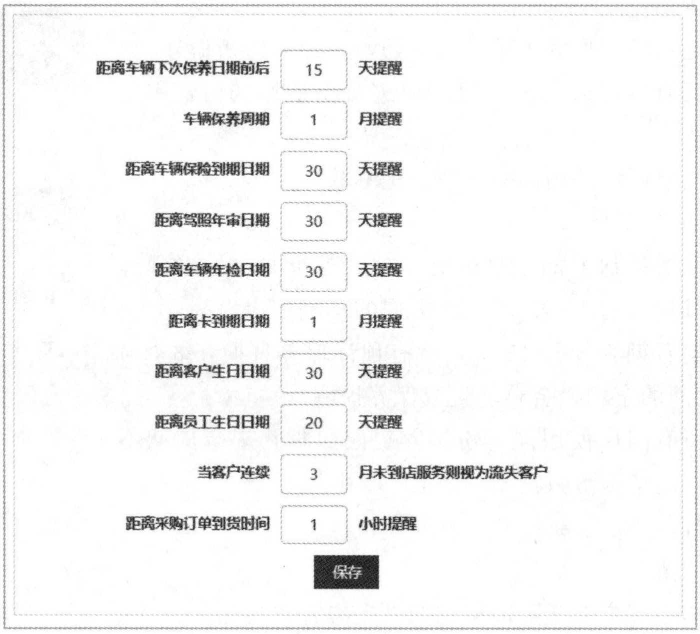

图 6-3　汽车维修企业客户关怀提醒配置设定

图 6-4　配置工单回访规则

在这个界面可以设置三次回访的间隔天数，也可以设置是否要启用回访功能。例如：【工单】设置出厂 7 天后第一次回访，并勾选【启用】。工单收款之后的第 7 天会自动生成一个回访单提醒。

（2）查看需要回访的工单

有关怀提醒权限的人员才可以查看工单回访提醒。查看需要回访的工单如图 6-5 所示。

（3）记录回访效果

记录回访结果如图 6-6 所示。

（4）再次回访

再次回访如图 6-7 所示。

图 6-5 查看需要回访的工单

图 6-6 记录回访结果

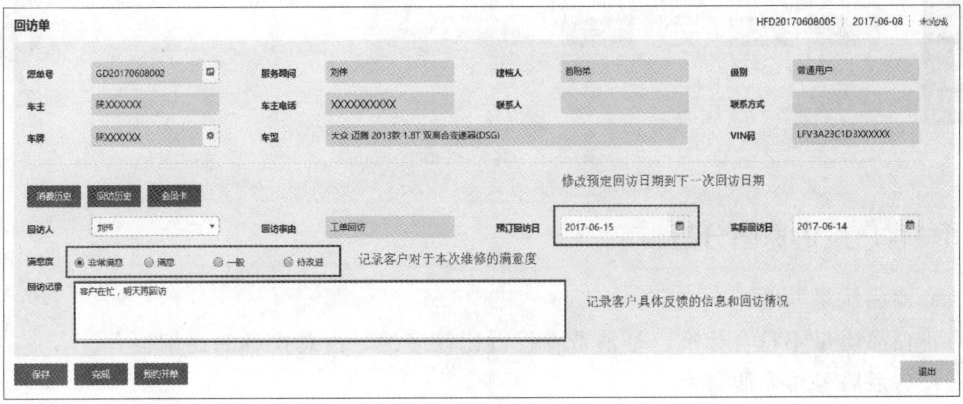

图 6-7 再次回访

本次回访的时候，电话没打通或者客户要求过几天回访，此时修改【预定回访日期】到下次回访日期，填写回访记录等其他信息，然后点击【保存】按钮。

（5）批量完成某辆车的所有单据回访

假如某辆车最近 2~3 天之内，连续到店消费，产生了多个工单，一般只需回访一次，完成所有"相同车辆"就是完成该辆车对应的回访单。

打开需要完成的回访单详情页；点击【完成所有】。（"相同源单"：批量完成源单号生成的所有回访单；"相同车辆"：批量完成该车辆所有的回访单）

6.4 投诉管理

客户投诉，是指客户对企业产品质量或服务上的不满意，而提出的书面或口头上的异议、抗议、索赔和要求解决问题等行为。

客户购买商品或服务，对商品本身和企业的服务都有很高的期望，如果实际的感受低于其期望，就会失去心理平衡，由此产生不满意和想"讨个说法"的行为，这就是客户的投诉。

如何处理投诉是企业文化的一种直接表现，也是企业能否持续发展的检验器。有效处理投诉可以挽回客户对企业的信任，使企业的良好口碑得到维护和巩固。通过投诉可以及时发现企业存在的问题，能够防止客户被竞争对手抢走。客户投诉管理如图 6-8 所示。

图 6-8　客户投诉管理

6.4.1 客户投诉原因分析

（1）商品质量问题

对于商品质量不符合标准，是消费者投诉比较多的，占总投诉的比例很大。

（2）售后服务维修质量

服务已成为完整产品的一部分，因此消费者特别关注企业售后服务维修的质量。当各企业产品的质量和功能趋同时,决定消费者是否购买的因素就是企业的服务质量。当企业不能按原来的承诺提供服务和维修时,必然会导致不满甚至投诉。

(3) 投诉管理系统缺陷

投诉处理的好坏与投诉管理系统也有很大关系,如果没有很好的信息管理系统,或者是没有很好的投诉管理制度和机制,那么投诉的处理也不会好。

(4) 店员、客户服务人员及其他工作人员服务质量问题

工作人员的素质不高或者是态度不好等都会导致客户的投诉。高素质的工作人员能够解决问题,低素质的工作人员则能制造问题。

(5) 客户对于企业经营方式及策略的不认同

当客户对于企业经营方式及策略不认同时,企业无论怎样努力去做,都不会让客户满意。这实质是由个人价值观和企业价值观的差异造成的。所以企业应该树立一种先进的、符合社会发展方向的价值观,这样企业才能被大多数公众所认同。

(6) 客户对于企业的要求或许超出企业对自身的要求

客户由于自身素质修养或个性原因,提出对企业的过高要求,而企业无法满足其要求时就会引起客户的不满。

6.4.2 客户投诉处理原则

① 耐心倾听客户的抱怨,坚决避免与其争辩。只有认真听取客户抱怨,才能发现其实质原因。一般的投诉客户多数是发泄性的,情绪都不稳定,一旦发生争论,只会火上浇油,适得其反。正确处理客户投诉的原则是:开始时必须耐心倾听客户的抱怨,避免与其发生争辩,先听客户讲。

② 要站在客户立场上将心比心。漠视客户的痛苦是处理客户投诉的大忌。客户服务人员不能站在企业的立场上去思考问题,而需要站在客户立场上将心比心,诚心诚意地去表示理解和同情,承认过失。因此,要求所有客户投诉的处理,无论已经被证实还是未被证实,都不应先分清责任,而是先表示道歉,这才是最重要的。

③ 迅速采取行动。体谅客户的痛苦而不采取行动是缺乏诚意的表现。对客户投诉的处理必须采取行动,而且应迅速地给出解决的方案。有许多投诉就是因为企业行动缓慢而激化了客户的情绪,导致客户对企业不信任乃至厌恶。因此,有效处理客户的投诉,一定要在最短的时间内解决客户的问题。

④ 处理投诉必须由企业各部门协同处理。处理投诉的部门经理级别一定要高,至少相当于副总经理。因为只有高级别的经理才能调动各部门的资源共同解决客户的投诉。如果只由一个级别低的投诉管理部门单独处理投诉是很难解决客户的难题的。因为客户投诉的问题可能涉及不同的部门,为解决投诉提出的问题进行调查取证及采取处理措施已经超出了这个投诉管理部门的能力及权力范围。

⑤ 授权员工,明确投诉补救的责权范围。一般情况下,客户首先将不满向直接服务的人员投诉,因此,投诉处理工作在很大程度上取决于接受客户投诉的一线员工的工作。因而,投诉管理工作必须侧重一线员工,使员工明确在处理投诉中承担的角色、责任与权力,特别是解决好授权问题。合理的授权能够增强员工的责任感、改善员工的工作态度。对于他们权力范围内能够解决的投诉问题,他们可以不需要向上级部门请示,而是根据不同情况进行灵活处理,大大提高响应速度,从而增加客户满意度。

6.4.3 处理投诉的方法步骤

① 接受投诉。客户投诉的处理方法，第一步叫作"接受投诉"，要求迅速受理，绝不拖延，这是第一个要素。避免对客户说"请您等一下"，因为你并不了解这位客户的性格、这个投诉对他生活工作带来多少影响。投诉处理的目的不仅仅是避免给企业带来的麻烦，更重要的是希望通过有效处理投诉，能够挽回客户对企业的信任，使企业的口碑得到良好的维护，有更多的"回头客"。

② 平息怨气。客户在投诉时，多带有强烈的感情色彩，具有发泄性质，因此要平息怨气。在客户盛怒的情况下当客户的出气筒，需要安抚客户，承认错误，平息怨气，让客户在理智的情况下，分析解决问题。

③ 澄清问题。需要给客户一个宣泄不满和委屈的机会，来分散心里积压的不满情绪，如果放弃这个机会，就不利于投诉的最终处理。用提问题的方法，把投诉由情绪带入事件。通过提问题，用开放式的问题引导客户讲述事实提供资料。当客户讲完整个事情的过程以后，用封闭式的问题总结问题的关键。

④ 探讨解决，采取行动。探讨解决是指怎么处理投诉——是退，是换，还是赔偿。很多客户服务人员往往是直接提出解决方案，客户失去了一个选择的余地，他就没有"做上帝"的感觉。真正优秀的客户服务人员是通过两步来实施：第一步是先了解客户想要的解决方案，客户服务人员主动提出"您觉得这件事情怎么处理比较好？"然后进入第二步，才是提出你的解决方案，迅速对客户投诉的问题进行有效解决。

⑤ 感谢客户。感谢客户是最关键的一步，这一步是维护客户的一个重要手段和技巧。客户服务人员需要说三句话来表达三种不同的意思：第一句话是再次为给客户带来的不便表示歉意；第二句话是感谢客户对于企业的信任和惠顾；第三句话是向客户表决心，让客户知道我们会努力改进工作。客户投诉的管理是一项具有挑战性的管理活动，它具有系统性、复杂性的特点，因此，需要我们在管理实践中既要遵循处理的原则性、程序性，又要讲究管理的艺术性。

6.4.4 问题的解决和预防

(1) 问题的解决和预防的目的

问题解决和预防流程的主要目的是使客户的反馈信息在汽车维修企业内部得到妥善解决。

(2) 问题的解决和预防的工作要点

汽车维修企业对客户提出的每一个问题都应给予极大程度的关注和重视，所有能让客户满意的解决方法都值得去尝试，通过下列工作来实现对客户抱怨的重视。

① 内部改善系统

a. 汽车维修企业应记录、分析和存档客户反馈的每一条信息，以便发现任何影响当前服务水准问题的发展趋势。

b. 一旦问题的发展趋势得以觉察，就必须尽快解决以矫正形势。

c. 即使对这些问题的趋势有了跟踪，也还应了解其他可能的反馈途径，确保所提供的是最高水准的服务。

② 填写客户投诉处理单

  a. 应详细填写客户的基本信息。
  b. 不仅适用于 3 天回访，还适用于客户直接和经销商反馈的投诉。
  c. 填写完毕应马上报服务经理审阅。
 ③ 服务经理审阅/落实负责人
  a. 需要指定一个专门负责人，服务经理不在时，代行审阅职责。
  b. 严重的投诉事件需要服务经理亲自监督处理。
 ④ 相关负责人接到批转"客户问题处理记录"了解情况、处理负责人、给客户回复。
  a. 相关负责人需要调取客户档案、当日维修资料等了解具体情况，分析造成客户投诉的原因，并对责任人做出初步的处理决定。
  b. 相关负责人必须在 2 小时内亲自回复客户，向客户道歉，并提出意见。
  c. 如果客户抱怨未能消除，需要由负责人上门走访，发表歉意和诚意。
  d. 90% 的投诉要在 3 天内处理完毕。
  e. 处理完毕，处理情况应反馈给服务经理，进行例会分析，对造成投诉的直接责任人做出相关的惩戒处理。
  f. 售后服务部每周针对客户投诉召开检讨会议，并做出改善对策，客户问题处理记录送服务经理审阅。

第 7 章

汽车维修企业营销管理系统

随着国民经济的发展，人们的生活水平不断提高，拥有私家车的思维观念逐渐普遍，中高档汽车的保有量逐渐升高，因此对汽车售后服务的需求也逐渐升高，在此背景下，汽车维修企业的创建应时而生。

7.1 汽车维修企业营销概述

对汽车维修企业而言，维修技术是核心，服务水平是基本，创造利益是根本。利润主要集中在保养、美容加装、配件，特别是美容加装，原来一直被忽视，基本上是客户想做就做，不做店员也不主动推销。对于现下的维修企业而言，营销已经成为不可或缺的环节。

汽车维修企业要做好营销工作，必须树立一种理念，那就是一切以客户满意度为中心。著名的营销理论专家罗伯特·F. 劳特伯恩（Robert F. Lauterborn）以客户满意为中心提出了服务营销四要素，即客户"4CS"：客户需要与欲望（customer needs and wants）、客户成本（cost to the customer）、便利（convenience）、沟通（communication）。服务营销工作做得好的企业必然是经济方便地满足客户需要，同时和客户保持有效沟通的企业。

很多汽车生产厂商提出了不少先进的营销理论，如丰田公司的 5P 营销理论。1995 年 3 月，丰田汽车公司引入了"丰田售后服务营销计划"（TSMP）。

在 T-SMP 理念之下，经销店的服务和零部件部门联合制定战略，进行适合当地市场的营销活动。丰田汽车公司的营销活动建立在以客户满意度（CS）的基础上，它的营销理论叫作 5P 理论。所谓 5P，就是理念、商品、定价、生产率和促销，这五点的英文第一个开头字母都是 P，所以叫作 5P 理论。具体内容如下。

理念：丰田的业务以客户满意度为目标。

商品：提供高质量和有竞争力的服务以吸引客户。

定价：通过有竞争力的价格吸引客户。

生产率：基于丰田生产系统实现高效的零部件生产和服务业务开展。

促销：促销"丰田售后服务"。

营销不仅是车辆的销售，也是服务的销售。维修企业既要销售零配件，同时也销售维修工时。如果经销店有 20 个技工，每个技工一天提供 8 个工时，一天一共 160 个工时，经销店要想办法把 160 个工时销售出去。所以，服务也需要营销。

用 5P 理论指导服务营销工作，汽车维修企业要长远发展必须做好企业营销吸引客户。

（1）服务顾问团队的建设

服务顾问团队的水平直接关系到店的维修业务量，要从服务态度、专业水平、产值、接车台次等方面制定相关的激励政策，提高服务顾问的积极性和业务水平。

（2）打造维修明星工程师

近几年针对汽车维修方面的投诉日趋增长，因此首先打造汽车维修企业的维修明星工程师，向顾客展示优质的维修技术和服务水平，有助于企业美誉度的提升，打消客户的顾虑，促进店内维修量的稳步增长。

（3）加强维修站相关管理制度的执行力

维修企业的管理凌乱，不利于企业发展，因此企业要向顾客展现本维修站的服务、技术水平，维修站必须将定置管理、看板管理、工艺流程、质量监控、工具及物料管理等方面按要求融入日常经营活动中，使之成为维修站的行为习惯，这样顾客才能感受到维修站井井有条、工作有节奏，心中自然放心。

（4）打造自身的服务品牌

从维修企业的发展的战略角度考虑可筹建快修保养美容加装的连锁经营体系，以连锁加盟方式建立连锁店，在整个汽车产业链中就市场竞争趋势而言，汽车售后服务维修保养是最重要的环节。企业要练就和拥有强大的竞争能力就必须要建立自有品牌的快修保养美容加装连锁经营体系。这是汽车服务型企业做大做强的基础，是塑造企业自身形象参与竞争立于不败之地的关键点。

7.2 维修企业营销策略

客户关心的是服务产品、价格、服务生产率和服务促销。在一切以客户满意度为中心这个理念的引导下，要给客户提供高品质的服务产品，这种高品质的服务是要提供高质量和有竞争力的服务来吸引与满足客户需求。

7.2.1 产品策略

（1）提供有竞争力的服务产品

服务部门必须充分了解哪些服务产品最具吸引力，并且把它们提供给客户。一种方法是根据淡旺季的变化而提供不同的服务产品，或者专注于某个特定市场，而不是全年都提供同样的服务。常见的服务产品如下。

① 对客户具有吸引力的成套服务

a. 维修后的美容装潢。车辆维修后要给客户洗车，若发现车辆漆面不好可建议客户抛光打蜡或封釉，并适时推销美容产品。

b. 养护产品的推销。维修过程中发现了问题及时告知客户，并适时推出养护产品。例如，发现放出的机油很脏，就可以建议客户清洗润滑系统，发现冷却液变质了，就建议客户清洗冷却系统。保持润滑系统和冷却系统的良好状况是客户的需求，这样不仅更换了机油和防冻液，而且推销了润滑系统和冷却系统清洗剂，客户和企业达到了双赢的目的。

c. 附加服务。除了按客户需求修好车，还可利用汽车俱乐部为客户提供附加服务，如为客户代办车辆保险，提供保健用品的服务及销售等。

② 季节性服务。利用季节特点进行销售，既方便了客户又增加了收入。例如，夏季空调检测活动、冬季检测活动、雨季检测活动等。

③ 免费车检。免费车检的真正目的是获得和客户见面的机会，有了客户才有向客户营销的机会。免费检测主要选在维修淡季或"五一"、国庆长假期间，维修淡季可以获得和客

户见面的机会,以便进一步促销产品。"五一"、国庆长假期间,体现出对客户的关怀,还可以增加客户满意度。

  a. 免费检测的项目。免费检测的项目主要有空气滤清器、汽油滤清器、机油及机油滤芯、正时带、冷却系统、蓄电池、制动系统、转向系统、变速器、轮胎、悬架系统、离合器、发动机、排气系统、车门、空调、灯光、刮水器等。

  b. 发现问题的处理。

  服务顾问发现问题的处理。服务顾问在接待时通过档案查询可以发现空气滤清器、汽油滤清器、机油及机油滤芯是否需要更换,正时带是否需要更换、冷却系统防冻液是否需要更换、制动液是否需要更换、转向系统液是否需要更换、变速器油是否需要更换等。若需要更换,则建议客户更换。

  维修人员发现问题的处理。维修人员检查蓄电池液面低则建议客户添加补充液;

  检查制动片磨损到极限则建议客户更换;

  检查轮胎缺气则补充,若轮胎"吃胎",则建议客户进行四轮定位;若轮胎磨损到极限,则建议客户更换;

  检查减振器漏油或损坏则建议客户更换;

  对车门铰链进行润滑;

  检查空调制冷能力。若制冷能力不足,则建议客户检修空调系统。检查空气滤芯若脏则清洗;若过脏则建议客户更换;

  检查灯光,若有灯泡不亮则检修。检查前照灯灯光高度,若不合适则调整;

  检查传动带,若磨损则建议客户更换;

  检查刮水器,若损坏则建议客户更换。

  (2) 差异化策略

  差异化服务是企业充分发挥自身个性和风格,以独具特色的经营来吸引客户。差异化策略的关键是能够表现出独特的差异性,要求企业充分发挥自身的优势,闯出一条独特的经营之路,这样,企业才能够在竞争激烈的市场中立于不败之地。

  产品的差异化是销售经营的灵魂,同样服务的差异化是服务营销的灵魂,不同档次客户对服务的要求是不同的,捷达客户与奥迪客户对服务的追求是不一样的。不同区域的客户服务的要求也是不一样的,边远地区的客户追求的是保质保量地修好车,大城市的客户不仅要求修好车,还要求良好的服务、优雅的环境等。企业就要从服务的多样性出发,完全站在用 5P 理论指导服务营销工作客户角度上进行考虑,进行营销,把用 5P 理论指导服务营销工作客户的需求当成自己的使命来完成,在客户心里建立良好的、长久的服务品牌,这样既满足了客户的需求,又获得了利益。

  (3) 紧急救援

  实践证明,良好运转的紧急救援服务对提高客户满意度和忠诚度、增加企业收益,具有巨大作用。

  要求救援的客户一般是在最困难的时候,向企业发出救援信号。得到救援帮助的客户将非常感激,并对企业乐于助人印象深刻。既没有维修企业信息而又没得到帮助的客户,或长时间等待的客户,会非常生气甚至恼怒。客户将对企业的救助能力和信用产生怀疑并失去信心。

企业要实行良好的紧急救援应有以下条件：
① 成立紧急救援小组。
② 建立 24h 值班制度。
③ 设立紧急救援车辆。

（4）流动服务

流动服务与平时紧急救援不同。紧急救援是客户遇到难题时给企业电话，然后企业才出动，流动服务则是要定期巡回登门拜访、主动提供保养和维修服务，是一种长期的、固定的服务形式。

7.2.2 价格策略

价格策略的中心是保持价格在较长时期内稳定，使客户的经济利益不受损失。汽车维修企业必须对目标客户的消费能力、竞争环境进行深入的研究，采用一步到位的价格，并且要杜绝加价销售的现象。如果竞争环境剧烈变化，不得已而降价，应一步到位而不能频繁降价。降价后最好能补偿差额，因为长时期的价格稳定会使客户产生信任从而会增加品牌的美誉度。

（1）价格策略原则

考虑客户成本的一个主要内容是服务价格。价格在市场策略中扮演着一个独特的角色。在合理的价格之上提供优质的服务是关键要素。定价中最重要的两个则是公平和适应市场。

① 公平。重复收费或收取超额的费用以获得不正常的高额利润会影响客户对公司的信心，并损害建立起来的信任关系。

② 适应市场环境。根据当地的价格，对比竞争对手经销店和其他 4S 店的服务类价格，确定及时的服务价格。

（2）价格策略要点

① 保持竞争价格的每日更新

a. 设法得到竞争对手服务价格，通过分析竞争对手的价格表，制定自己有竞争力的价格表，并时刻保持价格表的更新。

b. 注意零部件价格，汽车生产商或市场上零部件价格变化时，一定做出调整。

c. 注意竞争对手利用季节性服务推出打折服务，这时也要根据对手情况做出相应的调整。

② 迅速适应竞争对手的价格

a. 培训几个相对低酬劳的技术人员专用于竞争激烈的项目；该技术人员越是多，单位工作的成本就越低。

b. 逐渐形成能加强经销商竞争力的多级定价和平均化零件价格的策略。

c. 批量订购零件以获得更低的价格。

d. 为常规保养项目提供快速服务通道。

③ 公开服务价格。在客户易于看到的地方，如接待室、客户休息室的玻璃上，展示工时和零部件价格。

（3）确定服务价格

确定服务价格是一个企业面临的复杂的问题，价格是客户选择企业最重要的标准之一。服务价格不能千篇一律，每个地区有每个地区的具体情况，确定服务价格可参考以下方法进行。

① 定价策略价格制定必须慎重。当客户去企业维修爱车时，质量和价格都是重要的考虑因素。只有当客户认定价格和服务质量都信得过的时候，客户才会选择你。在汽车维修市场上所有的企业都特别关注他们的竞争对手的价格。如果某个企业降低了价格，其他的企业也会跟着降价。因此，降价通常会引起来自竞争对手的反应，有时可能导致恶性价格竞争，所以通常要避免价格战，应在质量、品牌形象和服务方面下功夫，来提高客户满意度，而不是利用价格优势来吸引客户。

② 影响价格结构的因素。定价策略中最重要的要素是价格的制定。影响价格结构的主要因素如下。

a. 服务成本。服务成本包括零部件和工人工作的基本成本、促销活动和广告成本。

b. 客户类型。不同类型的客户对价格的要求是不一样的，不同型号的汽车确定的价格也是不一样的。

c. 市场情况。根据市场大小、地理环境、服务消费频率和服务消费习惯等来定价。

③ 定价方法

a. 成本累加方法。通过考虑零部件和人力资源的直接成本加上间接员工的工资和设备折旧等间接成本来计算总的成本。然后在总成本上加上一定的收益。即

$$价格 = 成本 \times (1 + 利润率)$$

或

$$价格 = 成本 + 利润$$

这个方法的优点是，当成本容易计算时易于理解，不需要因需求的变动和竞争调整利润收益率，对企业和客户来说都是一种公平的定价方式。

这个方法也有一些缺点，例如，没有为需求的变动或竞争提供准备，过于注重成本和利益忽略了市场环境。成本计算依赖于以往的数据，而没有对未来成本的考虑。

b. 针对需求和竞争的方法。

可调节的定价。价格随着客户、地点和时间而变化，价格不是不变的，不同的客户价格不一样，不同的地点价格不一样，不同的时间价格还不一样。而企业举办服务促销时又对价格做相应的调整。

按习惯定价。对某些服务，有一些业务是按照习惯而设立的，由于这种方法给客户稳定的感觉，所以许多企业通过调整收益来适应客户的心理预期价格。

名声定价。客户在某些时候会根据品牌的价格来评价其质量。特别是，加值的服务项目，更高的定价能满足客户的高贵感。

心理定价。从客户的心理出发，类似 9.8 元或 39 元这样的价将显得更便宜。

面向竞争的方法是一种通过考察研究竞争对手的定价来制定价格的方法，特别是当竞争对手也提供同种类型服务的时候。这通常称为复制定价法，即以相似于其他公司的价格来制定自己的价格。然而，这种方法带来了脱离需求的价格。同时，也缺乏一些与价格竞争不相关的因素的考虑，如提供服务的内容、促销活动或品牌忠诚度的效力。这种方法的另一个缺点是产生的利润收益相当有限。

c. 面向市场的方法。这是一种多步骤定价方法，充分考虑了个体的因素，如成本、需求和竞争，并且从市场的角度来确定其价格。这种方法也称作多步定价法，是因为它包含有以下要讨论的步骤。

选择市场目标。一项业务的出发点是选择方向，其焦点是分析客户的需要和他们对价格的反应。

选择品牌形象。品牌形象是商业运作的结果，如服务内容、服务接待、促销、广告价，良好的形象能提升客户的好感并给客户留下好的印象。

营销混合布局。在此方法之下，对服务内容、服务促销和价格的限制将被预先设定，需要决定是否为客户提供优势价格或其他特色服务。

选择价格政策。通过对价格所承担的角色的阐释来决定价格政策。

决定定价策略。必须在最大化利润或最小化损失的过程中采用充分考虑对手的定价策略。

确定详细价格。经过以上所有步骤之后，确定最终的价格。

d. 与市场变化相适应的定价策略。中国的汽车市场环境处于不断的变化之中，要求过去制定的价格和服务内容有相应的变化。

7.2.3 促销策略

促销活动由向客户提供适用的服务类型、场所和价格信息所组成。促销的目的是刺激和产生需求。自然，任何促销的焦点都必须以客户的观点为基础。只要考虑到这点，促销的目标就能够满足客户的需求。因此，促销活动利用了种种方法使客户知悉对其提供的服务，并促使客户驾驶汽车前来接受服务。

这些促销活动可以明确地划分为两类：一类是间接促销，即不涉及与人的直接接触的方法。例如，电视和无线电广告、报纸和杂志广告，以及直接邮件广告。另一类是直接促销即通过服务顾问或销售人员与客户的直接接触的方法。

从汽车市场调查可以看出，客户在修车过程中对来自维修企业的信息显示出浓厚的兴趣。其中，有44.09%的人愿意接受并认真考虑，有32.16%的人愿意接受，只有23.75%的人不愿意接受。如果维修企业能够在客户修车的启蒙阶段"趁虚而入"，则一定能够博得客户的好感和认同。

(1) 广告促销策略

把产品信息、服务承诺及时、准确地传递给客户，让客户能较方便地获取相关信息。一切围绕客户为中心的信息传播方式是厂商在信息战中取胜于竞争对手所必须考虑的首要因素。

(2) 服务促销策略

汽车维修企业为了增加销售量，在一定的时间范围内，可对购车顾客给予优惠，如送装饰、送油票、给车险、赠礼品、抽奖，最实惠的就是降价。还可以开展诸如免费维修、优质服务月等"亲民"活动：不管是否在保质期内，活动期间来维修维护一律不收工时费，仅收材料费，自带配件来修同样不收工时费。

方案一　免费活动

免费活动是指消费者免费获得赠予的某种特定的物品或享受某种利益的促销活动，通过免费吸引顾客，达到服务促销的目的。例如："免检＋养护超过300元送机油"活动。

方案二　绑定类活动

捆绑销售是共生营销的一种形式，是指两个或两个以上的商品在促销过程中进行搭配，从而扩大影响力的形式。捆绑销售要达到"1＋1＞2"的效果取决于两种商品的协调和相互促进，而不存在于难以协调的矛盾。捆绑销售的成功还依赖于正确捆绑策略制定。例如："老客户介绍新客户赠送保养两次"活动。

方案三　线上互动类活动

线上互动类活动是利用互联网，厂家和车主通过某活动，扩大企业和产品的影响力，吸引更多的客户。例如："转发微信赠送"活动。

方案四　折扣类活动

折扣类活动是为了鼓励客户及早付清货款、大量购买、淡季购买，酌情降低其基本价格，这种价格调整叫作价格折扣。

通过对某商品或者服务的直接价格折扣，如九折优惠，特价销售等，都是直接折价的促销方式，消费者可以清楚地知道该商品究竟便宜了多少。直接打折的方式能够较强烈地引起消费者的注意，并刺激消费者做出购买决策，使消费者增加购买数量，或者改变购买时间（提前购买），或者增加购买频率，通常，折扣率至少应达到10%~30%才能对消费者产生影响，缺点是容易引起品牌之间的价格战，造成多了销量，少了利润。例如："满2000元送工时券"活动。

方案五　代金券/积分卡类

代金券是商家的一种优惠活动，代金券可以在购物中抵扣同样价值的现金使用。代金券的本质就是优惠券的一种，是一种短期刺激消费者的工具，它与积分（长期吸引顾客）刚好构成了日常营销的基本工具。例如："满额赠送代金券/VIP卡"。

(3) 公共关系促销策略

汽车维修企业可以资助一些公益活动，如向希望工程、孤寡老人、残疾人员、受灾地区的灾民，以及社会团体、部门捐赠。通过这些活动的开展，赢得公众的好评和称赞，树立良好的企业形象。

7.2.4　服务策略

企业要提高服务价值，首先必须改善服务环境，优化服务设施，提高服务效率，规范服务流程；其次，必须提高服务人员的责任心与事业感、认知能力、素质等，使服务人员仪表整齐、言行一致，对客户要有诚意和尊重。"客户第一"是企业提高服务质量的核心。维修企业需要竭力提升经营管理水平，并且要有健全、合理的管理制度。服务满意就要求整个服务过程都使客户满意，即售前咨询服务、售中支持服务、售后增值服务都要使客户满意。

(1) 售前咨询服务

售前咨询服务的目的是提高客户的信赖，增加成交机会。对汽车维修企业有如下要求：建立能被外界接受的服务制度；服务制度要尽可能地量化；建立服务技术标准，为服务人员提供系统的专业化培训；在内部建立专业的客户服务机构，给客户提供高效的沟通渠道；提供个性化的车辆维保咨询服务，内容包括修车能得到哪些好的服务，使用车时需要注意的问题，等等。及时告诉客户各种汽车使用性能等相关的信息，不仅能够赢得客户，还能赢得客户的心，形成良好的口碑，帮助企业开发大量的潜在客户。

(2) 售中支持服务

售中支持服务的目的是解决客户在维修过程中所有需要解决的问题，增加附加和超额购买的可能性。对汽车维修企业有如下要求：及时回复客户要求，力求成交，解答客户问题，满足特殊需求；迅速将客户疑难问题转给相应部门；对客户要求的上门服务项目要及时派人，极大地方便客户修车，从而解决客户在修车过程中面临的一系列问题。

（3）售后增值服务

以用户为中心，以服务为宗旨，以满意为标准，来建立一套完善的售后服务体系和一支专业化、规范化、标准化的售后服务队伍，不断提高售后服务标准，并且要迅速处理质量投诉，退换或修理不良产品，真正实现"以客户满意为中心"的营销理念。具体来讲，汽车维修企业需要做到以下三个方面。

① 提高售后服务质量。汽车维修企业应采用专业系统培训、引进社会合作等多种方式，保证售后服务人员的专业化水平，强化售后服务人员的服务意识，从而提高汽车维修维护质量和售后服务人员的服务水平。

② 提高售后服务标准。每年一至两次通过客户调查来弄清楚客户的期望以及对售后服务进行现场评估，寻找改善服务的措施，不断提高售后服务标准。建立售后服务管理标准，贯彻先进的服务理念，改善服务场地设施环境。通过建立一套科学、系统、规范的服务流程，让客户满意度大幅度提高。

③ 引入售后服务管理系统。维修企业售后服务管理系统具有专门针对售后服务流程的管理软件，功能模块包括预约电话登记、预约受理、救援业务受理、保险理赔受理、客户建议、客户咨询、客户信息反馈、客户主档案、客户附属档案、客户农历公历生日提示、单据查询与打印、月报表和旬报表等综合报表统计，并可将所有单据导出 Excel。

方案一　便捷服务

维修服务同人与人交往一样，在朋友需要的时候伸出援助之手，给了朋友方便，朋友会感激你一辈子。维修服务时，若能提供便捷服务，同样会提高客户满意度和对品牌的忠诚度。在一些地广人稀的中小城市，汽车拥有量小，不足以建立 4S 店，日常保养、车辆有了故障随便找个修理铺草草修理，只有大的故障才远途跋涉前往 4S 店服务站维修，这样车辆安全和使用寿命受到挑战。

针对这一情况，一些有远见的 4S 店开展了远程服务活动，上门服务，既提高了客户满意度，又增加了收入。

方案二　上门取车和送车服务

在竞争日趋激烈的汽车业务中，"上门取车和送车服务"越来越被证明是一种更好地展示企业服务能力赢得新老客户青睐的真正机会。

客户将车辆送到服务站要进行下列既耗费时间和金钱又劳神的事情：

① 开车去服务站。

② 安排回程（无车）。

③ 安排按时取车时间及交通。

④ 最后开车回家。

因此，很有必要向客户推荐"上门取车和送车服务"：在约定的时间和地点取车，在完成约定的维修工作后，再给客户将车送回去。好处是：提高老客户的满意度；增加赢得新客户的机会；使自己的服务更具吸引力；改善整个企业的形象。

实践证明，在当今这个"时间就是金钱"的时代，很多客户愿意享受这种服务，并把"上门取车和送车服务"看作维修的超值服务。作为企业向客户收取一定费用也是可以的。但是，作为吸引客户的一种方式，很多服务站目前不收取这笔费用。

方案三　提供备用车

备用车是为将车放在服务站几个小时到几天的客户准备的一种自驾型出租车辆。这些客户在这段时间里需要备用车以便处理一些紧急的业务或私人事宜。备用车不是免费提供给客户的,可以收取一定的费用,至少应当收回成本。当然,当备用车的利用率超过一定界限时,可以获得部分利润,但这不是提供备用车的本意,设立备用车服务的目的在于为客户提供便捷服务,对客户更有吸引力。

方案四　服务沟通

人与人之间不沟通变成陌生人,同样你与客户之间不沟通,企业也许会变成孤独的地方。沟通是一种良好的营销策略,可以使企业产生良好的效益。常用的沟通策略有爱车养护课堂、感恩回馈、汽车俱乐部、电话回访和调查问卷等。

(1) 爱车养护课堂

轿车进入家庭的脚步加快,"速成驾驶人"的涌现,越来越多的客户只懂得如何开车却不知如何把车用好、养好,企业可利用"爱车养护课堂"给客户一个学习养车的机会。客户购车后除了车辆说明书,除了买车时销售人员的讲解,对车辆就没有什么了解了。"爱车养护课堂"作为售后服务的开始,将客户召集起来免费上一堂内容丰富、理论实操结合的培训课程,告诉客户如何使用车上的设备、如何驾驶车辆省油、车辆何时保养以及车辆发生故障如何处理等,以往只是个别有条件的4S店不定期举办的爱车养护课堂,现在全国大部分经销店都定期开展"爱车养护课堂",有的经销店还配有专业针对性的教学手册。

(2) 汽车俱乐部

汽车俱乐部是一种与现代社会相适应的专业化、网络化的汽车服务保障体系,俱乐部可以会员制形式为客户提供服务。俱乐部基于汽车又超出汽车本身,服务触角伸向会员所需的方方面面。俱乐部还会不定期组织会员活动,邀请专业人员为会员讲课或座谈给会员一个交流、沟通的机会。汽车俱乐部的主要服务项目、运行方式等,各个服务站可根据自身的不同情况,实施其部分或全部内容。

① 汽车俱乐部的服务项目。汽车俱乐部的服务项目如下。

a. 紧急抢修,拖车救援;

b. 免费车辆性能检测和安全检查;

c. 维修折让;

d. 协助处理交通事故及交通违章;

e. 车务提醒服务;

f. 代办车辆年审;

g. 代缴规费;

h. 代理补办车辆证件遗失,车辆过户;

i. 提供汽车代用及租赁服务;

j. 提供各种咨询服务;

k. 汽车美容或装饰给予折让优惠;

l. 代办证照审验;

m. 代办车辆保险;

n. 代办变更车辆注册(更换车身、改变颜色、更换发动机)等手续;

o. 协助车险理赔服务;

p. 不定期举办各种汽车沙龙活动。

另外,汽车连锁维修企业和汽车4S店可充分发挥网点遍布全国的优势,协助会员处理本地或异地交通事故、交通违章、维修代用车、汽车租赁等事宜，为到外地旅游的客户争取购物、住宿、娱乐、航空机票、急送、预定等方面的折让优惠。在汽车文化传播方面，俱乐部可发展自己的合作刊物，建设自己的网站。

② 汽车俱乐部入会及退会。汽车俱乐部入会及退会应有严格的规定，以免发生不必要的纠纷。具体要求如下。

a. 入会时所填写和提供的有关资料必须真实、有效。

b. 汽车服务站可为俱乐部会员发放会员卡或证，以车辆牌号为统一标识，即一车一卡，专卡专用；为了区别不同类型会员可分别制定金卡、银卡或普通卡。

c. 申请加入俱乐部的会员应交纳会费，金卡、银卡或普通卡会员交纳的会费也不同。在服务站举行优惠活动时可免费发放普通卡，对一些特殊客户也可免费发放会员卡。若在本企业消费满一定金额，普通卡可升级为银卡，银卡可升级为金卡。

d. 会员卡有效期为一年，在期满前交纳次年服务费，并进行续会登记，逾期视同放弃会员资格。

e. 会员自入会之日起一个月内，如对俱乐部服务不满意，可到俱乐部办理退会手续。

③ 汽车俱乐部会员义务

a. 提供有效的身份证、驾驶证、行驶证及年检合格的车辆，办理入会手续。

b. 要求会员到本企业维修及更换配件。

c. 自觉遵守俱乐部制定的各项规章制度。

④ 会员奖励方法。会员奖励方法可采取会员积分和减免会费的方式。

a. 会员积分。积分方法可参照如下方法进行。会员到服务站维修或更换配件，每消费100元积1分。会员的亲友持会员卡到本俱乐部修车，俱乐部将为会员积分。发展一名新客户入会积5分。购买全车综合险积10分。

b. 奖励方法。每积1分折合人民币若干元，积分可在俱乐部转化为修理费或备件费。积分达到1000分，送数码相机一部，积分达到1000分奖励笔记本电脑一台等。

c. 会费优惠。一年内没有享受俱乐部服务的会员，年末可以退还一定数额的会费，在次年续会时，可享受一定会费的优惠，这样才会对会员有吸引力。

汽车俱乐部运行中对有些问题的说明如下：

① 车辆年审和驾驶证年审：应按当地规定参加车辆年审和驾驶证年审，会员如漏年审要求俱乐部协助补办，但补办手续会比较烦琐。

② 高速路救援：会员车辆在全封闭高速公路上需紧急救援服务的，鉴于涉及高速公路的特殊性，俱乐部可能无法提供服务，需提前告知会员。

7.3 营销技巧

7.3.1 集客技巧

在各个消费领域，竞争是残酷而激烈的，每天都有新开的店铺，每天也都有倒闭的店铺，要想在这场竞争的游戏中生存下来，每个经营者必须找到聚集顾客的方法，总结出一套集客之道。

有人研究了许多经营年数超过10年的店铺的经营方式，发现大多数店铺在激烈的竞争下生存依靠的法宝是"回头客"。据相关权威资料统计，老客户所产生的销量是新客户的15倍以上。一批忠诚的"回头客"意味着稳定的现金流、持续的收益以及口口相传的免费宣传，有了这些，企业必然会在激烈的竞争中屹立不倒。

有客户才会有服务，有服务才会有收入，这是大家都明白的道理。那么怎样集客呢？

（1）外展集客

外展集客通过店铺以外的活动，有目的、有计划地实施展示、集客活动。如小区免费检测、停车场发放优惠券等。

（2）店头集客

店头集客是通过宣传和活动，吸引客户到店的集客方式。

（3）互联网集客

互联网集客是通过互联网如微信、QQ、手机 APP 等集客的方式。

（4）转介绍集客

转介绍集客是通过老客户介绍潜在客户来店的集客方式。

7.3.2　保养套餐

目前，不少汽车维修企业和4S店的售后服务推出了保养套餐，保养套餐对客户具有透明、优惠的特点，对维修企业具有易掌握、易推广的特点。常见的保养套餐有两种：根据不同里程制定的项目和根据同一里程制定的项目。

（1）不同里程制订的保养套餐

各个企业都有自己的收费列表，列出了不同车型不同里程的保养项目和收费标准。有的4S店直接将特色服务项目加进保养套餐里，使客户易于接受。

（2）同一里程制订的保养套餐

企业根据自身特点可列出同一里程的保养项目和收费标准，让客户自由选择。

7.3.3　保险营销

客户是汽车维修企业生存和发展的基础，客户资源的有效利用和深度挖掘是业务持续、稳定、健康发展的关键。保险是客户维系的重要方式，充分拓展保险业务有利于汽车维修企业业务更加牢固，利润更加有支撑。现在不少汽车4S店的车辆续保工作做得十分出色，可以说续保是利润增加的源泉。

面对竞争激烈的市场环境，保险公司、中介代理等复杂的竞争对手，续保工作是比较艰难的。

（1）续保的方法

① 设置专职续保专员。由于外部竞争激烈，即使是基本客户很多的企业，在续保方面也需主动、提前、多次反复跟踪客户，而只有安排专人负责续保才能做到这一点。

② 明确续保业务的原则。让利灵活的原则：根据每个客户的具体情况，按照"不让利→部分让利→全额让利→全额让利＋礼品"的步骤进行商谈。

③ 续保激励政策合理化。要注重激励的全面性、灵活激励等。

④ 落实续保业务日常管理。做好续保管理报表和客户回访日跟踪表。及时记录战败原

因，月底进行战败分析，及时和保险公司沟通，对市场做出快速反应。

⑤ 做好与客户的充分沟通和说服。采用短信通知与电话沟通相结合的方法，必要时要上门走访。

(2) 续保管理方法

① 每月确定续保总额（辆数、金额）目标、续保目标。

② 每月总结续保战败情况，总结分析上月续保战败原因并提交改善方案。

③ 续保成功档案录入电子档案，为来年的续保做好基础工作。

(3) 续保工作流程

① 续保专员根据承保档案记录，提前 2 个月向保单即将到期的客户发送短信，向客户介绍本店的续保服务及理赔服务。

② 续保专员在电话营销过程中，应将商谈记录登记到"续保跟进登记表"的跟踪栏内，如果商谈失败，应在"失败原因"栏目内详实地记录失败原因。

③ 续保专员应协助服务顾问向客户解释机动车保险条款以及本店的理赔服务。

④ 每天上班后整理当天跟踪客户资料，以及准备好报价单。

⑤ 电话续保。以本专营店保险服务中心续保专员的身份出现，代表本专营店保险服务中心，以回访和提醒的形式切入话题。

⑥ 介绍本店保险服务中心的优势，主动要求通知传真或电子邮件形式向客户提供车辆保险建议书。

⑦ 电话结束时，感谢客户的配合，并预约下次商谈方式和时间。

(4) 注重续保客户长期发展的基础工作

销售前的奉承不如销售后的服务，这是赢得永久客户的不二法门。续保业务是项长期工作，是一个"系统工程"，为了次年续保业务的顺利开展，还需要注意落实以下几项重要的基础工作。

① 新车保险销售，提升新车投保率。

② 承保档案保存完整。

③ 本店理赔服务口碑宣传。

④ 有效维护保有客户，为客户提供代办车险工作并且经常组织客户活动，为续保业务奠定良好的基础。

7.3.4 微信营销

微信营销是网络经济时代企业对营销模式的创新，是伴随着微信的大热产生的一种网络营销方式，微信不存在距离的限制，用户注册微信后，可与周围同样注册的"朋友"形成一种联系。微信营销是用户订阅自己所需的信息，商家通过提供用户所需要的信息，推广自己的产品的点对点的营销方式。

微信一对一的互动交流方式具有良好的互动性，精准推送信息的同时更能形成一种朋友关系。基于微信的这种优势，借助微信平台开展客户服务营销也成为继微博之后的又一新兴营销渠道。

企业应该将微信作为品牌的根据地，吸引更多人成为关注你的普通粉丝，再通过内容和沟通将普通粉丝转化为忠实粉丝。当粉丝认可品牌，建立信任，他自然会成为你的客户。

营销学有一个著名的"鱼塘理论",鱼塘理论是把客户比作一条条游动的鱼。而把客户聚集的地方比作鱼塘。鱼塘理论认为,企业应该根据企业的营销目标,分析鱼塘里面不同客户的喜好和特性,采取灵活的营销策略,最终实现整个捕鱼过程的最大成功。微信公众平台就相当于这个鱼塘。

微博营销本身的曝光率是极低的。你的广告信息很容易就被淹没在微博滚动的动态中了,除非你刷屏发广告或者我刷屏看微博。信息的到达率可能是采取微博营销最需要关注的。

而微信不同,微信在某种程度上可以说是强制了信息的曝光,前提是你先上了"贼船"。微信公众平台信息的到达率是 100%,还可以实现用户分组、地域控制在内的精准信息推送。这似乎正是营销人士欢呼雀跃的地方:只需把精力花在更好的文案策划上,而不是不厌其烦地花在推广运营上。如此一来,微信公众平台上的粉丝质量要远远高于微博粉丝,只要控制好发送频次与发送的内容质量,一般来说用户不会反感,并有可能转化成忠诚的客户。

微信营销如果不顾用户的感受,强行推送各种不吸引人的广告信息,会引来用户的反感。凡事理性而为,善用微信这时下最流行的互动工具,让商家与客户回归最真诚的人际沟通,才是微信营销真正的王道。

结合其他行业实践经验,有六条经验可供我们维修企业借鉴。

(1) 内容定位——内容为王

内容的定位应该结合企业的特点,同时又从用户的角度去想,而不能一味地只推送企业自己的内容。记住:微信不是为企业服务的,而是为用户服务的!只有从你的微信当中获得用户想要的东西,他们才会更加忠实于你,和你成为朋友,接下来的销售才会理所当然。

要记住:用户是冲着你的内容来的,因为觉得内容有价值,所以内容为王。

(2) 内容推送——拒绝骚扰

现在绝大多数的做公众订阅号每天都有一次群发消息的功能,很多人嫌少,其实用好了,效果会很好。现在每个用户都会订阅几个账号,推送的信息多根本看不过来。内容推送要注意两个方面。

① 推送频次:一周不要超过 3 次,太多了会打扰到用户,最坏的后果可能是用户取消对你的关注。当然,太少了,用户也会抱怨,觉得你的公众号只是一个摆设,根本不会从你这里获得什么。所以这个度一定得把握好。

② 推送形式:指内容不一定都是图文专题式的,也可以是一些短文本,文本字数一般为 100~200 字,关键在于内容能引发的读者思考,产生思想的火花,形成良好的互动效果。

(3) 人工互动——沟通是魂

微信的本质是沟通平台,沟通需要有来有往,所以人工互动是必不可少的。建议不要设置"消息自动回复",就像 QQ 里的聊天自动回复,很讨厌,没诚意。企业微信公众账号,要能够做到适时的人工互动,做不到这一点,很难用好微信。

(4) 从线上到线下——怀念不如相见

线上、线下活动结合的意义在于面对面的交流更容易培训忠实的粉丝,产生更鲜活、更接地气的内容,这样的微信公众号才会显得更真实,更有亲和力。另外,微信用户仅靠自然增长会很有限,线下活动也是增加微信用户的重要手段。

(5) 他山之石——对手是最好的老师

做微信营销一定要有开放的心态。记住：竞争对手是最好的老师！要积极关注竞争对手的微信，如果你关注了 100 个竞争对手的微信，就会有 100 个账号在教你怎样做好微信营销。

(6) 贵在运营——日久见人心

坚持很重要。做微信营销不能靠一招鲜，微信营销拼的是投入和执行力，长期坚持下去，在实践中不断积累经验，培养和用户的感情，你的目标才有可能实现。

7.3.5 报价策略

汽车维修企业在维修车辆时使用原厂零件，只有一个价格，客户没有其他选择。高昂的价格使很多客户心疼，加上有的维修企业位置较远，不方便，导致客户大量流失。汽车维修企业可以给客户不同的选择，有原厂品质的，有售后品质的，由客户自己选择，这样就不会流失客户。维修企业在向客户报价时，尽量报两个价格，让客户有更多的选择。维修企业还要统一售价，在计算机管理系统里制定好统一的售价，根据客户的不同采取不同的折扣，不要随意报价。这样做的主要原因是维修企业的客户群体的积累大多数是客户的介绍和口碑的传播，不合适的价格歧视会导致客户严重不满而流失。采取会员制或者把客户分为银卡、金卡、钻石卡等级别的客户，采取不同的价格折扣率会更加有效。

7.3.6 产品升级策略

对部分零件采取升级销售的办法。例如，原车火花塞是普通火花塞，可以建议客户更换铂金或铱金火花塞，这样火花塞使用的时间更长。客户原车的灯泡是普通灯泡，可以建议客户更换照射更远、更安全的灯泡。客户原车使用的是矿物油，可以建议客户使用合成油，提高车辆使用寿命。升级销售是维修企业提高经营利润的重要策略。

采用产品升级策略必须保证升级产品的先进性和优良性，而且要让客户知道，为此，要对产品做好宣传，客户休息区要有升级产品展示区，配以精致的展示柜。企业的客服人员、维修人员、仓库管理人员要进行产品知识和产品卖点的培训，以便向客户推荐更多更好的产品。

7.3.7 营销话术

营销就要和客户交流，交流离不开语言。汽车维修营销有很强的技术性，不能说外行话，维修企业应该定期对员工进行培训，统一营销话术，从而促进整个维修企业业务水平的提高。

(1) 针对客户抱怨配件价格过高

您好，我店使用的都是正厂配件，所有配件均通过严格质量检查，可以使整车在运行中保持最佳状态，同时也可以延长车辆寿命。相对副厂件而言，由于受供货渠道、运营成本的影响，备件价格相对高一点，但在我店更换的备件均享受一年的质量保证，副厂件价格是低，但是现在汽车配件市场鱼龙混杂，假货较多，一般人很难辨别，因此很容易买到伪劣产品。再者，汽车维修是项技术性很强的服务，如果您使用了伪劣配件造成维修不当，很容易导致汽车故障。因此建议您还是购买正厂配件。

（2）针对客户抱怨工时费高

您好，我店所有维修项目均执行标准工时，这个工时的制订标准，不只是看维修的实际施工时间，它不但包括维修施工的技术难度、故障的检查等因素，而且在维修过程中，从小到螺丝、大到整车的每一个部位操作，均按整车生产厂的标准数据进行操作，可以保证您的车辆保持最佳的使用状态，进而延长车辆的使用寿命，因此还是建议您严格按照厂家要求，定期进行维护与保养。另外，我们的工时标准在交通主管部门有备案，受他们的监督，敬请放心。

（3）针对客户抱怨：你们这里保养怎么这么贵啊！比××修理厂还贵

① 保养项目是根据不同的里程数而不同的。一般情况下，3万千米时保养的项目要多一点，因为3万千米以上的部件基本上都需要检查了，所以每间隔3万千米费用都要高一点。

② 我们这里有四款不同品质、不同价位的机油可供您选择。选用不同的机油，保养费用也不一样。

③ 您说××修理厂保养便宜，那是指的同一里程，同一类别的保养吗？

（4）针对客户疑问：2年或6万千米为什么要换全车油

车辆的齿轮油、制动液更换周期是2年或6万千米，超过6万千米这些油品的质量就会下降，就和机油要求5000千米更换是一样的，超过期限不能很好地保护齿轮及相关部件，严重时会引发其他故障。

（5）针对客户疑问：三元催化是什么工作原理？为什么需要清洗

三元催化是把发动机燃烧排放的废气中的一氧化碳和氢氧化合物这些有害气体通过高温的催化转化器转化成无害或无毒的气体。燃烧的废气中有烟尘等细小颗粒，而催化转化器是蜂窝状的陶瓷结构，长时间行驶或由于燃油质量不好，烟尘颗粒及其他积炭会堆积在催化转化器中造成排气不畅，车辆费油，没劲。所以三元催化要定期清洗。

（6）针对客户疑问：2万千米时就让我清洗喷油器，现在跑到6万千米了都没事

喷油器没有按2万千米洗肯定是不会坏的，它只是对您车的油耗及动力性有影响。按标准是需要2万千米清洗一次的，这样可以保证您的车辆燃油喷射状态良好，而且您车子如果太长时间没有清洗喷油器，积炭太多是不容易清洗掉的，所以还是建议您定期清洗一下喷油器。

7.4 微信公众号概述

微信公众平台是运营者通过公众号为微信用户提供资讯和服务的平台，开发者或商家在微信公众平台上申请的应用账号，该账号与QQ账号互通，通过公众号，商家可在微信平台上实现和特定群体的文字、图片、语音、视频的全方位沟通、互动，形成一种主流的线上线下微信互动营销方式。

7.4.1 基础知识介绍

（1）服务协议

① 服务协议是企业或个人与腾讯之间关于你使用微信公众平台服务所订立的协议。"腾讯"是指腾讯公司及其相关服务可能存在的运营关联单位。"用户"是指注册、登录、使用微信公众账号的个人或组织。"其他用户"是指包括订阅用户、其他微信公众账号用户和微信用户等除用户本人外与微信公众平台服务相关的用户。

② 微信公众号服务是腾讯微信针对个人或企业用户推出的合作推广业务，用户注册微信公众账号后可以通过微信公众平台进行品牌推广。微信用户关注微信公众账号后将成为该账号订阅用户，微信公众账号可以通过微信公众平台发送消息与订阅用户进行互动。

③ 协议内容同时包括《腾讯服务协议》《QQ 号码规则》以及《腾讯微信使用条款和隐私政策》，且你在使用微信公众平台某一特定服务时，该服务可能会另有专项的服务声明、相关业务规则及公告指引等（以下统称为"专项规则"）。上述内容一经正式发布，即为本协议不可分割的组成部分，你同样应当遵守。用户对前述任何专项规则的接受，即视为用户对本协议全部的接受。

（2）信息保护

① 用户在申请本服务过程中，需要填写必要的信息，请保持这些信息的真实、准确、合法、有效并注意及时更新，以便腾讯向你提供及时有效的帮助，或更好地为你提供服务。根据相关法律法规和政策，请你填写真实的身份信息。若你填写的信息不完整或不准确，则可能无法使用本服务或在使用过程中受到限制。

② 腾讯与用户一同致力于个人信息的保护，保护用户个人信息是腾讯的一项基本原则。未经你的同意，腾讯不会向腾讯以外的任何公司、组织或个人披露你的个人信息，但法律法规另有规定的除外。

③ 用户应对通过本服务了解、接收或可接触到的包括但不限于其他用户在内的任何人的个人信息予以充分尊重，你不应以搜集、复制、存储、传播或以其他任何方式使用其他用户的个人信息，否则，由此产生的后果由你自行承担。

（3）内容规范

① 本条所述平台内容是指用户使用本服务过程中所制作、复制、发布、传播的任何内容，包括但不限于微信公众账号头像、名称、用户说明等注册信息及认证资料，或文字、语音、图片、视频、图文等发送、回复或自动回复消息和相关链接页面，以及其他使用微信公众账号或微信公众平台服务所产生的内容。

② 用户不得利用微信公众账号或微信公众平台服务制作、复制、发布、传播如下法律、法规和政策禁止的内容：

  a. 反对宪法所确定的基本原则的；
  b. 危害国家安全，泄露国家秘密，颠覆国家政权，破坏国家统一的；
  c. 损害国家荣誉和利益的；
  d. 煽动民族仇恨、民族歧视，破坏民族团结的；
  e. 破坏国家宗教政策，宣扬邪教和封建迷信的；
  f. 散布谣言，扰乱社会秩序，破坏社会稳定的；
  g. 散布淫秽、色情、赌博、暴力、凶杀、恐怖或者教唆犯罪的；
  h. 侮辱或者诽谤他人，侵害他人合法权益的；
  i. 含有法律、法规和政策禁止的其他内容的信息。

③ 用户理解并同意，微信公众平台一直致力于为用户提供文明健康、规范有序的网络环境，你不得利用微信公众账号或微信公众平台服务制作、传播如下干扰微信公众平台正常运营，以及侵犯其他用户或第三方合法权益的内容：

  a. 含有任何"性"或"性暗示"的；
  b. 骚扰、垃圾广告或信息的；

c. 涉及他人隐私、个人信息或资料的；

d. 侵害他人名誉权、肖像权、知识产权、商业秘密等合法权利的；

e. 含有其他干扰微信公众平台正常运营和侵犯其他用户或第三方合法权益内容的信息。

（4）账号管理

① 微信公众号的账号要简短、好看便于记忆。

② 标志性的二维码。

③ 线上：正确的推广途径，导航不是万能的。

④ 线下：海量的投放。

⑤ 活动的配合。

（5）使用规则

① 本条所述平台使用是指用户使用本服务所进行的任何行为，包括但不限于注册登录、申请认证、账号运营推广以及其他使用微信公众账号或微信公众平台服务所进行的行为。

② 用户不得利用微信公众账号或微信公众平台服务进行如下行为：

a. 提交、发布虚假信息，或冒充、利用他人名义的；

b. 强制、诱导其他用户关注、点击链接页面或分享信息的；

c. 虚构事实、隐瞒真相以误导、欺骗他人的；

d. 侵害他人的名誉权、肖像权、知识产权、商业秘密等合法权利的；

e. 申请微信认证资料与注册信息内容不一致的，或者推广内容与注册信息所公示身份无关的；

f. 未经腾讯书面许可利用其他微信公众账号、微信账号和任何功能，以及第三方运营平台进行推广或互相推广的；

g. 未经腾讯书面许可使用插件、外挂或其他第三方工具、服务接入本服务和相关系统；

h. 利用微信公众账号或微信公众平台服务从事任何违法犯罪活动的；

i. 制作、发布与以上行为相关的方法、工具，或对此类方法、工具进行运营或传播，无论这些行为是否为商业目的；

g. 其他违反法律法规规定、侵犯其他用户合法权益、干扰产品正常运营或腾讯未明示授权的行为；

k. 申请提交后3~7个工作日内可正常使用。

（6）数据储存

① 腾讯不对你在本服务中相关数据的删除或储存失败负责。

② 腾讯有权根据实际情况自行决定单个用户在本服务中数据的最长储存期限，并在服务器上为其分配数据最大存储空间等。你可根据自己的需要自行备份本服务中的相关数据。

③ 如果你停止使用本服务或服务被终止或取消，腾讯可以从服务器上永久地删除你的数据。服务停止、终止或取消后，腾讯没有义务向你返还任何数据。

（7）风险及免责

① 用户理解并同意，微信公众平台仅为用户提供信息分享、传播及获取的平台，用户必须为自己注册账户下的一切行为负责，包括你所发表内容的真实性、合法性、准确性、有效性，以及承担因平台使用行为产生的结果。用户应对微信公众平台中的内容自行加以判断，并承担因使用内容而引起的所有风险，包括因对内容真实性、合法性、准确性、有效性的依赖而产生的风险。腾讯无法且不会对因用户行为而导致的损失或损害承担责任。

如果你发现任何人违反本协议规定或以其他不当的方式使用微信公众平台服务，请立即向微信公众平台举报或投诉，我们将依法进行处理。

② 用户理解并同意，因业务发展需要，腾讯保留单方面对本服务的全部或部分服务内容在任何时候不经任何通知的情况下变更、暂停、限制、终止或撤销的权利，用户需承担此风险。

（8）知识产权声明

① 腾讯在本服务中提供的内容（包括但不限于网页、文字、图片、音频、视频、图表等）的知识产权均归腾讯所有，但腾讯用户在使用本服务前对自己发布的内容已合法取得知识产权的除外。

② 除另有特别声明外，腾讯提供本服务时所依托软件的著作权、专利权及其他知识产权均归腾讯所有。

③ 腾讯在本服务中所使用的"QQ""腾讯""TENCENT"及企鹅形象等商业标识，其著作权或商标权归腾讯所有。

④ 上述及其他任何腾讯依法拥有的知识产权均受到法律保护，未经腾讯书面许可，你不得以任何形式进行使用或创造相关衍生作品。

（9）法律责任

① 如果腾讯发现或收到他人举报或投诉用户违反本协议约定的，腾讯有权不经通知随时对相关内容进行删除，并视行为情节对违规账号处以包括但不限于警告、删除部分或全部订阅用户、限制或禁止使用全部或部分功能、账号封禁直至注销的处罚，并公告处理结果。微信认证账号除上述处罚措施外，腾讯有权取消其账号认证身份，并视情节决定临时或永久封禁相关账号认证资质。

② 用户理解并同意，腾讯有权依合理判断对违反有关法律法规或本协议规定的行为进行处罚，对违法违规的任何人士采取适当的法律行动，并依据法律法规保存有关信息向有关部门报告等，用户应独自承担由此而产生的一切法律责任。

③ 用户理解并同意，因你违反本协议或相关的服务条款的规定，导致或产生的任何第三方主张的任何索赔、要求或损失，包括合理的律师费，你应当赔偿腾讯与合作公司、关联公司，并使之免受损害。

（10）运营方法

① 推送。不一定要每一次都推送文章，推广一些小的知识和技巧以及笑话。旅游、自驾，也是很好的方法，只要能帮助到潜在顾客和读者都可以，每一次都推送一条跟微博一样的内容，因为信息量小，不会影响订阅客户的生活，并且可以学到新的知识，这样的公众账号是很受欢迎的。

② 很多人经常用微信向自己的朋友推销产品，这是错误的做法。这么做可能会让你失去这个朋友，如果你想利用微信做生意，请重新申请一个账号，用来销售产品，千万不要向自己的朋友推销产品，这样会让朋友感到你这个人太没有人情味，太功利，什么都跟着利益跑，很多朋友都会离你而去。

③ 微信的内容。选择合适的图片很重要，经常去相关的微博和网站里获取一些行业里的图片，做微信营销要重视细节。并且图文要匹配，不能文不对图。细分版块，因为版块是供不同层次客户选择分享的，也是让读者有挑选的余地。

④ 推送时间。晚上或者下午推送内容最好，因为要考虑这些时间段读者有足够的时间来阅读，白天推送内容，适合做产品的促销，当时顾客可以订购产品，带来产品真正的销售。

⑤ 企业先学好服务 500 个、1000 个微信客户，用户多少不代表营销能力，仅仅是一个数量，用户的互动价值和关注价值才是微信营销的核心，多创造和读者沟通的话题，读者关心的话题让整个公众账号活跃起来。

⑥ 水不流动就变成死水，公众账号没有活跃度就是一个死号，所以每天的内容编辑是活跃的核心价值，如果三天打鱼两天晒网就没有任何价值。

⑦ 微信营销要结合当地市场的消费观、地理文化、地域文化等一切作为参照，否则你所有的内容和辛苦都白费，经营微信营销的企业应该为行业带去独立的见解，以推动行业发展为主导，服务顾客为导向。

⑧ 重视互动。因为它不像微博，可以吸引大量的人转发和评论，只有通过与顾客的沟通来取得顾客的信任。

7.4.2 开通与认证

用户在使用服务前需要注册一个微信公众账号。微信公众账号可通过 QQ 号码或电子邮箱账号进行绑定注册，请用户使用未与微信账号已绑定的 QQ 号码或电子邮箱账号注册微信。腾讯有权根据用户需求或产品需要对账号注册和绑定的方式进行变更，关于你使用账号的具体规则，请遵守《QQ 号码规则》、相关账号使用协议以及腾讯为此发布的专项规则。

用户符合一定条件后可以对微信公众账号申请微信认证。认证账号资料信息来源于微博认证等渠道，微信公众平台不再对认证账号信息进行独立审查，认证流程由认证系统自动验证完成。用户应当对所认证账号资料的真实性、合法性、准确性和有效性独立承担责任，与微信公众平台无关。如因此给腾讯或第三方造成损害的，应当依法予以赔偿。

（1）微信公众号分为订阅号和服务号

① 订阅号，任何组织和个人都可以申请，每天群发一条信息，认证后有自定义菜单。没有高级接口，不能用开发模式。

② 服务号，只面向企业或组织机构申请注册，申请后自带自定义菜单。认证后可以有高级接口，每周群发一条信息。均不可主动添加微信好友。

注：订阅号、服务号在通讯录里被归类，用户可以去订阅号的列表中找到已关注订阅号推送的信息，但是不会主动在列表中提醒有新消息，需要用户自己去看。服务号、订阅号认证均需 300 元/年。

（2）账号管理

① 微信公众账号的所有权归腾讯公司所有，用户完成申请注册手续后，获得微信公众账号的使用权，该使用权仅属于初始申请注册人，禁止赠予、借用、租用、转让或售卖。腾讯公司因经营需要，有权回收用户的微信公众账号。

② 用户有责任妥善保管注册账户信息及账户密码的安全，用户需要对注册账户以及密码下的行为承担法律责任。用户同意在任何情况下不向他人透露账户或密码信息。在你怀疑他人在使用你的账户或密码时，你同意立即通知腾讯公司。

③ 用户应遵守本协议的各项条款，正确、适当地使用本服务，如用户违反本协议中的任何条款，腾讯公司有权依据本协议终止对违约用户微信公众账号提供服务。同时，腾讯保留在任何时候收回微信公众账号、用户名的权利。

④ 用户在注册微信公众账号时，系统将为你自动匹配微信号，你可以对微信号进行设置，但仅可设置一次，设置微信号后将无法修改。

⑤ 用户注册微信公众账号后如果长期不登录该账号，腾讯有权回收该账号，以免造成资源浪费，由此带来问题均由用户自行承担。

（3）个人注册公众平台步骤

① 打开微信公众平台官网：https://mp.weixin.qq.com/ 右上角点击"立即注册"；

② 填写邮箱，登录您的邮箱，查看激活邮件，填写邮箱验证码激活；

③ 了解订阅号、服务号和企业微信的区别后，选择想要的账号类型；

④ 信息登记，个体户记得选择企业→个体工商户类型；

⑤ 选择个体户之后，填写企业名称、营业执照注册号，选择注册方式；

⑥ 注册方式有三种：支付验证、微信认证以及法定代表人验证，请了解。

（4）企业注册公众平台步骤

① 打开微信公众平台官网：https://mp.weixin.qq.com/ 右上角点击"立即注册"；选择账号类型；

② 填写邮箱，登录您的邮箱，查看激活邮件，填写邮箱验证码激活；

③ 了解订阅号、服务号和企业微信的区别后，选择想要的账号类型；

④ 信息登记，公司请记得选择企业→企业类型；

选择企业之后，填写企业名称、营业执照注册号，选择注册方式。

7.4.3 图文素材制作

（1）图文消息介绍

图文消息是可以把您需要发布给粉丝的相关资讯进行编辑、排版的功能，可展现您的活动内容、相关产品资讯，等等，使用后在微信里展现的效果如图7-1所示。

（2）图文消息编辑

进入微信公众平台→管理→素材管理→新建图文消息，即可编辑单图文，如果您需要编辑多图文消息，直接点击左侧图文导航"＋"可增加一条图文消息，最可编辑8条图文内容。

目前设置图文消息内容没有图片数量限制，正文里必须要有文字内容，图片大小加正文的内容不超过20000字即可。[20000字节（b）＝19.53125千字节（kb）]。

图7-1 微信图文信息

（3）图文消息标题、摘要编辑规则

① 标题（必填项）：不能为空且长度不超过64字（不支持换行以及设置字体大小）。

② 在编辑单图文消息时，可以选填摘要内容，不能超过120个汉字或字符；填写摘要后在粉丝收到的图文消息封面会显示摘要内容；若未填写摘要，在粉丝收到的图文消息封面则自动默认抓取正文前54个字。

（4）图文消息封面、正文图片上传规则

① 封面必须上传图片。

② 封面和正文图片，支持上传 bmp、png、jpeg、jpg、gif 格式。
③ 封面图片大小在 5M 以内，正文图片大小不能超过 5M。
④ 大图片建议尺寸：900 * 500 像素，但上传后图片会自动压缩为宽 640 像素（高会压缩为对应比例）的缩略图，在手机端可点击查看原图。
⑤ 封面和正文支持上传 gif 格式动态图片，会显示上传的原图（但因手机客户端系统问题可能会导致部分手机无法显示动态封面）。

(5) 图文消息正文内容编辑规则
① 正文必须输入文字内容，不能超过 20000 字。
② 可设置字体大小、颜色、背景色、字体加粗、斜体、下划线。
③ 可以通过居中、居左、居右、段落间隔功能调整正文内容。
④ 通过浮动功能把图片设置在需要的位置。
⑤ 可设置字体背景颜色，但图文消息背景颜色不支持自定义设置。
⑥ 在右边的导航栏多媒体功能，支持添加图片、视频、音乐、投票等内容。
⑦ 可以把编辑好的图文在左边导航操作上下移动，调整您的图文顺序。

新增加可以手动输入 10px 至 50px 范围内的字号大小、手动输入颜色代码，配出任意颜色、撤销、重做、格式刷（可以快速将指定段落或文本的格式沿用到其他段落或文本上）。

(6) 手机预览图文消息
目前微信公众平台图文消息在群发之前，可以选择"发送预览"→输入个人微信号，发送成功后则可以在手机上查看效果，发送预览只有输入的个人微信号能接收到，其他粉丝无法查看。目前预览的图文不支持分享到朋友圈，可以分享给微信好友/微信群。
① 预览微信号需是已关注该公众号的私人微信号。
② 素材库文章预览功能已全面升级，在电脑端、手机端，看到的预览文章，预览次数达到 500 次或预览后超过 12 小时内容才会自动失效。

7.5 汽车维修企业公众号

爱福路智慧车主营销系统（以下简称 F6 智营）是由江苏爱福路汽车科技有限公司所开发，致力于打造一个全方位集业务、客户管理、营销管理于一体的针对车主用户的 CRM 系统。系统会跟 F6 生态系统、微信开放平台等各个系统里面的方方面面来共同协作，结合设定的营销模块，为车主用户提供随时随地有效的汽车后市场信息服务。

7.5.1 APP 功能模块

(1) 客户查询
操作流程：
① 应用首页单击【门店管理】进入；
② 点击【全部应用】进入【客户查询】；
③【客户】【车辆】；
④【车辆管理】显示当前系统所有车辆，可直接查询进行开单、开卡；
操作流程如图 7-2（a）所示。
⑤【客户查询】显示当前系统所有客户，可直接查询进行开单、开卡；
操作流程如图 7-2（b）所示。

图 7-2 F6 系统客户查询

(2) 客户开卡

车主用户可通过应用查询已绑定车辆所有车况信息，进行开卡操作。操作流程如图 7-3 所示。

手机 APP 如何添加一人多车

图 7-3　客户开卡页面

① 应用首页点击【客户开卡】进入。
② 选择开卡客户列表显示查询信息，输入需要开卡的客户或直接点击右上角扫描按钮扫描车牌（行驶证）。
③ 选择单据客户进入到详情页，直接进行开卡操作。
注：开卡单可选择绑定多车辆。

（3）开卡单

服务顾问可在开卡单管理所有客户开卡信息，进行收款，操作流程如图 7-4 所示。
①【未结算】显示未收款开卡单并进入收款界面。
②【新建开卡单】可直接在此界面新建开卡单。
③【已结算】显示已完成开卡操作会员卡。

图 7-4　开卡单页面

（4）预约管理

用户可通过应用首页，点击【预约管理】进入，点击订单接收预约并进行工单开单操作，如图 7-5 所示。

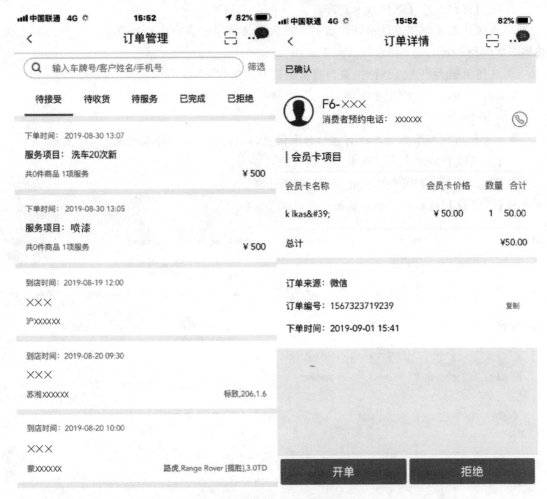

图 7-5　预约管理页面

(5) 集客活动

用户可通过应用首页，点击【营销活动】进入，进行营销活动创建，操作流程如图 7-6 所示。

① 应用首页点击"营销活动"进入。
② "创建集客活动"展示当前可供用户创建的营销活动信息。
③ 目前可通过不同季节不同情况设置营销活动。

7.5.2　公众号用户信息查询（我的）

(1) 基础信息

用户可通过应用【我的】模块查询基础信息（包含用户微信昵称、头像、积分以及绑定的手机号，支持切换手机号码）如图 7-7 所示。

(2) 优惠券

用户可通过应用【我的-优惠券】模块查询当前可使用的优惠券信息，以及支持对优惠券（二维码扫码核销）的查询，如图 7-8 所示。

第7章 汽车维修企业营销管理系统 155

图 7-6 集客活动页面

图 7-7　公众号用户基础信息页面　　　　图 7-8　公众号用户优惠券页面

(3) 会员卡

用户可通过应用【我的-会员卡】模块查询当前会员卡信息,支持对卡内容、消费记录进行查询,如图 7-9 所示。

图 7-9　公众号用户会员卡页面

(4) 我的订单

用户可查询所有预约信息，针对状态为"待确认"（需要后台进行确认）的订单，支持进行取消预约操作（状态：待支付、待确认、已确认、已取消、已开单），如图 7-10 所示。

图 7-10　公众号用户订单页面

① 待确认订单，若为到店支付，单击【取消预约】按钮，直接取消成功。

② 待确认订单，若为线上支付，单击【取消预约】按钮，会将支付金额原路返回退回到用户账号中，订单状态变更为"已取消"。

（5）车辆管理

用户可对绑定的车辆信息进行增加、修改、删除、查询操作（添加车辆支持通过输入车辆 VIN 码进行车型的解析）。

操作流程如图 7-11 所示。

一人多车之
车辆过户

图 7-11　公众号用户车辆管理页面

① 应用【我的】模块，点击【车辆管理】进入。

② 详情页显示当前已绑定的所有车辆信息。

③ 支持对选中的车辆进行编辑、删除、查询、设为默认操作。

④ 点击【添加车辆】按钮，进入到车辆添加页面（支持通过输入 VIN 码进行车型的解析）。

⑤ 点击【品牌车系】，可在系统提供的车型选择手动选择需要添加的车辆信息。

⑥ 选择车型后，输入车牌号码、行驶里程、上牌时间，单击【保存】钮，完成车辆的新增操作。

7.5.3　F6系统后台操作说明

F6 管理系统营销模块包括会员卡、优惠券、营销活动、微信客户、小程序客户等设置。

(1) 会员卡

门店可根据不同需求设置不同服务项目的会员卡,科学高效管理会员,目前系统支持创建会员卡及储值卡。

① 卡模板管理

操作流程:

a.【营销】模块,点击【会员卡】,进入会员卡页面,点击【卡模板管理】,进入会员卡模板设置页面,卡管理可进行充值、扣费、修改操作,如图 7-12 所示。

b. 进入会员卡模板页面后,看到上方分为"会员卡""储值卡"两种,分别设置一下所需要的卡服务内容,如图 7-13 所示。

会员卡卡模制作

图 7-12 卡模板管理页面

图 7-13 会员卡模板管理页面

c. 会员卡：一般服务程序固定、材料固定的项目，每次服务价格也相对固定的服务项目，比如洗车、小保养等，可以发行"会员卡"。点击【新建会员卡】，会跳出卡内容设置详情页面，如图 7-14 所示。

图 7-14　新建会员卡页面

d. 支持对会员卡的名称、有效期、服务内容（项目、材料、套餐）的次数、价格、单项有效期进行设置，设置完成后点击【保存】即可。

e. 设置好的不同规则会员卡还可以进行"修改""停用"和"删除"，如图 7-15 所示。

图 7-15　会员卡"修改""停用""删除"页面

f. 储值卡：根据办卡人要求将其资金转至卡内储存，交易时直接从卡内扣款的预付钱包式会员卡。在"会员卡"页面，点击"新建储值卡"，会跳出卡内容设置详情页面。

g. 支持对储值卡的名称、是否连锁、充值金额、赠送金额和有效期进行设置，设置完成后点击【保存】即可，如图 7-16 所示。

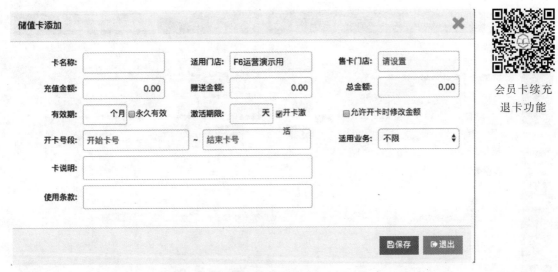

图 7-16　储值卡内容设置

h. 设置好的储值卡同样支持"修改""停用"和"删除"，如图 7-15 所示。

② 卡新建及使用

卡管理模块显示当前已开出的所有会员卡信息，支持对会员卡进行修改、查询、充值、消费、退卡等操作。

a. 会员卡开卡。

（a）【营销】模块点击【会员卡】，进入【开卡管理】界面，可看到已开卡会员列表，点击【开卡】进入到会员卡开卡详情页，如图 7-17 所示。

图 7-17　会员卡开卡管理页面

(b) 填写客户信息，已存客户信息直接搜索，未存客户信息点击"＋"号添加客户信息。填写和选择具体开卡内容，勾选客户车辆（支持对使用车辆进行复选），选择客户购买的会员卡类型，填写服务顾问名字，给客户会员卡的名称或者卡号，方便后续使用卡号进行一个搜索，确认后点击【保存】，如图 7-18 所示。

图 7-18　会员卡客户信息设置

(c) 所有开卡信息填完整后，客户付款后，则点击【收款】，如图 7-19 所示。

(a)

(b)

图 7-19　会员卡收款页面

b. 会员卡使用

（a）凡是开通会员卡的客户，在开工单的时候，输入客户信息后，会直接跳出会员卡信息，如图 7-20 所示。

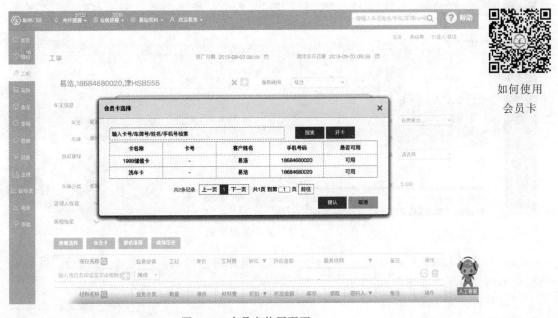

图 7-20　会员卡使用页面

（b）选择会员卡中本次需要做的服务项目，点击【确认】，如图 7-21 所示。

（c）会员卡服务项目会直接带入工单中，并且会显示"卡"标志，会员卡服务项目不再收费，直接从会员卡中扣除，如图 7-22 所示。

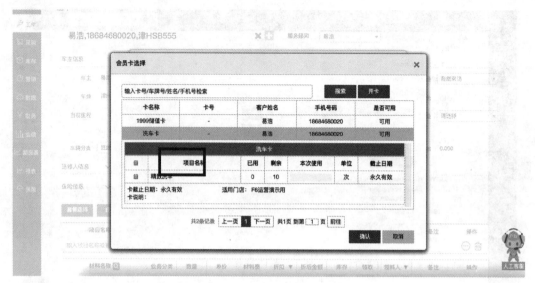

图 7-21　会员卡使用确认页面

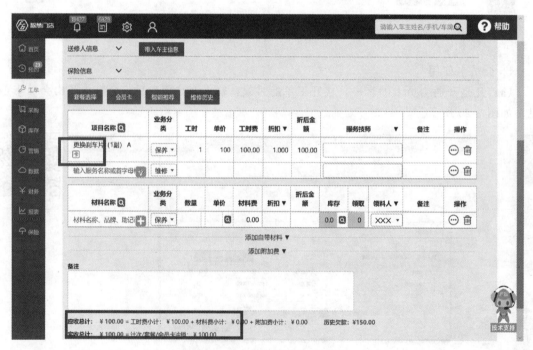

图 7-22　会员卡消费情况页面

（d）工单完工结算后，点击工单号，进入"工单详情"界面，点击【卡余额】，可显示出会员卡消费情况，如图 7-22 所示。

（2）套餐设置

①【设置路径】进入【营销】→【套餐设置】，点击【新建】按钮，如图 7-23 所示。

②【内容设置】套餐代码：内部用，建议用容易理解的代码来命名。套餐名称：营销用的名称，建议可以跟宣传海报保持一致。有效截止日期：该套餐的活动有效日期，建议季节性的或者是新店酬宾等短期活动，可以设置有效期，如图 7-24 所示。

图 7-23 会员卡套餐设置路径

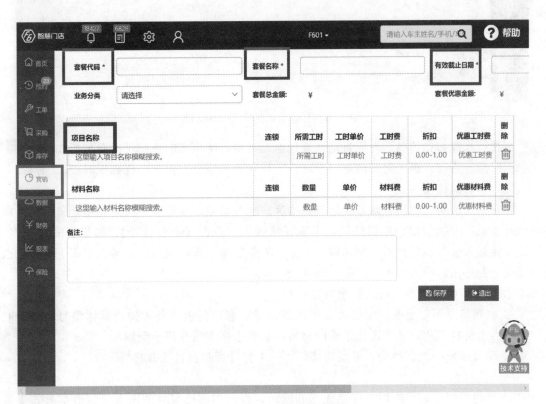

图 7-24 会员卡套餐内容设置

永久有效：建议长期性的营销活动设置为永久有效，比如保养类套餐。适用范围：单店只能在新建套餐门店使用，其他门店看不到。连锁公司下面所有的门店都可以使用。业务分类：套餐归属的业务，可以不填写。

【项目信息】连锁：如果适用范围是【连锁】的时候，只能选择统一定价的项目和材料。所需工时，工时单价，工时费：都是从基础资料→项目信息里面设置的，这个画面不能修改。此时若觉得价格不合适，需要到基础资料→项目信息画面修改，如图7-25所示。

图7-25 会员卡套餐项目信息设置

折扣：修改折扣信息，系统自动计算优惠工时费，优惠工时费＝工时费×折扣。

优惠工时费：修改优惠工时费信息，系统自动计算折扣信息，折扣＝优惠工时费/工时费。

（3）套餐的使用

客户到店消费的时候，服务接待可以给客户推荐套餐，如果客户决定使用套餐，在开单画面可以直接选择使用。选择路径：工单详情画面，点击【套餐选择】。如果套餐比较多，可以直接输入套餐代码检索，快速带入工单。如果套餐不多，也可以直接在界面上选择，点击【确定】按钮，导入工单，如图7-26所示。

① 套餐的价格固定，材料数量可以修改。

② 材料信息可以更改：例如机油滤清器，需要客户到店之后才知道具体型号。这个时候可以点击材料名称，重新选择正确的材料。套餐价格等信息都不受影响。

③ 套餐必须一次性消费，不能删除任何一个打过折扣项目或者材料。

（4）优惠券

① 优惠券列表。门店用户可在优惠券模块，查询当前已发放的所有优惠券信息，支持对优惠券进行上下架、修改、删除操作，如图7-27所示。

图 7-26　客户套餐的使用

图 7-27　优惠券列表页面

② 优惠券新建。门店用户可在优惠券模块进行优惠券的新建操作，操作流程如图 7-28 所示。

a.【营销】模块，点击"优惠券"进入，单击"新建"按钮进入到新建页面。

b. 输入优惠券名称、发放数量、优惠券面额、使用门槛、有效期以及使用范围等。

c. 单击【保存】按钮，完成优惠券的新建。

图 7-28　优惠券新建

③ 优惠券统计。门店用户可通过后台查询优惠券发放及使用情况（包含优惠券领取用户信息、领取时间、领取方式、使用情况、使用时间以及对应业务单号），如图 7-29 所示，针对未使用的用户可发送微信消息进行提醒。

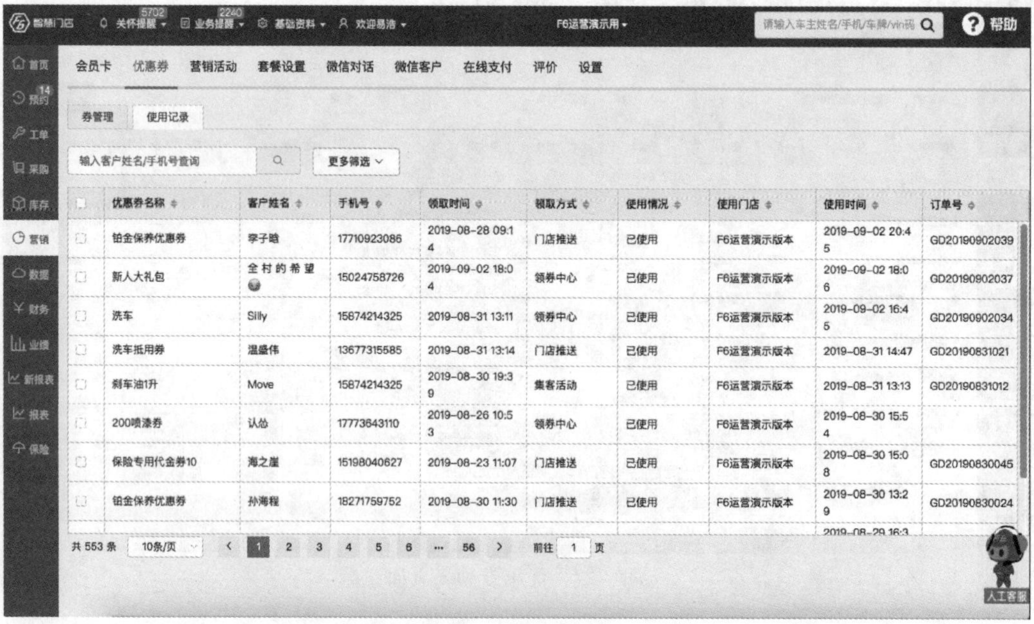

图 7-29　优惠券统计

（5）积分

门店人员可点击参数设置下面的【积分设置】，对积分获取及消耗规则进行设置，如图 7-30 所示。

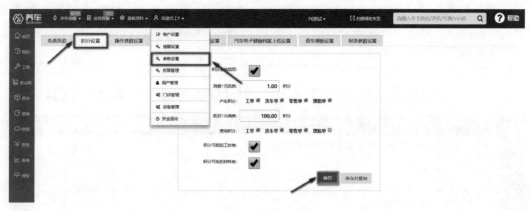

图 7-30 积分设置

(6) 营销活动

① 领券中心。门店用户可通过后台设置领券中心活动，支持对活动进行开启/关闭操作，操作流程如图 7-31 所示。

a. 【营销】模块单击"领券中心"进入。

b. 设置活动启用状态，添加活动发放的优惠券信息（从已上架的优惠券中进行选择），车主可通过应用首页领券中心活动板块进行优惠券的领取。

c. 列表显示当前活动中允许用户进行领取的所有优惠券信息，包含优惠券基础信息。

d. 支持对列表中的活动优惠券进行删除操作（删除后车主端领券中心板块不再显示该优惠券）。

图 7-31 领券中心

② 推荐有礼。

门店用户可通过后台设置推荐有礼活动。活动设置完成后，车主用户可邀请好友注册并使用小程序，系统会根据规则给予分享人与被分享人一定奖励（支持奖励积分及优惠券）。

a. 活动列表。活动列表页显示当前已添加（新建）的活动信息，包含活动基础数据的展示（已邀请用户数、已发放积分数、已发放券数量），支持对活动进行开启/关闭、编辑、删除、新建操作，如图 7-32 所示。

b. 新建流程。

（a）【营销】模块单击【推荐有礼】进入，选择【新建活动】进入活动编辑页面。

图 7-32 推荐有礼活动新建页面

（b）活动新建页面，对分享人基础信息及基本规则进行设置（包含活动名称、标题名称、背景图片设置，以及对奖励发放规则、奖品进行设置），如图 7-33 所示。

图 7-33 推荐有礼活动邀请人设置

(c) 分享人设置完成后单击"下一步"进入到被分享设置页面,需要对被分享人打开页面标题、背景图片以及奖励获取规则进行设置。

(d) 被分享人设置完成后,单击"下一步"按钮,进入活动基础信息设置,如图 7-34 所示。

图 7-34　推荐有礼活动基础信息设置

(e) 设置活动时间、标准推荐文案以及活动说明,如图 7-35 所示。

图 7-35　推荐有礼活动说明

(f) 分享活动生成海报,供客户进行宣传扫码,如图 7-36 所示。

图 7-36　推荐有礼活动海报

(7) 微信设置

① 全部对话。门店人员可通过后台与微信客户（微信粉丝）进行互动，支持回复文字、图片及图文信息记录更好地维系客情关系，如图 7-37 所示。

图 7-37　微信对话

② 群发消息。门店人员可在后台对所有关注微信公众号的用户进行微信消息的群发操作，支持进行图文、语音等消息的发送，但使用群发会占用微信公众号群发条数，如图 7-38 所示。

③ 关注自动回复。设置自动回复消息，车主关注公众号后系统自动回复编辑信息，如图 7-39 所示。

图 7-38 微信消息的群发操作

图 7-39 关注自动回复

④ 消息自动回复。车主关注公众号后发送消息，系统可设置自动回复内容，如图 7-40 所示。

⑤ 关键词自动回复。系统可设置关键词回复信息，一般通过消息自动回复中的信息引导客户输入关键字，如图 7-41a 所示。点击添加关键词规则，输入规则信息，如图 7-41b 所示。

(8) 评价

车主可直接通过公众号推送的工单评价此次服务情况，为维修厂更好地服务车主以及维系客情关系，如图 7-42 所示。

图 7-40 消息自动回复

(a)

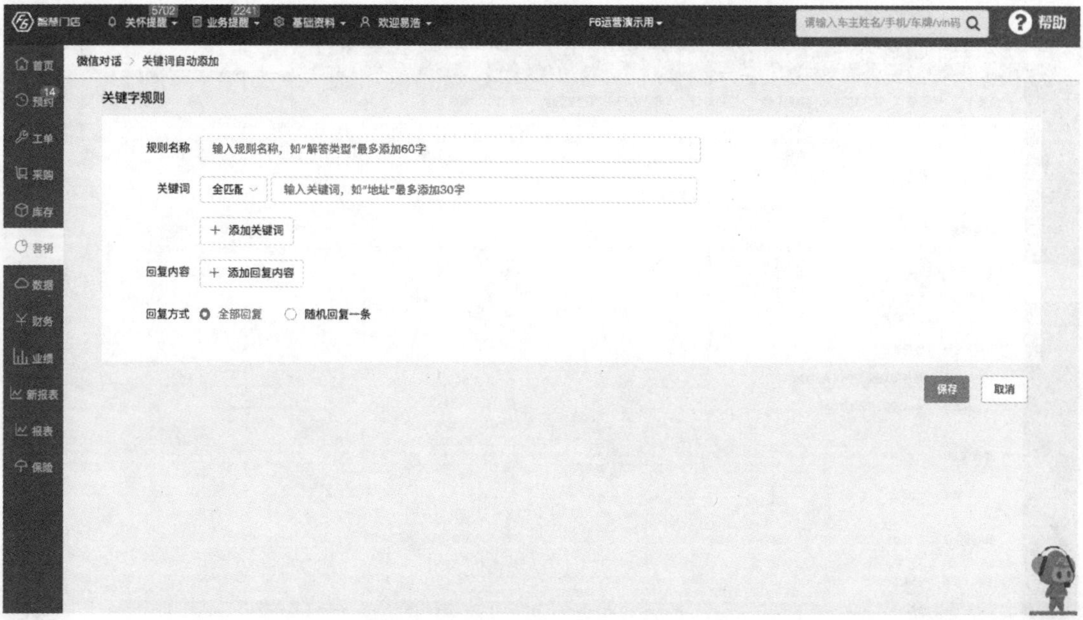

(b)

图 7-41　关键词回复信息设置

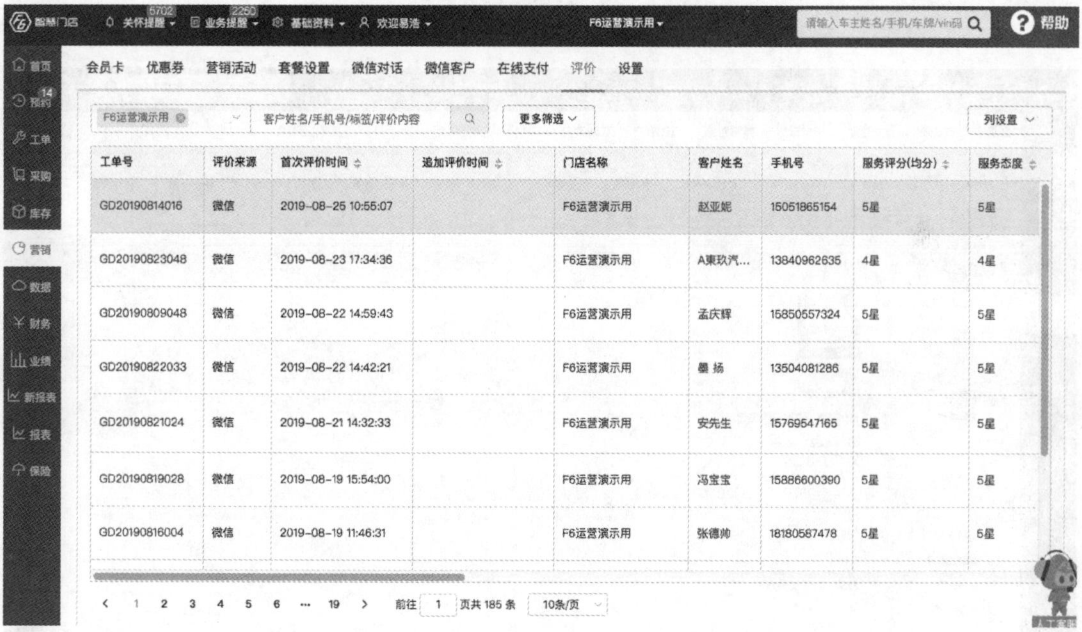

工单号	评价来源	首次评价时间	追加评价时间	门店名称	客户姓名	手机号	服务评分(均分)	服务态度
GD20190814016	微信	2019-08-25 10:55:07		F6运营演示用	赵亚妮	15051865154	5星	5星
GD20190823048	微信	2019-08-23 17:34:36		F6运营演示用	A東玖汽…	13840962635	4星	4星
GD20190809048	微信	2019-08-22 14:59:43		F6运营演示用	孟庆辉	15850557324	5星	5星
GD20190822033	微信	2019-08-22 14:42:21		F6运营演示用	墨 扬	13504081286	5星	5星
GD20190821024	微信	2019-08-21 14:32:33		F6运营演示用	安先生	15769547165	5星	5星
GD20190819028	微信	2019-08-19 15:54:00		F6运营演示用	冯宝宝	15886600390	5星	5星
GD20190816004	微信	2019-08-19 11:46:31		F6运营演示用	张德帅	18180587478	5星	5星

图 7-42　公众号评价

（9）设置

设置模块中包含公众号授权设置、小程序设置。

① 公众号授权设置。通过微信公众号后台设置绑定公众号后可对接 F6 系统，如图 7-43 所示。

② 小程序设置。通过微信小程序后台设置绑定小程序后可对接 F6 系统，如图 7-44 所示。

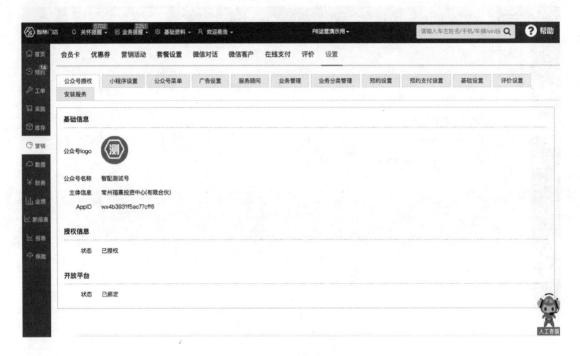

图 7-43 公众号授权设置

图 7-44 小程序设置

③ 公众号菜单。公众号菜单可设置微信公众号菜单显示内容，并提供相应功能服务客户，如图 7-45 所示。

④ 广告设置。编辑公众号首页广告，添加公众号广告图片背景等，如图 7-46 所示。

图 7-45 公众号菜单

图 7-46 广告设置

⑤ 服务顾问。预约时可设置对应服务顾问进行服务,如图 7-47 所示。
⑥ 业务管理。设置公众号内车主可预约服务项目内容,如图 7-48 所示。
⑦ 业务分类管理。设置公众号内可实现的业务分类项目,如图 7-49 所示。

图7-47 服务顾问

图7-48 业务管理

⑧ 预约设置。设置公众号上可预约时间段和时间节点,如图7-50所示。
⑨ 预约支付设置。设置开通线上支付服务的公众号,如图7-51所示。

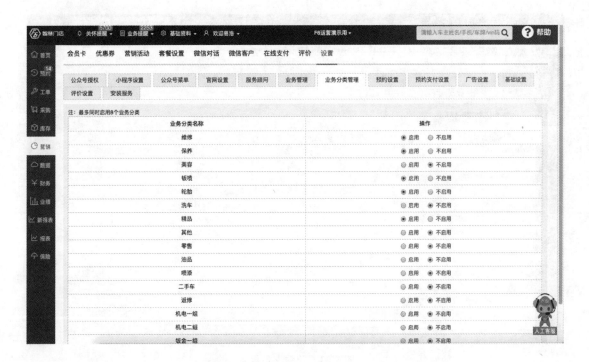

图 7-49　业务分类管理

图 7-50　预约设置

图 7-51　预约支付设置

⑩ 基础设置。设置公众号上可显示的功能插页,如图 7-52 所示。

图 7-52　基础设置

⑪ 评价设置。公众号推送工单评价内容,及奖励设置,如图 7-53 所示。

图 7-53 评价设置

⑫ 安装服务。天猫安装服务设置，如图 7-54 所示。

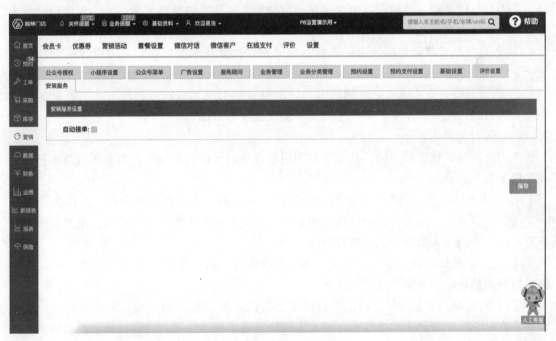

图 7-54 天猫安装服务设置

第8章

汽车维修企业人力资源管理系统

8.1 人力资源管理

8.1.1 人力资源管理概述

（1）人力资源的含义

人力资源不同于一般的资源，它的特殊性主要表现在以下几个方面。

① 人力资源是一种"活"资源，而物质资源是一种"死"资源。物质资源只有通过人力资源的有效开发、加工和制造才会产生价值。

② 人力资源是指存在于人体内的体力资源和智力资源。从企业的角度考察人力资源则是指能够推动整个企业发展的劳动者能力的总称。它包括量和质两个方面：从量的角度划分，人力资源包括现实的劳动能力和潜在的劳动能力；从质的角度划分，人力资源包括智力劳动能力和体力劳动能力。

③ 人力资源是创造利润的主要来源，特别是在高新技术等行业，人力资源的创新能力是企业利润的源泉。

④ 人力资源是企业可以开发的资源，人的创造能力是无限的，通过对人力资源的有效管理，可以极大地提高企业的生产率，从而实现企业的目标。

（2）人力资源的特点

人力资源与其他资源不同，其开发和利用有自身的规律和特点。人力资源的基本特点表现在以下几个方面。

① 人力资源具有生物性和社会性双重属性。一方面，人力资源是存在于人体之中的一种"活"的资源，与人的自然生理特征相联系，这就是它的生物性，也是人力资源的最基本特点；另一方面，人力资源还具有社会性。

② 人力资源具有智力性。人类的智力具有继承性，这是指人力资源所具有的劳动能力随着时间的推移不断积累、延续和增强。

③ 人力资源具有能动性。即能有目的地进行改造外部世界的活动。人具有意识，这意识使人在社会生产中居于主体地位，使人力资源具有了能动作用，能够让社会经济活动按照人类自己的意愿发展。

④ 人力资源具有再生性。人力资源是一种可再生资源，其再生性即人口的再生产和劳动力的再生产，人力资源的再生性除了遵守一般的生物学规律之外，还受着人类意识的支配和人类活动的影响。

⑤ 人力资源具有时效性。即从它的形成、开发、使用都具有实践方面的限制角度看，

作为生物有机体的人，有其生命的周期；而作为人力资源的人，能从事劳动的自然时间又被限定在生命周期的中间一段；能够从事劳动的不同时期（青年、壮年、老年），其劳动能力也有所不同。

⑥ 人力资源具有增值性。人力资源是一切资源中最为宝贵的资源，人力资源的再生产过程是一种增值的过程。从劳动者的数量来看，若人口不断增多，劳动者人数会不断增多，从而增大人力资源总数；从劳动个人来看，若教育的普及和提高，科技的进步和劳动实践经验的积累，他的劳动能力会不断提高，从而增大人力存量。

⑦ 人力资源具有二重性。在社会生产过程中，人是作为劳动者或生产者存在的。劳动者运用自己的体力和智能，对各种以物的形式存在的经济资源进行开发利用，生产出各种产品和提供服务，以满足人类的社会需求。劳动者在进行生产的同时，还要不断进行生活消费，不仅本人要消费，还要为失去劳动能力的老人和尚未具备劳动能力的孩子提供必需的生活消费。因此，劳动者不仅是生产者，也是消费者。

（3）人力资源管理的任务

人力资源管理的基本任务，就是根据企业发展战略的要求，通过有计划地对人力资源进行合理配置，做好企业员工的培训和人力资源的开发，采取各种措施，激发企业员工的积极性，充分发挥他们的潜能，做到人尽其才，才尽其用，更好地促进生产率、工作效率和经济效益的提高，进而推动整个企业各项工作的开展，以确保企业战略目标的实现。具体地讲，现代企业人力资源管理的任务主要有以下几个方面。

① 通过规划、组织、调配和招聘等方式，保证定数和质地的劳动力和各种专业人员加入并配置到企业生产经营活动中，满足企业发展的需要。

② 通过各种方式和途径，有计划地加强对现有员工的培训，不断提高他们的文化知识与技术业务水平。

③ 结合每一个员工的具体职业生涯发展目标，做好对员工的选拔、使用、考核和奖惩工作，做到能发现人才、合理使用人才和充分发挥人才的作用。

④ 采取各种措施，包括思想教育、合理安排劳动和工作、关心员工的生活和物质利益等，激发员工的工作积极性。

⑤ 根据现代企业制度要求，做好工资、福利等发放工作，协调劳资关系。

（4）人力资源管理的内容

人力资源管理活动主要包括以下几个方面。

① 制订人力资源计划。根据组织的发展战略和经营计划，评估组织的人力资源收集和分析人力资源供给与需求方面的信息和资料，预测人力资源供给和需求的发展趋势，制订人力资源招聘、调配、培训、开发及发展计划等政策和措施。

② 人力资源成本会计工作。人力资源管理部门应与财务等部门合作，建立人力资源会计体系，开展人力资源投入成本与产出效益的核算工作。人力资源会计工作不仅可以改进人力资源管理工作本身，也可以为决策部门提供准确的和量化的依据。

③ 岗位分析和工作设计。对组织中的各个工作和岗位进行分析。确定每个工作岗位对员工的具体要求，包括技术及种类、范围和熟悉程度、学习工作与生活经验；身体健康状况；工作的责任、权利与义务等方面的情况。这种具体要求必须形成书面材料，这就是工作岗位职责说明书。这种说明书不仅是招聘工作的依据，也是对员工的工作表现进行评价的标准，还是进行员工培训、调配、晋升等工作的根据。

④ 人力资源的招聘与选拔。根据组织内的岗位需要及工作岗位职责说明书，利用各种方法和手段，如接收推荐、刊登广告、举办人才交流会、到职业介绍所登记等从组织内部或外部吸引应聘人员。人力资源的选拔，应遵循平等就业、双向选择、择优录用等原则。

⑤ 雇佣管理与劳资关系。员工一旦被组织聘用，就与组织形成了一种雇佣与被雇佣的、相互依存的劳资关系，为了保护双方的合法权益，有必要就员工的工资、福利、工作条件和环境等事宜达成一定协议，签订劳动合同。

⑥ 入职教育、培训和发展。入职教育的主要内容包括组织的历史发展状况和未来发展规划、职业道德和组织纪律、劳动安全卫生、社会保障和质量管理知识与要求、岗位职责、员工权益及工资福利状况等。为了提高广大员工的工作能力和技能，有必要开展有针对性的岗位技能培训。对于管理人员，尤其是对即将晋升者，有必要开展提高性的培训和教育，其目的是促使他们尽快具备在更高一级职位上工作的全面知识、熟练技能、管理技巧和应变能力。

⑦ 工作绩效考核。工作绩效考核，就是对照工作岗位职责说明书和工作任务，对员工的业务能力、工作表现及工作态度等进行评价，并给予量化处理的过程；这种评价可以是自我总结式的，也可以是他评式的，或者是综合评价。考核结果是员工晋升、接受奖励、发放薪资、接受培训等的有效依据，它有利于调动员工的积极性和创造性，检查和改进人力资源管理工作。

⑧ 帮助员工的职业生涯发展。人力资源管理部门和管理人员有责任关心员工的个人发展，帮助其制订个人发展计划，并及时对其进行监督和考察，对员工实施有效的帮助和指导，促使个人发展计划的顺利实施并取得成效。

⑨ 员工工资报酬与福利保障设计。人力资源管理部门要从员工的资历、职级、岗位及实际表现和工作成绩等方面，来为员工制订相应的、具有吸引力的工资报酬福利标准和制度。员工福利是社会组织保障的一部分，是工资报酬的补充或延续，它主要包括政府规定的退休金或养老保险、医疗保险、失业保险、工伤保险、节假日，并且为了保障员工的工作安全和卫生，提供必要的安全培训教育、良好的劳动工作条件等。

⑩ 保管员工档案。人力资源管理部门有责任保管员工入职时的简历以及入职后关于工作主动性、工作表现、工作成绩、工资报酬、职务升降、奖惩、接受培训和教育等方面的书面记录。

8.1.2 人力资源规划

人力资源规划是企业所有各类人力资源计划的总称，是战略规划与战术计划（具体实施计划）的统一。是对企业人力资源需求和供给进行预测，制定相宜的政策和措施，从而使供给和需求达到平衡，实现人力资源的合理配置，有效激励员工的过程。

(1) 战略规划

战略规划即人力资源战略规划，是根据企业总体发展的战略目标，对企业人力资源开发和利用的大政方针、政策和策略的规定，是各种人力资源具体计划的核心，是事关全局的关键性规划。

(2) 组织规划

组织规划是对企业整体框架的设计，主要包括组织信息的采集、处理和应用，组织结构图的绘制，组织调查、诊断和评价，组织设计与调整，以及组织机构的设置。

（3）制度规划

制度规划是人力资源总规划目标实现的重要保证，包括人力资源管理设计的程序、制度化管理等内容。

（4）人员规划

人员规划是对企业总量、构成、流动的整体规划，包括人力资源现状分析、企业定员、人员需求与供给预测、人员供需平衡等。

（5）费用规划

费用规划是对企业人工成本、人力资源管理费用的整体规划，包括人力资源费用预算、核算、审核、结算，以及人力资源费用的控制。

8.2 员工管理

8.2.1 员工招聘与培训

（1）员工招聘

员工招聘是指汽车维修企业根据人力资源管理规划和工作需求分析，通过各种媒体或个人等信息途径吸引应聘者，以一定的方式选拔和录用维修企业所需要的人员。员工招聘是人力资源管理中的第一个环节，所聘用人员的素质决定了企业人力资源的水平。

员工招聘的类别和原则如下所述。

① 员工招聘的类别。根据招聘人员的途径不同，通常将员工招聘分为内部招聘和外部招聘两类。

内部招聘主要包括企业内部员工提升和内部职位调动两种方式。内部员工提升是指在充分确认汽车维修企业内部员工的素质和能力的基础上，向这些员工分配责任更重的工作和职位更高的职务，一方面可以填补企业内部职位的空缺，另一方面可以为员工提供更广阔的发展空间，充分发挥员工的个人工作能力。内部职位调动是指根据企业和岗位需要，将维修企业员工从原来的工作岗位调往同一层次的空缺岗位工作。

外部招聘主要通过以下途径实现：人才交流市场、猎头公司、媒体广告、校园招聘、网络招聘、专场招聘会等。外部招聘各途径的优缺点见表 8-1 所示。

表 8-1 外部招聘各途径的优缺点分析

序号	招聘途径	优　　点	缺　　点
1	人才交流市场	招聘过程中间环节少，员工选择耗时短，避免携带关系	应聘人员素质参差不齐，对应聘人员的了解较少
2	猎头公司	以较快的速度高效地完成招聘，被雇用人员可以在短期内上岗并发挥重大作用	招聘费用较高
3	媒体广告	信息传播范围广、速度快、应聘人员数量大，层次丰富，企业选择余地大，可以招聘到素质较高的员工	招聘时间较长，广告费用较高，要花费较多的时间进行筛选
4	校园招聘	应聘大学生具有较高的专业素养，发展潜力大，大学生思维活跃，可以给企业带来新的管理理念和技术，有利于企业长期发展	应聘者缺少工作经验，培训所需时间较长，并且需要有较长的适应期招聘所耗费的时间较多，时间成本高，大学生毕业后的到岗率低，失联率高，人才流失大

续表

序号	招聘途径	优 点	缺 点
5	网络招聘	招聘费用低、覆盖面广、时间周期长、联系快捷方便	容易鱼目混珠，筛选手续繁杂，对高级人才的招聘较为困难
6	专场招聘会	用人单位可以和应聘者直接进行接洽和交流，节省了双方的时间	很难招聘到高级人才

② 员工招聘的原则

a. 以岗定员原则。根据维修企业实际工作需要和岗位空缺情况进行人员招聘，并根据岗位对任职者的资格要求对应聘人员进行考核，考核合格者方可录用。

b. 公开、公平、公正原则。对招聘信息、招聘方法进行提前公示，并接受大众媒体监督。既保证招聘工作的公开性，又能吸引大量应聘者。在招聘过程中，严格按照招聘制度进行，保证每一位应聘者能够获得平等的机会。

c. 效率优先原则。效率优先是指维修企业在招聘人员的过程中，尽量做到录用最合适的应聘者。

d. 择优录取原则。招聘过程中，应针对应聘者的思想道德、业务能力、心理素质等方面进行全面、综合考核，并对考核成绩进行排序，择优选拔录用员工。

(2) 员工招聘流程

汽车维修企业对外招聘过程包括三个阶段：前期准备阶段、现场招聘阶段和信息反馈阶段。前期准备阶段主要是企业人力资源部门在充分了解用工市场的前提下，根据各岗位需求情况，制订招聘计划，确定具体招聘时间、招聘岗位和人数，编写招聘信息并通过网络媒体等形式发布招聘信息，接受应聘者的申请；现场招聘阶段主要是对应聘者进行初步甄选和面试，既考核应聘者的专业素质，又要注重考察其职业素养和应变能力等，面试一般包括初试和复试，对合格者发放录用通知单；信息反馈主要是通过对录用者试用期的考核情况，尤其是员工所反映出的问题，进行及时补救，最终录用试用合格的员工为正式员工。具体招聘流程如图 8-1 所示。

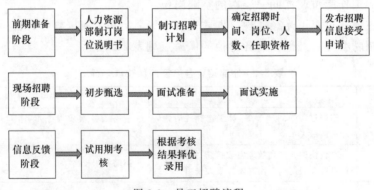

图 8-1　员工招聘流程

(3) 员工培训

"工欲善其事必先利其器"。招聘的员工在进入企业后，若想成为优秀员工，就必须进行一系列的员工培训，通过培训提高个人职业技能和创新能力。员工培训是指为实现企业战略发展目标，满足提升员工职业素质的需求，汽车维修企业定期对员工进行职业素养培训和技能训练的活动过程。

① 员工培训的必要性

a. 汽车技术飞速发展，尤其是欧标规定 2020 年以后不再生产燃油车，近年来随着电动汽车和混合动力汽车逐渐进入大众家庭，新能源技术已成为每一位维修技术人员必须了解和掌握的信息。

b. 随着汽车维修企业数量的增加和规模的不断扩大，消费者在对车辆进行维修和保养时，已不仅仅局限于 4S 店了。因此，为了满足消费者的需求，吸引顾客，无论是维修企业一线技术人员还是管理人员，都要不断提升自身素质，提高维修技术水平和管理能力。

c. 目前，我国汽车维修市场上的维修技术人员普遍存在学历较低、技术水平出众的人较少的现象。为了提高技术人员的文化程度和技术水平，要求企业必须定期对员工进行培训。

② 员工培训的分类

a. 根据培训的目的分类。根据培训的目的不同，员工培训可以分为文化技能培训、岗位培训和学历培训三类。

文化技能培训。文化技能培训是以提高员工文化素养和车辆维修技能为目的的培训。这类培训的针对性较强，而且员工在短期内的提升速度快。技能培训主要与目前快速发展的汽车新技术相结合，对车型的结构特点或企业的运营模式、管理模式进行培训。

岗位培训。岗位培训是针对某些岗位，对企业员工进行专业培训，旨在使员工了解更高一层次岗位的岗位要求，提升员工的职业能力。

学历培训。学历培训通常是员工自行完成的培训。员工利用工作之余，接受更高程度的教育，全面实现自我提升。

b. 根据培训内容分类。根据培训内容不同，将员工培训分为初级培训、中级培训和高级培训三类。初级培训主要是针对新入职员工进行的一般性知识培训和技术方法培训；中级培训是指对在职员工进行的专业培训，既包括理论知识培训，也包括技能培训。中级培训内容通常根据职业资格标准的要求来制订，如汽车中级维修工、高级维修工职业资格等；高级培训一般以短期培训和研讨会的形式实现，培训内容主要是汽车行业的新技术和新观点。

③ 员工培训方式。员工培训方式的选择是人力资源管理中至关重要的一步，如何提升员工培训效果，提高员工培训转化率，是每个企业负责员工培训部门最关注的事情。

a. 讲授法。属于传统的培训方式，优点是运用起来方便，便于培训者控制整个过程。缺点是单向信息传递，反馈效果差。常被用于一些理念性知识的培训。

b. 视听技术法。通过现代视听技术（如投影仪、DVD、录像机等工具），对员工进行培训。优点是运用视觉与听觉的感知方式，直观鲜明。但学员的反馈与实践较差，且制作和购买的成本高，内容易过时。它多用于企业概况、传授技能等培训内容，也可用于概念性知识的培训。

c. 讨论法。按照费用与操作的复杂程序又可分成一般小组讨论与研讨会两种方式。研讨会多以专题演讲为主，中途或会后允许学员与演讲者进行交流沟通。优点是信息可以多向传递，与讲授法相比反馈效果较好，但费用较高。而小组讨论法的特点是信息交流时方式为多向传递，学员的参与性高，费用较低。多用于巩固知识，训练学员分析、解决问题的能力与人际交往的能力，但运用时对培训教师的要求较高。

d. 案例研讨法。通过向培训对象提供相关的背景资料，让其寻找合适的解决方法。这一方式使用费用低，反馈效果好，可以有效训练学员分析解决问题的能力。另外，近年的培训研究表明，案例、讨论的方式也可用于知识类的培训，且效果更佳。

e. 角色扮演法。受训者在培训教师设计的工作情况中扮演其中角色，其他学员与培训教师在学员表演后作适当的点评。由于信息传递多向化、反馈效果好、实践性强、费用低，因而多用于人际关系能力的训练。

f. 自学法。这一方式较适合于一般理念性知识的学习，由于成人学习具有偏重经验与理解的特性，让具有一定学习能力与自觉的学员自学是既经济又实用的方法，但此方法也存在监督性差的缺陷。

g. 互动小组法。也称敏感训练法。此法主要适用于管理人员的人际关系与沟通训练。让学员在培训活动中的亲身体验来提高他们处理人际关系的能力。其优点是可明显提高人际关系与沟通的能力，但其效果在很大程度上依赖于培训教师的水平。

h. 网络培训法。是一种新型的计算机网络信息培训方式，投入较大。但由于使用灵活，符合分散式学习的新趋势，节省学员集中培训的时间与费用。这种方式信息量大，新知识、新观念传递优势明显，更适合成人学习。因此，特别为实力雄厚的企业所青睐，也是培训发展的一个必然趋势。尤其适用于类似现在新冠疫情这种公共卫生紧急状态下的员工培训。

8.2.2 员工绩效考核

（1）员工绩效考核的作用

① 达成目标。绩效考核本质上是一种过程管理，而不是仅仅对结果的考核。它是将中长期的目标分解成年度、季度、月度指标，不断督促员工实现，完成的过程，有效的绩效考核能帮助企业达成目标。

② 挖掘问题。绩效考核是一个不断制订计划、执行、改正的 PDCA 循环过程，体现在整个绩效管理环节，包括绩效目标设定、绩效要求达成、绩效实施修正、绩效面谈、绩效改进、再制订目标的循环，这也是一个不断地发现问题、改正问题的过程。

③ 分配利益。利益不挂钩的考核是没有意义的，员工的工资一般都会分为两个部分：固定工资和绩效工资。绩效工资的分配与员工的绩效得分息息相关，所以一说起考核，员工的第一反应往往是绩效工资的发放。

④ 促进成长。绩效考核的最终目的并不是单纯地进行利益分配，而是促进企业与员工的共同成长。通过考核发现问题、改正问题，找到差距进行提升，最后达到双赢。绩效考核的应用重点在薪酬和绩效的结合上。薪酬与绩效在人力资源管理中是两个密不可分的环节，在设定薪酬时一般已将薪酬分解为固定工资和绩效工资，绩效工资正是通过绩效予以体现的，而对员工进行绩效考核也须表现在薪酬上，否则绩效和薪酬都失去激励的目的。

（2）员工绩效考核的目的

① 从目标到责任人。绩效考核不是孤立事件，它与企业人力资源管理、经营管理、组织架构和发展战略都具有相关联系，企业战略目标通过目标责任体和组织结构体系分解到各个事业单元，与对应的责任人挂钩。

② 从出发点到终点。因目标不是独立部门可以完成的，从任务出发点到终点，通过企业每一环节的优秀业绩，保证整体业绩的最优。因此根据业务流程图，明确部门间的协作关系，并对协作部门间的相互配合提出具体要求。

③ 对目标责任的一致认可。对工作目标的分解，要组织相关责任人多次研讨，分析可

能性，避免执行阻力，直到目标由考核者和被考核者达成一致，这时以责任书的方式统一发布，并要明确奖惩条件，由责任书发出者与责任书承担者双方签订责任书的方式确定。

(3) 员工绩效考核的内容

绩效考核主要是考核员工的业绩、行为和能力方面。

① 基本指标。工作绩效考核指标很多，基本指标主要应考虑以下几个方面。

a. 工作态度。包括工作责任感、主动性、工作热情。

b. 工作质量。

c. 出勤率。

d. 技术技能。

e. 团队合作精神。

② 服务指标。维修企业绩效考核主要服务指标如下。

a. 入厂维修台数。

b. 销售额（工时费＋零件）。

c. 服务保持率（从服务站买车的客户有多少回本站维修和保养）。

d. 零件的总销售额、内销销售额和外销销售额。

e. 零件在库总额或零件在库月数。

f. 保险车辆续保率。

维修企业可以将以上指标或部分目标作为考核指标，对于服务顾问可以考核每名服务顾问创造的销售额、毛利率、保险车辆续保率等。对于修理工可以以班组为单位考核平均每月的修理车辆数、毛利率。

例如，某汽车维修企业共 21 项定性指标，其中行为/态度指标 7 项，能力指标 14 项，全公司统一。定性指标的分值等级用"行为定位等级评价法"确定，即通过行为定位等级评价表，定义各种水平具体行为等级及考评标准。0～4 分代表"缺乏满足客户的需求的愿望和态度；个人生活的独立性差，思考问题总是从个人利益出发；交谈或办事可能常常表现出不耐烦或缺少热情"。5～8 分代表"基本能够做到沉稳应对各种客户及紧急事件；思考、处理各种问题能够站在公司的角度出发"。9～10 分代表"了解客户的潜在需求并为客户的利益发展提供建议"。把发展客户与给予服务作为一种价值取向来要求自己，并成为一种职业习惯和行为。

(4) 员工绩效考核基本原则

① 公开性原则。让被考评者了解考核的程序、方法和时间等事宜，提高考核的透明度。

② 客观性原则。以事实为依据进行评价与考核，避免主观臆断和个人情感因素的影响。

③ 开放沟通原则。通过考核者与被考评者的沟通，解决被考评者工作中存在的问题与不足。

④ 差别性原则。对不同类型的人员进行考核，内容要有区别。

⑤ 常规性原则。将考核工作纳入日常管理，成为常规性管理工作。

⑥ 发展性原则。考核的目的在于促进人员和团队的发展与成长，而不是惩罚。

(5) 考核方法

① 图尺度考核法。图尺度考核法是最简单和运用最普遍的绩效考核技术之一，一般采用图尺度表填写打分的形式进行。

② 交替排序法。交替排序法是一种较为常用的排序考核法，其原理是：在群体中挑选

出最好的或者最差的绩效表现者，较之于对其绩效进行绝对考核要简易得多。因此，交替排序的操作方法就是分挑、排列"最好的"与"最差的"，然后挑选出"第二好的"与"第二差的"，这样依次进行。到将所有的被考核人员排列完全为止，从而以优劣排序作为绩效考核的结果。

③ 配对比较法。配对比较法是一种更为细致的通过排序来考核绩效水平的方法。它的特点是每一个考核要素都要进行人员间的两两比较和排序，使得在每一个考核要素下，每一个人都和其他所有人进行了比较，所有被考核者在每一个要素下都获得了充分的排序。

④ 强制分布法。强制分布法是在考核进行之前就设定好绩效水平的分布比例，然后将员工的考核结果安排到分布结构里去。

⑤ 关键事件法。关键事件法是一种通过员工的关键行为和行为结果来对其绩效水平进行绩效考核的方法，一般由主管人员将其下属员工在工作中表现出来的非常优秀的行为事件或者非常糟糕的行为事件记录下来，然后在考核时点上（每季度或者每半年）与该员工进行一次面谈，根据记录共同讨论，对其绩效水平做出考核。

⑥ 行为锚定等级考核法。行为锚定等级考核法是基于对被考核者的工作行为进行观察、考核，从而评定绩效水平的方法。

⑦ 目标管理法。目标管理法是现代更多采用的方法，管理者通常很强调利润、销售额和成本这些能带来成果的结果指标。在目标管理法下，每个员工都有若干具体的指标，这些指标是其工作成功开展的关键目标，它们的完成情况可以作为评价员工的依据。

⑧ 叙述法。在进行考核时，以文字叙述的方式说明事实，包括以往工作取得了哪些明显的成果，工作上存在的不足和缺陷是什么。

8.2.3 员工薪酬和激励

（1）员工薪酬

① 员工薪酬概念。《国际会计准则》称企业员工为雇员，我国将企业员工称为职工而非雇员。我国对企业发放给职工的劳动报酬统称为职工薪酬，而不仅仅是职工福利，因为职工福利在我国有特定的含义，即一般指职工福利费，不包括工资、奖金、津贴等，这与《国际会计准则》所称"雇员福利"中的"福利"概念有所区别。所以，采用"职工薪酬"的说法较为准确。

职工报酬，是指企业为获得职工提供的服务而给予其各种形式的报酬以及其他相关支出。

② 职工薪酬的范围。职工薪酬包括以下几个方面。

a. 职工工资、奖金、津贴和补贴、提成。

b. 职工福利费。

c. 医疗保险费、养老保险费、失业保险费、工伤保险费和生育保险费等社会保险费。

d. 住房公积金。

e. 工会经费和职工教育经费。

f. 非货币性福利。

g. 因解除与职工的劳动关系作的补偿。

h. 其他与获得职工提供的服务相关的支出。

③ 职工薪酬的考核标准。根据对激励性薪酬体系设计目标的分析，可推出一个具有激

励性，并能吸引、保留公司核心员工的薪酬体系，该体系应在符合国家和地方法律、法规的条件下，对内公平合理，对外具有竞争力，并能激励员工不断提升人力资源能力。据此，可得出激励性薪酬体系设计要考虑的因素有企业业绩、生活水平、市场供求关系、劳动关系。其中，前两个是决定因素，后两个是调节因素。

综合考虑这些因素，可以得到确定薪酬的五大指标：岗位工作的价值、员工的能力、相关岗位人力市场的需求情况、当地最低工资标准、企业人力资源成本。

a. 岗位工作的价值。岗位工作的价值，是指企业中每个岗位的工作价值，即每个岗位间的相对重要性，或每个岗位对公司业绩的相对贡献度。此处的工作价值，是一个相对价值，或"可比价值"，是将公平付薪建立在更为宽广的基础上，而不是将报酬公平与否的注意力仅放在相同的职位上。工作的价值，一般是通过工作评估或岗位评估来确定的。

b. 员工的能力。员工的能力，也是一个相对概念，是指员工具备的工作技能和与工作相关的知识。随着知识经济时代的到来，员工的知识资本对公司业绩的贡献越来越受到关注。企业内部对人力资源开发的重视以及信息化、流程重组带来的组织扁平化，中层管理工作的缩减，管理者的晋升计划减少，在薪酬体系中考虑员工的相对价值，更成为激励员工的切入点。员工的相对价值，通常根据员工的任务达成能力或职责掌握能力来确定，员工相对价值的评定手段是绩效考核与技能鉴定。

c. 相关岗位人力市场需求情况。对企业中不同岗位在当地人力市场的情况，主要是指人力市场上各职种的薪金水平情况。薪金（主要是基本薪酬）水平直接影响企业招聘计划的有效推行，市场薪金水平是通过薪酬调查确定的。

d. 当地最低工资标准。当地最低工资标准规定了当地员工维持一定生活水平所需要的生活费。我国许多地方政府都规定了城市居民的最低生活费，企业在考虑生活成本时，可将其作为一个参考。

e. 企业人力资源成本。企业的企业人力资源成本，一方面受到人力资本的投入产生的价值、带来的利益的影响，另一方面也决定员工的生产力、公司的资本结构、用于再投资金额、经济状况和竞争能力等。"企业人力资源成本"是很难下定义的，企业人力资源成本到底多高，也是很难测算和富有争论性的。因此，"企业人力资源成本"确定的方式，常常需要员工与公司管理层通过协商合作来解决。

从这五个方面进行考量，是制定薪酬体系的基本坐标，同时薪酬体系的制定也要同企业的战略目标相适应，现代企业的管理是一种"人性化的管理"，从人力资源的角度说，这种管理的目的就是最大限度激发挥员工的积极性。在我国企业管理不断发展的今天，薪酬是与员工积极性结合最紧密的一个因素。

④ 维修工人计酬方式。目前，国内汽车维修企业采用的计酬方式主要有按工时计酬、按产值计酬、工资加奖金计酬和保底工资加产值提成计酬四种方式。

a. 按工时计酬

$$月工资 = 月工时费收入 \times 提成比例$$

这种分配方式上不封顶，下不保底，员工无最低工资保障。这种分配方式适用于机修工、电工、钣金工，统计时不管材料费为多少，只统计工时费。

b. 按产值计酬

$$月工资 = 月产值 \times 提成比例$$

这种分配方式适合喷漆工。喷漆工因其工种的特殊性，原材料易耗和在工作中的人为因素较大,所以采用全包干的分配方式,即喷漆用的原材料及人工费均由喷漆工承包,然后再与修理厂分成。

此种分配方式的缺点是喷漆工为减少成本增加收入有时简化工序,偷工减料,如本来应喷三遍漆,结果只喷了两遍漆。因此采用此种计酬方式应加强质量检验,加强过程控制,对因简化工序、偷工减料而造成的返工由承修者承担全部返修费用,并进行经济处罚。

c. 工资加奖金计酬

$$月工资 = 工资 + 补贴 + 奖金$$

式中　工资——根据国家规定,分成几个档次,档次要考虑技术级别、工龄等;

补贴——包括工种劳保补贴、误餐补贴等;

奖金——按服务站规定提取奖金。

此种计酬方式一般为国营服务站采用。

d. 保底工资加产值提成计酬

$$月工资 = 保底工资 + 产值(或利润)提成$$

此种计酬方式员工有最低工资保障。

以上几种分配方式的提成比例由厂方根据提供的生产条件、设备水平及当地维修市场的行情而定。

⑤ 管理人员计酬方式。管理人员计酬方式分为按工人平均工资计酬、月度绩效考核和年薪制三种。

a. 按工人平均工资计酬。一般管理人员按工人平均工资发放,部门负责人按工人平均工资乘以系数计酬,不同级别的管理人员可选定不同的系数,在此基础上,为提高管理人员的责任心,年底按效益情况再发放一定数额的奖金。

b. 月度绩效考核。考核内容包括两个方面:一是经营目标绩效考核,二是客户满意度绩效考核。经营目标绩效考核主要是客户毛利目标的达成率,包括毛利目标达成绩效和毛利目标超额绩效两部分。客户满意度绩效考核根据企业实际满意度排名进行奖励。

c. 年薪制。采用此种计酬方式的人员为企业的高层管理人员,有专门技术或较高业务水平的管理人员。

(2) 员工激励

员工激励是指通过各种有效的手段,对员工的各种需要予以不同程度的满足或者限制,以激发员工的需要、动机、欲望,从而使员工形成某一特定目标并在追求这一目标的过程中保持高昂的情绪和持续的积极状态,充分挖潜力,全力达到预期目标的过程。

① 激励机制。企业用适当的诱因去满足员工的需要,可以激励起员工的工作积极性,提高其工作效率。激励机制包括物质激励和精神激励。

a. 物质激励。物质激励包括以下四方面的内容。

(a) 员工工资直接反映当前员工的工作绩效。

(b) 奖励制度。奖励员工在某一项目或某一时间内的特殊贡献。

(c) 福利包括养老保险、法定假日及带薪休假等。

(d) 长期激励体现员工长期的价值,如配乘用车、分配住房等。

b. 精神激励。精神激励包括以下四方面的内容。

(a) 荣誉激励。表彰员工在某一方面的特殊贡献,或表扬突出事迹。荣誉激励应及时,便收到好的效果。

（b）感情激励。关心员工工作和生活，为员工设计职业生涯。
（c）参与激励。让员工参与企业管理，为企业献计献策。
（d）教育激励。提供职工受教育的机会。

② 员工激励的特点。激励是对员工潜能的开发，它完全不同于自然资源和资本资源的开发，无法用精确的计算来进行预测、计划和控制。员工激励有以下特点。

a. 激励的结果不能事先感知。激励是以人的心理作为激励的出发点，激励的过程是人的心理活动的过程，而人的心理活动不可能凭直观感知，只能通过其导致的行为表现来感知。

b. 激励产生的动机行为是动态变化的。从认识的角度来看，激励产生的动机行为不是固定不变的，受多种主客观因素的制约，不同的条件下，其表现不同。因此，必须以动态的观点认识这一问题。

c. 激励手段是因人而异的。从激励的对象来看，由于激励的对象是有差异的，人的需要也千差万别，从而决定了不同的人对激励的满足程度和心理承受能力也各不相同。因此，要求对不同的人采取不同的激励手段。

d. 激励的作用是有限度的。从激励的程度上看，激励不能超过人的生理和能力的限度，应该讲究适度的原则。激励的目的是使人的潜力得到最大限度的发挥。但是，人的潜力不是无限的，它受到生理因素和自身条件的限制。所以，不同的人发挥的能力是不同的。

③ 员工激励的作用

a. 有利于形成员工的凝聚力。组织的特点是把不同的人统一在共同的组织目标之下，使之为实现目标而努力。因此组织的成长与发展壮大，依赖于组织成员的凝聚力。激励则是形成凝聚力的一种基本方式。

通过激励，可以使人们理解和接受组织目标，认同和追求组织目标，使组织目标成为组织成员的信念，进而转化为组织成员的动机，并推动员工为实现组织目标而努力。

b. 有利于提高员工的自觉性和主动性。个人的行为不可避免地带有个人利益的动机，利益是调节员工行为的重要因素。通过激励，可以使员工认识到在实现组织最大效益的同时，也可以为自己带来利益，从而可以将员工的个人目标与组织目标统一起来。二者统一的程度越高，员工的工作自觉性就越强，其工作的主动性和创造性也越能得到发挥。

c. 有利于员工开发潜力和保持积极状态。在客观条件基本相同的前提下，员工的工作绩效与员工的能力和激励水平有关。通过激励，可以充分挖掘员工潜力，利用各种机会提高其工作能力，这是提高和保持高水平绩效的重要条件。另外，通过激励，还可以激发员工产生持之以恒的工作热情。

8.2.4 汽车维修企业业绩管理系统

业绩管理是企业通过一定的人力资源管理手段和方式对员工及组织业绩进行管理的活动。业绩管理是保证组织目标实现的关键，同时，通过业绩管理，实现员工业绩的改善和组织业绩的提升，最终实现员工和组织的共同发展。

业绩管理的目的在于通过对现有绩效的考核、评价，对员工的表现进行肯定和激励，同时，通过分析找出存在的问题和差距，采取相应的措施改善和提高员工及组织效能，使企业最终获取竞争优势，不仅实现既定的战略目标，同时创造超额绩效。

下面以F6智修系统介绍业绩管理系统，其功能是完成业绩明细统计，技师、服务顾问、仓管业绩提成设置。

（1）业绩明细

F6 系统结合汽车维修企业实际情况，设置保养、美容、钣喷、轮胎等业绩名称，企业管理人员可以根据此表查询员工的业绩明细。F6 智修系统业绩明细如图 8-2 所示。

如何统计服务
顾问业绩

图 8-2　F6 智修系统业绩明细

（2）业绩提成设置

F6 系统根据不同的业绩名称，设定不同的提成指标。F6 智修系统业绩提成设置如图 8-3 所示。

图 8-3　F6 智修系统业绩提成设置

第9章

汽车维修连锁企业管理

9.1 连锁企业概述

9.1.1 连锁企业定义

连锁经营是现代市场经济国家零售业普遍采用的经营方式和组织形式,产生于美国,至今已有100多年的历史。其经营范围覆盖了整个商品流通业和服务业,成为世界发达国家和地区商业发展特别是零售业依托的主要形式。连锁经营一般是指经营同类商品或服务的若干个经营单位,以一定形式组成一个联合体,通过对企业形象和经营业务的标准化管理,实行规模经营,从而实现规模效益。

连锁企业是指采用连锁这种经营方式、将多个分店组成一个整体的企业形式,其本质是把现代化工业大生产的原理应用于商业,改变传统商业那种购销一体、柜台服务、单店核算、主要依赖经营者个人经验和技巧来决定销售的小商业经营模式,它实现了店名、店貌、商品、服务方面的标准化,商品购销、信息汇集、广告宣传、员工培训、管理规范等方面的统一化。最终实现商业经营活动的标准化、专业化和统一化,从而达到提高规模效益的目的。

9.1.2 连锁企业本质

文化是企业的"思想",没有文化的企业就如同没有思想的动物。连锁企业要成为长久经营的企业和真正有成就的企业,也必须要有自己的"文化"。连锁扩张实际上也就是一种文化的扩张,只是这种文化的扩张应该是融入式的和渐进式的,而不是征服式的。

连锁企业的文化应该是建立在企业精神的基础之上,以完整的连锁管理制度为依托,以鲜明的连锁形象为载体,符合目标消费群的精神和物质需要,适合连锁市场特点的一种先进文化,它是连锁企业的灵魂。它的核心价值在于为连锁企业、为消费者、为社会创造无限的价值!

9.1.3 连锁企业特征

(1)连锁品牌

品牌可以说是连锁企业的生命,它可以说是连锁企业服务和质量的保证。连锁企业之所以能够得到持续快速的发展,一定程度上也是连锁企业的品牌效应在不断放大的过程。

因此,作为一个连锁企业而言,品牌连锁就显得尤为重要,甚至于应该把它摆在一个比较中心的位置。

如何进行品牌连锁,"定位"一词是由美国人艾·里斯和杰克·特劳特在1972年在《广告时代》首先提出并加以推广应用的。里斯和特劳特认为,定位是针对现有产品的创造性的思维活动,是指要针对潜在顾客的心理采取行动。

这就是说,要将产品定位在潜在顾客的心中。该战略无论对于连锁组织还是其他发展形式的企业均适用。品牌定位的核心是 STP,即细分市场(segmenting)、选择目标市场(targeting)和具体定位(positioning)。和教育、饮食、百货、美容等有关的连锁组织都需要优先确定所在行业的细分市场特性,并从细分市场的归类中得到组织的目标市场定位,连锁店的目标市场确定可以最终导向性的确定其店址的设立,只有正确地选择目标市场才可能按照定位要求得到最大化的收益。

连锁企业们在创立初期就明白的是:组织资源有限,在不同的细分市场会遭遇不同的竞争对手,只有明确的、具有竞争优势的战略定位才可以奠定品牌可持续成长的基础。

在给自己的品牌予以定位以后,在发展分部或者是加盟商的过程中,就应该选择相同的(相似的)目标市场,减少分店之间的差异,这样,就不至于使自己的品牌的定位发生错位。因为分部或者加盟商的经营可以增强品牌定位和价值,也可能因不慎的行为而导致品牌受损。

由于各个分部或者是加盟商因其处的位置不同,当地的生活习惯和消费习惯也会有所不同,这就给连锁品牌的扩张带来了一定的难度,这就更需要加强对品牌扩张的管理,慎重扩张。

品牌管理体现在统一的店面设计、统一的服务流程、统一的产品品质和价格之中。其主要内容包括:关注到品牌价值的认定,作为收取加盟权利金的依据之一;建立品牌贡献的KPI(品牌指标体系),监督销售终端在品牌方面的贡献或损害。

(2)连锁标准

标准化可以说也是连锁企业的一个特性。在连锁企业中,标准化是保障企业进行低成本营运的基本原则,是配送中心和采购职能部门大规模高效运作的前提,这与战略目标的唯一化和明确化紧密相关。而且,连锁经营想要系统管理下属分部和加盟商,需要更加简单的方式和更短的途径,需要更加简单的程序完成复杂的问题,无疑,标准化是个好办法。连锁企业之所以叫连锁,就是因为企业的标准具有可复制性。

标准化的内容,无论企业如何扩张,都必须制订自己的主营业态,并且要有标准化的门店,要求统一管理,统一进货,统一标识,统一培训,统一促销,统一价格,统一服务。这样,有利于保持企业的统一品牌形象,确保消费者对品牌的统一的清晰的认知。

个性化的门店会造成事实上的单店经营,难以实现真正意义上的连锁管理。如果要求单店对不同商圈采用个性化竞争手法,商品库存资金利用效率由门店负责,就会导致整个企业的经营最终依赖于各个单店的经营绩效,同时必然带来扩张和管理上的困难,这与通过连锁经营实现快速扩张和规模效益是背道而驰的。

流程的标准化需要具备单一、简单、固定等特征。包括销售的标准化、库存的标准化、结算方式的标准化以及顾客服务的标准化等。业务流程标准化的好处是显而易见的。首先,它有利于确保品牌定位的清晰性,确保对品牌的有效管理。其次,这样也有利于总部加强对分部及加盟商的考核和管理。业务流程标准化的前提是店铺的标准化。如果店铺都是个性化的,每个店铺的管理就不可能统一,更多地依赖于"人治"而不是"法制",从而使得管理随意性增强,最终造成没有流程的混乱局面。

连锁企业管理方式的标准化主要包括企业总部对分部或加盟商的主要管理人员实行统一的培训，还有就是在对各个分店的业绩考核上，主要是用销售额、品牌贡献率等指标来考核。管理方式的标准化的一个重要特征就是用数据说话，因而，又被称为管理数字化。

用数字管理企业虽不是最好的，但数据的产生是最真实的，我们如果能够将数据加以系统的收集、整理、提炼、分析，形成一套能够指导经营的信息加工系统，不论谁有没有经验，只要通过数据都能够对经营做出正确认识，那样我们的管理将更加简单化，管理的透明度和可控性将大大提高，比起我们凭个人经验管理和经营会有天壤之别。

（3）连锁文化

文化连锁是连锁的最高境界。由于连锁经营并没有一般企业那样严格的隶属关系，相对属于一种松散性的"联邦"性质的组织联合体，总部给予分部或者加盟商的权力较大。因此，总部对于分部或者加盟商的实行有效管理的难度是比较大的。这个时候，除了我们之前说的实行标准化管理以外，还必须有文化上的管理。

文化管理的内容主要包含有两个方面的内容：一是培养分部和加盟商对企业远景、理念、企业价值观的认同感，二是培养分部与加盟商对连锁品牌的主人翁意识，增加连锁企业的向心力和凝聚力，以便使他们能够自觉地维护连锁品牌的形象，并为连锁品牌的发展献计献策。如果分部和加盟商不能对连锁企业总部的企业文化有认同感，没有一种对连锁品牌的强烈的归属感，奢望他们主动参与连锁品牌的维护，是徒劳的。而目前国内的连锁企业在对其分部和加盟商进行培训时，往往容易忽略这一点，这样，就很容易造成分部和加盟商只注重自己的利益，而对品牌的整体形象和企业的整体利益有所忽视。

对消费者而言，每一种品牌都应该意味着一种文化。发展连锁店时，在连锁店标准化的同时，更应该注重连锁企业外在的品牌文化。在这一方面做得比较好的是麦当劳、肯德基等国外连锁品牌。如麦当劳经营的不仅仅是汉堡和炸鸡等快餐，它的产品的背后有一个巨大的企业文化系统在支持。

消费者在麦当劳消费的主要目的不仅仅是吃饭，还在于享受那种独特的文化氛围。而国内连锁品牌在这一方面做的还很有欠缺。其中最关键的原因就是，连锁企业本身都没有一个恰当的品牌文化，大多只是停留在名称品牌阶段，离文化品牌还有很长一段距离要走。

9.1.4 连锁企业作业系统

连锁企业由总部、配送中心和分店三部分构成。其基本作业系统包括营销系统、采购系统和物流配送系统。

连锁企业的独特营销系统，是一种可以集中管理的技术密集型的行销网络，由总部营销和分店营销两部分组成。总部营销是营销系统的神经中枢，对整个营销系统负责，并对分店营销拥有指导、监督、检查的职能。分店营销的主要职能是按照总部的要求销售商品或服务。

连锁企业的经济利益主要来自规模效益，其中以较低的采购成本组织商品，是取得规模效益的重要方面。实现采购成本较低的关键则是集中、统一的批量进货。这对连锁企业和供应厂商双方都有好处。正是这种建立在连锁企业自身与供应厂商之间利益均衡与协调发展基础上的供货关系，形成了连锁企业与供应厂商共同开发市场、共同获取利益的依存关系，这种依存关系使两者在面向市场方面结成联盟，使消费品由生产厂商通过连锁企业的销售网络直达消费者手中，形成了中间环节最少的连锁商店采购系统。

连锁企业的物流配送系统是整个物流系统的重要组成部分，集中承担着连锁企业的储存、加工、配送和运输功能。在发达国家，连锁企业获得迅速发展与建立统一的物流配送中心有着直接的关系。高效率的综合运输、配送体系，全过程的信息跟踪与服务能力，具有综合服务功能的物流中心建设，贴近客户的供应链分析与管理使得连锁企业飞速发展成为可能。

9.2 连锁企业管理

连锁经营管理，是指在流通领域中，若干同业商店以统一的店名、统一的标志、统一的经营方式、统一的管理手段连接起来，共同进货、分散销售，共享规模效益的一种现代组织形式和经营方式。

其实质是把现代化的大生产的原理应用于商业流通领域，达到提高协调运作能力和规模效益的目的。发展连锁经营管理，可以改变我国商业中陈旧的经营观念、落后的经营管理模式，改变低效率的物流运作方式，完善经营机制，为商业企业的经营管理注入新的活力，可以促进大流通、带动大生产，改进传统商业，提升流通产业竞争力，推进流通现代化，从而提高企业工作效率和经济效益，增强竞争力。连锁经营管理在我国沿海地区和部分大、中城市已经起步，而且发展速度逐步加快，日益显示出其经营优势，已成为我国零售业、餐饮业和服务业普遍应用的经营方式和组织形式，并加快向汽车、医药、烟草、家居建材、加油站等多业种渗透，显示出强大的生命力和发展潜力。

9.2.1 配件管理

汽车配件是指能直接使用于汽车装配或维修的零部件物品，是进行维修服务的重要物资条件。汽车配件管理具体包括配件的采购管理、配件的入库管理、配件的库存管理、配件的盘点管理、配件的待废品管理、配件的退货管理、配件的账务登记管理、安全维护管理、配件出库管理、资料保存管理等内容，配件采购、入库、库存及出库每一个主要环节之间搬运的管理。

车辆配件管理是车辆维修业务管理的内容之一，车辆维修所使用的配件直接影响车辆维修后的质量、安全、企业信誉和经济效益。因此，车辆维修企业须加强对配件的管理，建立和健全包括采购、保管、使用等过程的质量管理体系，有效压缩库存量，降低成本，不断改进管理方法、提高企业信誉和经济效益。

(1) 汽车配件的概念及类别

① 汽车配件的概念。汽车配件是指构成汽车整体的各单元的零部件及服务于汽车的所有消耗性材料。

② 汽车配件的类别

a. 按汽车配件在汽车上的功能分类汽车配件可分为以下几类。

(a) 汽车零部件。主要包括汽车发动机、底盘、电气系统的配件、车身及附件、维护工具等。

(b) 汽车标准件。适用于汽车行业的标准件称为汽车标准件，它们具有互换性，如轴承、螺栓、垫圈、键、销等。

(c) 汽车运行材料。如各种燃料、润滑油料、各种溶液（如制动液、冷却液等）及汽车轮胎等。

(d) 汽车美容材料。主要指汽车内、外装饰用品，如车身保护蜡、全身坐垫套、脚踏垫、挂件、车内香水、玻璃贴膜、底盘装甲及车身封釉用品等。

b. 按汽车配件的结构情况分类汽车配件可分为以下几类。

(a) 零件。是一个不可再拆卸的整体。又可分为汽车专用零件（如活塞、气门、半轴等）和汽车通用标准件（如轴承、螺栓、垫圈等）。

(b) 合件。是指将两个以上的零件装成一体，起着单一零件的作用，如带盖的连杆、成对的轴瓦、带气门导管的缸盖等。合件的名称以其中的主要件而定名，例如，带盖的连杆定名为连杆。

(c) 组合件。是指由几个零件或合件装成一体，但不能单独发挥某种功能，如离合器压板及盖、变速器盖等。有时也将组合件装成一体，但它与能单独发挥某一机构功能的总成件是有区别的。

(d) 总成件。由若干零件、合件、组合件装成一体，能单独发挥某一项功能，如发动机总成、变速器总成等。

(e) 车身覆盖件。由板材冲压、焊接成型，并覆盖汽车车身的零件称为车身覆盖件，如散热器罩、发动机罩、翼子板等。

c. 按汽车配件的来源情况分类汽车配件可分为以下几类。

(a) 原厂汽车配件（原厂件）。也称为纯正件，是使用整车生产厂家的原厂商标的装车件。其质量好，服务体系完善，但价格高，一般由原厂售后服务部门进行区域调配，也对外销售。

(b) 配套厂汽车配件（品牌件）。是由整车厂认定的零部件配套厂生产的，除为整车提供配套装车外，也可在整车厂许可的情况下对外销售配件，但不允许使用整车厂的品牌商标，均采用配套厂自己的品牌商标。其质量与原厂零件区别不大，价格相比原厂件低一些。

(c) 许可生产件（副厂件）。是指经整车生产厂家许可生产和销售且质量经整车厂认证的，主要用来维修汽车时使用的零配件。其价格较原厂件和配套厂件低一些。

(d) 其他汽车配件（仿制件）。是指某厂采用原厂图样或实物自选生产的零配件。一般其价格低廉，质量参差不齐。

(e) 拆车件和翻新件。拆车件是指从报废车辆上拆下的零件，常用于使用时间长的进口车辆的修理。翻新件是指经过专业厂家重新修复或加工的旧件，一般能够满足汽车的使用性能，并有质量保障，如翻新的自动变速器、液力变矩器等。

(2) 汽车配件行业常用术语

① 车辆基本情况术语。车辆基本情况术语包括对汽车品牌、制造厂家、年款、车型、车身形式、车辆配置、驱动形式、生产方式（进口或散件组装等）、车型参数等车辆相关信息的专业化描述。

② 配件基本情况术语。配件基本情况术语包括配件种类、材质、形式、各项技术参数、配件来源、生产厂家及品牌、相关产品和配套工具等方面的知识。

③ 车辆识别代码。车辆识别代码和英文缩写为 VIN。它是一个由 17 位字母和数字组成的编码，又称 17 位识别代码。

a. 车辆识别代码的作用。车辆识别代码经过排列组合，可能使各汽车制造厂生产的车型在 30 年之内不会发生重号现象，这很像人们的身份证不会产生重号一样，它具有对车辆的唯一识别性，因此又有人将其称为"汽车的身份证"。

b. 车辆识别代码的基本内容及含义。车辆识别代码由世界制造厂识别代码（WMI）、车辆特征说明代码（VDS）、每辆车出厂信息指示代码（VIS）三个部分组成。

（a）第一部分，车辆识别代码举例。

现代公司代号	适用车辆类型
KMH，KPH	轿车/载货车

（b）第二部分，为车辆说明部分。

VIN 的第 4 位字码，表示车辆型号。

代码	车型	代码	车型	代码	车型
A	SONATA 右置方向盘	J	ELANTRA	L	EXCEL
B	SONATA 左置方向盘	K	GALLOPER	U	SCOUPE 右置方向盘
				V	SCOUPE 左置方向盘

VIN 的第 5 位字码，表示车身类型。

代码	车身类型	代码	车身类型	代码	车身类型
N	2 门短车身金属顶	P	4 门长车身中顶	F	4 门小轿车
L	2 门短车身乘用车	R	4 门长车身高顶		

VIN 的第 6 位字码，表示车辆系列，按车身型及变形分为以下内容。

代码	系列	代码	系列	代码	系列
S	标准型轿车	E	豪华型轿车	U	超豪华型轿车
1	除轿车外的标准型	2	除轿车外的豪华型	3	除轿车外的超豪华型

VIN 的第 7 位字码，表示约束系统。

代码	车辆类型	约束系统	
0	轿车	安全带装置	无装置
1			主动安全系统
2			被动安全系统
7	除轿车外的车辆	制动系统	液压型
8			气动型
9			混合型（液压型和气动型）

VIN 的第 8 位字码，表示发动机型式。

代码	发动机型式	代码	发动机型式	代码	发动机型式
A	2476CCN/A 柴油	B	2476CC T/C 柴油	P	1795CC
H	2972CC 汽油	L	2351CC 汽油	S	2351CC
F	1997CC	T	2972CC		

(c) 第三部分，为检验位。

(d) 第四部分，为车辆指示部分。

VIN 的第 10 位字码表示车型年份。

VIN 的第 11 位字码表示装配厂，如代码 U 表示 ULSAN（釜山）装配厂。

VIN 的第 12～17 位字码表示生产序号。

④ 汽车零配件的编号。在中国，汽车零部件编号按 QC/T 265—2004《汽车零部件编号规则》统一编制。该标准规定了各类汽车、半挂车的总成和装置及零件号编制的基本规则和方法。该标准适用于各类汽车和半挂车的零件、总成和装置的编号。

a. 国产汽车配件的编号规则。汽车零部件编号表达式由企业名称代号、组号、分组号、零部件顺序号、源码和变更代号组成。

b. 汽车零部件编号表达方式如图 9-1 至图 9-3 所示。

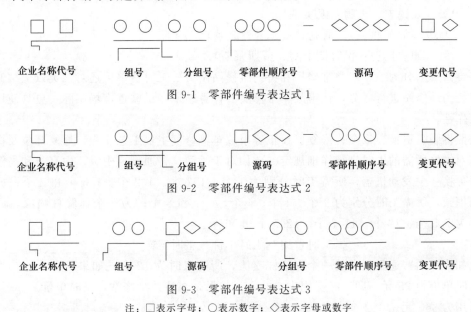

图 9-1　零部件编号表达式 1

图 9-2　零部件编号表达式 2

图 9-3　零部件编号表达式 3

注：□表示字母；○表示数字；◇表示字母或数字。

9.2.2　工时管理

在汽车维修管理中，影响效率的因素是多方面的。因此探索它的变化规律需要具备多方面的知识、技能以及管理措施。工时定额管理办法跟传统的管理办法相比，最大的优点就是不需要对作业系统进行改变，因此汽车维修企业中的工时管理具有重要的意义，是探索提高工作效率的有效途径。

工时定额

工时定额主要指的是在满足一定的生产技术和生产组织条件的基础上，通过对生产工具的充分利用、对劳动方式进行合理组织以及运用先进的经验等实现某一件产品生产或者是某一项工序作业所必须要花费的时间，因此工时定额又经常将工序作为计算单位来制定工序和工时。

当前，从我国汽车维修行业管理的现状来看，主要存在五个方面的问题；一是诚信方面的问题；二是质量方面的问题，主要是因为技术资料匮乏以及不能有效落实技术指标和规范造成的;三是个性化服务不到位;四是部分从事汽车维修工作人员自身的技术实践和管理能力缺乏;五是维修价格方面的问题。

针对上述的五个问题,实施工时定额就能够有效解决。作为企业维修管理工作者,必须具备创新的理念,通过创新的管理方式和管理制度来提高管理的水平,为广大客户提供优质服务。

"工时单价"是指具备熟练技能的车辆修理人员有效工作一个小时的人工费用,维修厂家类型和承修车辆车型车种不同,工时单价也不同。

在工时单价方面,考虑到不同等级的轿车整车价值相差较大,可以将轿车分为五种等级,适用不同工时费单价。例如:

① 微型(如夏利 N3 系列、自由舰、吉利)。
② 普通型(如捷达、飞度、速腾)。
③ 中级(如锐志、迈腾、凯美瑞)。
④ 中高级(如奥迪 A6、别克君威、宝马 3 系)。
⑤ 高级(如法拉利、保时捷卡宴、劳斯莱斯)。

将维修厂家分为一、二类维修厂和特约维修站两类。工时费单价还对二类以上维修企业与轿车特约维修站进行区分,让事故车维修费的计算结果尽量贴近市场实际,更具使用价值和可操作性。

按照拆装、更换、钣金、修复、校正等事故车辆修复主要工艺流程、修复部位及损失程度等,对维修所需的工时进行详细规定。比如对于微型、普通型、中级、中高级和高级五类车型,更换一个发动机盖,所需工时分别为 1 个、1.2 个、1.2 个、1.5 个和 2 个;拆装一个水箱框架,所需工时分别为 3 个、4 个、4 个、6 个和 8 个;为一个保险杠喷漆,所需工时分别为 7.5 个、12 个、11.7 个、12.5 个和 16 个。

$$工时费用 = 工时单价 \times 工时定额$$

比如为一辆普通型轿车的一个保险杠喷漆,所需工时为 12 个,如果是在一、二类维修厂,工时单价为 25 元,即工时费用为 300 元;如果是在特约维修站,工时单价为 30 元,则工时费用为 360 元。

要修复一辆迈腾(中级轿车)的保险杠,假设是在一、二类维修厂维修,则其工时单价为 30 元,而工时定额为 3,其修复的工时费用就为 90 元。

9.2.3 服务管理

(1) 汽车维修合同管理

汽车维修合同是一种契约。它是承修、托修双方正当民事法律关系的契约,是为了协同其汽车维修活动达到维修汽车的目的,而协商签订的相互制约的法律性协定。

(2) 汽车维修合同的作用

① 维护汽车维修市场秩序。合同明确了承修方、托修方的权利义务,可以保障当事人的权益。因为依法订立的合同受到法律的保护,将当事人维修活动行为纳入法制轨道,使合法的维修活动受到法律的保护,并防止或制裁不法的维修活动,从而维护维修市场的正常秩序。

② 促进汽车维修企业向专业化、联合化方向发展。订立维修合同,可使各部门、各环节、各单位通过合同明确相互的权利、义务和责任,便于相互监督、相互协作,从而有利于

企业发挥各自的优势，实行专业化，促进横向经济联合。

③ 有利于汽车维修企业改进经营管理。实行合同制，企业要按照合同要求去组织生产经营活动，企业的生产经营状况与合同的订立和履行情况紧密联系在一起。企业只有改进经营管理，努力提高车辆维修质量，才能保证履行合同。

(3) 汽车维修企业生产作业组织管理流程与服务规范

① 汽车维修企业生产作业组织管理流程。

② 汽车维修服务规范。

a. 礼貌周到，服务公开。

(a) 接待员应身穿统一、整洁的工作服，佩戴工作胸牌，用语文明、迎送有礼。

(b) 耐心听取客户诉求，实事求是与客户沟通，尊重客户的知情权。

(c) 为客户提供全程服务，接待员要为客户联系各部门人员办理业务手续。

(d) 公开有关证照、主要的维修项目及其工时收费表、质量保证承诺、服务程序。

(e) 公开投诉电话，设置意见簿、投诉箱，对客户的意见、投诉要有答复。

b. 环境整洁，管理有序。

(a) 厂区环境保持清洁，厂房明亮、通风，各区域、岗位有标识。

(b) 各类物资定置存放，堆放整齐，废旧物资及时清理。

(c) 厂区应设有用于客户接待、休息的场所。

(d) 接车、生产、交车、投诉、索赔、跟踪服务要做到规范化、制度化。

(e) 实行定人定岗定责，落实岗位责任制度和岗位责任追究制度。

c. 明码标价，收费合理。

(a) 企业应编制维修工时定额表、工时费用明细表。

(b) 确定维修项目时，要以检测诊断结果为依据。

(c) 维修配件、材料要有进出台账记录，进货票据要妥善保存。

(d) 维修收费应合法、合理，符合维修行业的整体水平。

(e) 维修费用结算后，将工时、材料明细单交客户，维修收费要使用合法收费凭证。

d. 信守合同，保证质量。

(a) 承修车辆要签订合同或托修单，明确维修项目、费用、质量保证期和双方责任。

(b) 保证兑现对客户的承诺，为客户排忧解难。

(c) 维修人员要持证上岗，严格执行维修质量三级检验制度，保存检验数据。

(d) 对维修配件、材料的质量负责，不使用假冒、伪劣配件、材料。

(e) 质量保证期内的车辆返修率应低于5%，机动车维修经营者要主动对出现的质量问题负责。

(4) 汽车维修质量管理

① 汽车维修质量管理制度。为提高车辆的维修质量，加强企业职工的质量意识，杜绝质量事故的发生，制定如下制度。

a. 质量管理机构。本企业成立质量管理领导小组，由分管厂长负责。具体质量管理工作由生产技术部门负责。

b. 质量机构职责。全面负责企业质量管理工作，贯彻落实交通部《机动车维修管理规定》《汽车维护、检测、诊断技术规范》(GB/T 18344—2001)等有关规章、标准规定，贯彻执行有关汽车维修质量的规章制度，确定质量方针，制定质量目标，对全厂维修车辆进行监督、检查、考核，对维修技术、质量问题进行分析，并提出整改方案。

(a) 建立健全内部质量保证体系，加强质量检验，进行质量分析。

(b) 收集保管汽车维修技术资料及工艺文件，确保完整有效，及时更新。

(c) 制定维修工艺和操作规程。

(d) 负责车辆档案管理工作。

(e) 负责标准计量工作。

(f) 负责设备管理维修工作。

(g) 负责汽车的检验工作，提高汽车维修质量。

(h) 负责质量纠纷的质量分析工作。

c. 对维修车辆一律进行三级检验，严格进行汽车维护前检验、过程检验、竣工检验，严格执行竣工出厂技术标准，未达标准不准出厂。认真执行汽车维修质量的抽查监督制度。

d. 材料仓库应严把配件质量关，严格做好采购配件的入库验收工作。

e. 严禁偷漏作业项目。一经发现，即严肃查处。

② 汽车维修质量承诺制度。

a. 在车辆维修作业中，严格执行作业规范和三级检验制度。

b. 认真填写、整理车辆技术档案和维修档案，按规定签发竣工出厂合格证。

c. 维修中坚决杜绝使用假冒伪劣配件。

d. 对维修车辆实行质量保证期制度，自竣工出厂之日起：一级维护、小修及零件修理质量保证期为汽车行驶 2000 公里或者 10 日；二级维护质量保证期为汽车行驶 5000 公里或者 30 日；整车修理或者总成修理质量保证期为汽车行驶 20000 公里或 100 日。质量保证期中行驶里程和日期指标，以先达到者为准。

③ 汽车维修企业维修服务承诺书格式

本厂热情为用户服务，承诺做到以下各点，请广大顾客监督执行。

a. 二级维护车辆 24 小时以内竣工出厂，整车与总成修理工期经与顾客商议为天。

b. 维修车辆使用配件不以假充真，以旧充新，以副品充正品。

c. 合理收费。

d. 车辆竣工出厂后质量保证期为：

小修：

一级维护、二级维护、整车或总成修理：

企业名称：日期：

④ 汽车维修企业客户投诉处理制度

a. 顾客对本厂的服务质量、汽车维修质量、工时材料费用的结算等有意见或异议时，可用电话或书面形式向厂方经理或副经理投诉。

b. 厂方接到顾客的投诉后应即由负责生产的厂长或副厂长召集投诉处理小组成员进行调查处理，一般情况下在 24 小时内给顾客以答复，并向顾客详细说明答复的理由。

c. 顾客如对厂方的答复不满意或不同意，可向当地经济合同仲裁部门申请仲裁或直接向当地人民法院起诉。维修车辆在质量保证期内发生质量问题，当事人也可到所在地道路运输管理机构提请调解处理。

⑤ 汽车维修质量检验制度

a. 进厂检验。维修车辆进厂后，检验员应记录驾驶员对车况的反映和报修项目，查阅车辆技术档案，了解车辆技术状况，检查车辆整车装备情况，然后按照标准要求择项进行维修前的检测，确定附加作业项目，并把检验、检测的结果填写在检验签证单上，未经检验签证的车辆，作业人员应拒绝作业。

b. 过程检验。在维修作业的全过程中，都要进行过程检验。过程检验实行维修工自检、班组内部互检及厂检验员专检相结合的办法。过程检验的主要内容是零件磨损、变形、裂纹情况；配合间隙大小；有调整要求的调整数据；重要螺栓螺母扭矩。对涉及转向、制动等安全部件更须严格检查。对不符合技术要求的部件，应进行修复、更换，以确保过程作业的质量。过程检验的数据由检验员在检验签证单上完整记录，未经过程检验签证的车辆，厂检验员有权拒绝进行竣工检验。

c. 竣工检验。竣工检验由检验员专职进行。必须严格按《汽车二级维护竣工出厂技术条件》逐项进行检验签证，必要时进行路试。竣工检验的结果应逐一填写在检验签证单上，未经竣工检验合格的车辆不得开具竣工出厂合格证，不得出厂。

（5）汽车维修档案管理

① 汽车维修档案管理制度。

汽车维修档案管理工作，是汽车维修的基础管理工作，也是企业生产、技术管理的基础工作。

a. 汽车维修档案由业务部门负责收集、整理、保管。汽车大修、总成大修、汽车二级维护的维修档案一车一档，一档一袋，档案内容包括汽车维修合同、检验单、汽车维修竣工出厂合格证存根、机动车维修结算清单等；汽车一级维护、小修的资料在维修登记本中保存。

b. 维修档案应保持整齐、完整。一车一档装于档案袋中，不得混杂乱装。档案袋应有标识，以便检索。

c. 档案放置应便于检索、查阅，同时防止污染、受潮、遗失。

d. 车辆维修竣工后，检验员应在车辆技术档案中记载总成和重要零件更换情况及重要维修数据（如气缸、曲轴直径加大尺寸）。

e. 单证入档后除工作人员外，一般人员不得随意查阅，更改，抽换。如确需更正，应经有关领导批准同意。

f. 车辆维修档案保存期 2 年。

② 汽车维修车辆进出厂登记制度。

a. 维修车辆进厂维修，由业务部门负责在进厂登记本（或电脑）上做好登记工作，记录进厂时间、车型、车牌号、驾驶员姓名、车辆所属单位、驾驶员报修项目、车辆装备的齐全情况（如有缺件应详细记录）、油箱中存油量等内容。一般情况下，随车工具等与车辆维修无关的物品由托修方自行保管。如需置于车内，应清点登记并上锁。登记完毕后双方经手人员共同签字，办理车辆移交手续。

b. 业务部门应对进厂车辆进行标识，待修车、在修车、竣工车应分别在不同区域停放，以免发生意外。顾客车辆由厂保卫部门负责看管。

c. 车辆修竣检验合格后，由厂方通知托修人验收付款，然后由业务部门与托修人当面按进厂时登记清单清点交接。交接双方在交接单上签字。交接完毕后由业务部门在出厂登记本中做好记录，并开具出厂证，厂门卫凭出厂证查对车牌号后放行出厂。

③ 汽车维修竣工出厂合格证管理制度。

a. 竣工出厂合格证是汽车维修质量合格的凭证。
   b. 机动车维修经营者对经整车修理、总成修理、小修和专项修理后的修竣车辆均应签发"汽车维修竣工出厂合格证"，未签发的机动车不得交付用户使用，用户对未签发"汽车维修竣工出厂合格证"的可拒绝交纳维修费用。
   c. 质量检验员负责机动车维修竣工质量检验和签发"汽车维修竣工出厂合格证"。签发合格证时应认真填写车牌号码、厂牌型号、维修类别、维修项目、进、出厂日期、质量保证期等内容，合格证一式三联，第一联"质量保证卡"应及时交予托修方，第二联为维修企业存根，第三联为"维修管理部门存根"。
   d. 任何单位和个人不得伪造、倒卖、转借、涂改"汽车维修竣工出厂合格证"。
   ④ 汽车维修合同管理制度。汽车维修合同管理工作是充实和完善汽车维修档案制度、规范汽车维修经营行为、营造透明的汽车维修消费环境、促进行业又好又快发展的有力举措，是保障承托修双方的合法权益的重要手段。
   a. 汽车维修企业进行二级维护、总成修理、整车修理前应当与托修方签订《汽车维修合同》。
   b. 承托修双方根据《中华人民共和国合同法》等有关规定，在平等、自愿、协商一致，愿意履行承、托修双方权利义务的基础上签订《汽车维修合同》。
   c.《汽车维修合同》应装入汽车维修档案，入档后除工作人员外，一般人员不得随意查阅、更改、抽换。如确需更正，应经有关领导批准同意。
   d. 维修合同签订后，任何一方不得擅自变更或解除。承、托修双方因不可抗力不能履行合同的，可部分或者全部免除责任。当事人迟延履行后发生的不可抗力的，不能免除责任。
   e. 承、托修双方在履行合同中发生纠纷时，应及时协商解决。协商不成的，任何一方均可向当地经济合同仲裁部门申请仲裁或直接向当地人民法院起诉。维修车辆在质量保证期内发生质量问题，当事人也可到所在地道路运输管理机构提请调解处理。
   (6) 汽车维修从业人员管理
   ① 汽车维修企业人员技术培训制度。人力资源是企业竞争力中最主要的因素，人的综合素质又是人力资源中的主要因素。各种形式的培训是提高人员素质的有效途径，随着汽车技术的日新月异，新产品、新技术、新装备、新材料、新工艺不断涌现，培训和学习是没有止境的。
   ② 培训形式。上岗培训：由行业主管部门和学校联合主办，通过对本行业相关法律法规、职业道德、安全知识的教育，取得上岗资格证。技术等级培训：由行业主管部门联合劳动部门共同举办，包括汽车修理各工种的初级、中级、高级工培训，考核合格由劳动部门发给技术等级证。技术专题培训：针对某项新技术的培训，由专家主讲，发结业证书。特殊岗位培训：厂长、检验员、业务员、结算员等岗位的培训，合格者由行业主管部门发给上岗证书。厂内业务技术培训：由厂内根据需要自行组织的培训。
   ③ 建立人员档案。编制全厂人员名册，记录人员的姓名、性别、年龄、身份证号、籍贯、文化程度、工种、技术等级、住址、电话等基本信息。
   ④ 编制岗位的素质能力要求。
   ⑤ 每年依据本厂人员情况及岗位能力要求，编制年度培训计划，确定参加培训人员的名单和培训种类及本厂自行组织培训的详细计划。

⑥ 参加培训人员应与厂方签订服务合同，服务 3 年以上的，培训费用由厂方承担，不到 3 年由本人承担。

⑦ 制定奖惩措施，凡外派参加培训人员，成绩合格者费用按合同规定由厂方承担，不合格者，厂方不予承担（应在合同中明确），成绩优秀者应予奖励。

⑧ 每次参加培训的资料和记录，应建立档案，妥善保管。

⑨ 服务合同期满后，人员要求调离本厂的，应在一个月前向厂方提出书面辞职报告。人员调离时应由相关业务科室签署意见，厂长批准。在没有经济纠葛的情况下，应予同意。合同期未满要求辞职的，则按合同规定办理。

⑩ 人员培训管理工作由办公室负责。

（7）汽车维修安全生产与环保管理

① 汽车维修企业安全生产管理制度。为保证生产正常进行，保障员工身体健康，家庭幸福，全体员工必须遵守本制度。

② 认真贯彻执行国家有关安全生产法律、法规、规章和标准，组织广大员工参加安全生产教育培训，严格遵守各工种安全操作规程和机具操作规程，任何人不得违反。

③ 工作时不得在工作场所打闹、追逐、大声喧哗。

④ 必须按规定穿着劳动保护用品，不得穿拖鞋上班。

⑤ 工作场所内严禁吸烟。

⑥ 非工作需要不得动用任何车辆，汽车在厂内行驶车速不得超过 8 千米/时，不准在厂内试刹车。严禁无证驾驶。

⑦ 加强对易燃易爆物品的管理，不得随意乱放。

⑧ 在车间、油库、材料间等处所应配备充足的灭火器材，并加强维护，使之保持良好技术状态，所有员工应会正确使用灭火器材。

⑨ 进入油库，严禁吸烟，严禁携带易燃易爆物品进入油库。

⑩ 工作灯应采用低压（36 伏以下）安全灯，工作灯不得冒雨或拖过有水地面使用，并经常检查导线，插座是否良好。

⑪ 手湿时不得扳动电力开关或插电源插座，电源线路保险丝应按规定安装，不得用铜线、铁线代替。

⑫ 非电工不得搬弄配电盘上的开关及电器设施。

⑬ 下班前必须切断所有电器设备的前一级电源开关。严禁电器、电动机在雨天淋雨受潮。

⑭ 作业结束后要及时清除场地油污杂物，并将设备机具整齐安放在指定位置，以保持施工场地整齐清洁。

⑮ 定期进行安全生产检查。

参 考 文 献

[1] 栾琪文. 现代汽车维修企业管理实务 [M]. 3版. 北京：机械工业出版社，2017.
[2] 崔政敏，王婷. 汽车维修企业管理 [M]. 北京：机械工业出版社，2017.
[3] 王一斐. 汽车维修企业管理 [M]. 3版. 北京：机械工业出版社，2015.
[4] 胡建军. 汽车维修企业创新管理 [M]. 北京：机械工业出版社，2011.
[5] 董小平. 汽车维修企业管理 [M]. 北京：机械工业出版社，2011.
[6] 朱刚，王海林. 汽车服务企业管理 [M]. 北京：北京理工大学出版社，2008.
[7] 鲍贤俊. 汽车维修业务管理 [M]. 2版. 北京：人民交通出版社，2012.
[8] 毛峰. 汽车维修管理实务 [M]. 北京：北京大学出版社，2011.